Rike Drust

Muttergefühle. Zwei

Neues Kind, neues Glück

C. Bertelsmann

Inhalt

Vorwort

Eigentlich war mein Vorwort schon fertig. Dann ist mein Rechner abgeschmiert, und ich musste von vorn anfangen. Erst war ich sauer, aber schließlich fand ich es fast gut. Weil im Leben von Eltern genau das andauernd passiert: Du denkst, du hast es – und dann fängst du wieder bei null an. Alles ist immer anders.

Vor ein paar Wochen zum Beispiel schrieb ich ganz gemeine Sachen über den Mann. Er schlug meine Bitte aus, mir mit dem kranken Kind zu helfen, weil er zu viel Arbeit hatte. Und ich war wütend, weil ich am nächsten Tag mit der Kleinen zum Arzt würde gehen müssen, statt dieses Buch zu schreiben. Und der Große hatte mich auch noch angepöbelt. Am nächsten Tag jedoch hatten der Große und ich uns schon längst vertragen, der Arztbesuch mit der Kleinen war erstaunlich lustig, der Mann entschuldigte sich und machte mir ein Gegenangebot, damit ich arbeiten konnte. Und meine Texte versprühten viele Herzchen statt wütender Fäuste.

Alle meine Texte sind Momentaufnahmen. Inzwischen ist vieles anders als zu der Zeit, in der ich »Muttergefühle. Gesamtausgabe« geschrieben habe. Wenn ich aus heutiger Sicht darin lese, denke ich: »Mannometer, damals war ich schwer damit beschäftigt, mich zu fragen, was ›die Leute‹ denken.« Und streng war ich, puh. Ich muss wirklich fertig gewesen sein, dass ich Schlaftraining ausprobiert habe. Heute würde ich das nie mehr so machen.

Apropos, sag niemals nie: Im ersten Buch steht auch, dass ich kein zweites Kind will. Hahahahahaha! Aber ich weiß genau, wie sicher ich mir in dieser Frage war – auch und besonders wegen dieser vielen Nächte, in denen das Kind nicht schlafen wollte und meine Augenringe aussahen, als hätte ich mir verschrumpelte Auberginen unter die Augen geklebt. Ich konnte mir damals nicht im Entferntesten vorstellen, wie ich ein Leben mit zwei Kindern meistern sollte. Keine Ahnung, wie andere das schafften, aber ich würde das nicht packen.

»Am Arsch die Räuber«, rief daraufhin mal wieder mein Leben. Denn an einem dieser Tage, als wir alle glücklich waren und großen Spaß hatten, habe ich gemerkt, dass ich zwar hundemüde war, aber nicht kindermüde. Was zum Glück dazu führte, dass an einem Dienstag im November »das Kind« zu »dem Großen« wurde und »die Kleine« in unsere Familie kam. Sie hatte weniger Geschrei im Gepäck als der Große; der Große war zwar oft wütend, aber ein unglaublich kluger und lustiger Supertyp und ein liebevoller großer Bruder; der Mann und ich verstanden uns meistens prächtig, und ich war durch meine fast fünfjährige Erfahrung als Familienmutter entspannt und quälte mich bei der Säuglingspflege und -liebe nicht mehr so sehr mit fremden Ansprüchen und meiner Mutterrolle. Das war schön, weil ich die Babyzeit sehr genießen konnte.

Über ein Jahr lebten wir vier also fröhlich vor uns hin. Und ich war sicher: Nie könnte ich ein weiteres Buch über Mütter und Kinder, über das Elternleben schreiben, weil das viel zu beseelt klingen würde. Doch seien wir ehrlich:

Was für ein Scheißgedanke. Wenn du als Mutter glücklich bist, finden viele Leute, du bist entweder zu einer dieser unambitionierten Muddis mutiert oder eine Angeberin; dabei solltest du lieber still sein, weil es Mütter gibt, denen es schlechter geht. Wenn du jedoch als Mutter was zu meckern hast, zum Beispiel weil du vor Müdigkeit nicht mehr weißt, von welcher Kita du deine Kinder noch mal abholen musst, oder weil dich die rosa verpackte Vereinbarkeit von Beruf und Familie fertigmacht, wirst du daran erinnert, dass du dir das erstens ausgesucht hast und es zweitens Mütter gibt, denen es schlechter geht. Diese Holzhämmer schwingen leider sogar Mütter selbst.

Aber wozu führen diese Beleidigungen und diese Mundtotmacherei?

Dass wir Mütter immer weitermachen und sich alle, die davon profitieren, die Hände reiben. Wir verdienen weniger als Männer und machen dafür mehr im Haushalt. Wir werden auf dem Spielplatz schief angeguckt, wenn wir nicht wissen, was Softshell ist, während Väter noch viel zu oft schon dafür gefeiert werden, dass sie auf dem Weg zum Spielplatz kein Kind verloren haben. Alleinerziehende werden vom Staat zu wenig unterstützt, aber leisten vielfach Übermenschliches. Alte Leute meckern über unsere frechen Kinder, kriegen aber selber nicht hin, beim Bäcker Guten Tag zu sagen oder sich hinten anzustellen. Und wenn ich mir das Unterhaltsrecht und die Altersarmut von Frauen anschaue, kommt Qualm aus meiner Nase. Soll das so bleiben? Soll das weiterhin unter den Teppich gekehrt werden? Eben.

Und wo wir gerade bei Qualm aus der Nase sind: Wenn es aus meiner Nase wegen des Mannes oder der Kinder raucht, dann will ich auch darüber schreiben. Weil der

Mann und ich immer wieder über Zeit, Geld und Liebe in Diskussionen geraten und es den meisten Eltern genauso geht. Weil es mit den Kindern Phasen gibt, die ich schwierig, anstrengend oder traurig finde. Weil ich andauernd scheitere, ohne ein böser Mensch oder ein Arschloch zu sein. Und ich hoffe, mit meinem Buch dazu beitragen zu können, dass Mütter sich gehört und nicht allein fühlen und dass ihnen mehr Respekt entgegengebracht wird. Auch von Müttern selbst.

Während der Arbeit an diesem Buch habe ich mich mit einer Mutter aus der Kita unterhalten und ihr von meiner Angst vor dem Erscheinen berichtet, weil so viel über mein Scheitern drinsteht. Sie war überrascht, weil sie in der Kita noch nie das Gefühl hatte, dass ich das Muttersein nicht lässig wuppen würde. Erst musste ich lachen, dann sagte ich ihr, dass ich genau den Eindruck von ihr hätte. Eigentlich schade, dass wir uns nicht öfter mal so sehen können, wie andere uns sehen.

Dann könnten wir feststellen, dass wir trotz aller Unterschiede so viele Gemeinsamkeiten haben. Wir lieben unsere Kinder wie wild, und wir strengen uns jeden Tag an, um sie fröhlich zu machen. Das bringt Spaß. Manchmal aber auch gar keinen. Und genau wie ich sagen will, dass es mir gut geht und dass es für mich nichts Besseres gibt als meine zwei Kinder (und den Mann), möchte ich auch negative Gefühle haben können. Weil ich mich gut fühle, wenn sie raus sind. Noch besser fühle ich mich übrigens, wenn andere Mütter mir für meine Ehrlichkeit danken und mir sagen, dass es ihnen ähnlich geht. Oder anders. Hauptsache, alles ist raus, wir tauschen uns ehrlich aus, alles ist okay, und wir sind entspannt und fröhlich.

Deshalb stelle ich mich also ein zweites Mal ziemlich nackt hin und präsentiere meine Gedanken, meine Fehler, meine Liebe, meine Ängste, meine Wut, sogar eine Hämorrhoide ist dieses Mal mit von der Partie. Wenn ich behaupten würde, ich hätte keine Angst vor den Reaktionen, wäre das gelogen. Ich weiß inzwischen, wie sich das anfühlt, wenn jemand schreibt, mir sollten die Kinder weggenommen werden. Über mich hat auch nach dem Erscheinen von »Muttergefühle. Gesamtausgabe« eine Mutter gewettert, dass ich erst mal mehr Kinder kriegen soll und die älter werden müssen, bevor ich mich zu Wort melden darf. Das fand ich gemein, weil es nicht nur ein Maulkorb für mich war, sondern auch für alle Mütter. Schließlich hat irgendeine immer ältere oder mehr Kinder. Ich hatte mit voller Absicht ein Buch aus der Babykäseglocke für Mütter in der Babykäseglocke geschrieben.

Jetzt könnte ich das so gar nicht mehr schreiben. Jetzt gerade kann ich genau dieses Buch hier schreiben. Und morgen wäre es vermutlich schon wieder anders.

ALLES NOCH MAL VON VORN

Huch, schwanger!
Die Verwunderung, dass es noch mal geklappt hat.

Bei der Entscheidung fürs erste Kind war mehr Romantik. Auf einem Musikfestival haben wir uns bei Bier aus Plastikbechern verabredet, ein Kind zu kriegen. Wir fanden uns cool, und die Verabredung fühlte sich nach Freiheit à la Hollywood an: Als wenn man mit einem Cabriolet bei perfektem Wetter einen amerikanischen Highway runterfährt, aufsteht und voller Glück und Abenteuerlust die Arme hochreißt. Beim zweiten Kind würde man lieber sitzen bleiben, weil man inzwischen weiß, dass einem sonst nur Insekten in den Mund fliegen, dass die Wangen vom Fahrtwind unvorteilhaft flattern und es nichts mit sexy zu tun hat, wenn man krampfhaft versucht, sein Gleichgewicht zu halten, während das Cabriolet zu schnell um die Kurve braust. Will heißen: Kennste einmal die Realität mit Kindern, ist das Kinderkriegen nicht mehr romantisch, weil du genau weißt, wie anstrengend dieses Leben auch ist. Und trotzdem. Wir wollten ein zweites. Zumindest meistens. Und weil es uns schwerfiel, diese endgültige Entscheidung zu treffen, überließen wir sie dem Schicksal.

Es hat in den vergangenen Jahren schließlich auch gut

gewusst, was zu tun ist. Also ließ ich mir die Spirale ziehen, und wir ließen es darauf ankommen.

Ein paar Monate wurde ich nicht schwanger, war aber nicht traurig drum. Dann sind wir drei im Urlaub durch Florida gefahren und hatten so viel Spaß und waren so glücklich, dass ich zum ersten Mal bedauerte, nur zu dritt zu sein. Ich spürte, dass dieser Urlaub nur so fröhlich machte, weil wir ihn als Familie erlebten. Ich hatte Lust auf cheesy Freizeitparks, darauf, dass alle in einem Zimmer schlafen, am Strand rumspacken und Quatsch reden. Jetzt wollte ich, dass wir mehr sind. Familie sein gefiel mir, deshalb sollte sie sich gern vergrößern. Ich war bereit und wollte noch einen kleinen Menschen, den wir beim Aufwachsen begleiten dürften. Das erste Mal piekste mich eine Sehnsucht. Nicht danach, allein mit dem Mann zu sein oder sogar ganz alleine, sondern nach noch mehr Chaos, nach noch mehr Krach und Gewusel und Spaß.

Ein schräges Gefühl, das zu Hause schnell in den Hintergrund trat. Der Alltag kehrte zurück. Und alles war okay, wie es war. Wir haben weitergemacht wie vorher. Ich habe das Schwangerwerden nicht durch Folsäure, Kerze oder sonst was forciert, und außerdem hatten wir trotz fehlender Spirale ein prima Verhütungsmittel, das nachts durch ausladende Bewegung dafür sorgte, dass der Mann und ich uns nicht näher kamen. Darüber hinaus hat der Mann so unglaublich viel gearbeitet, dass ich stark bezweifelte, er würde mir mit zwei Kindern mehr helfen. Vermutlich würde ich die zusätzliche Belastung allein wuppen müssen und wäre deshalb permanent sauer auf ihn.

Ich fasste einen Entschluss und machte dem Mann an einem Samstag einen Vorschlag: »Du bist immer so hin-

und hergerissen zwischen deiner Arbeit und deiner Familie. Jetzt finde doch mal raus, ob du das richtig geil findest, wenn du so viel arbeiten kannst, wie du willst. So wie deine verrückten Kollegen. Ich halt dir hier für ein Jahr den Rücken frei und meckere nicht. Du machst dich krumm und findest das danach hoffentlich kacke.«

Er: »Echt? Das würdest du für mich tun?«

Ich: »Ja.«

Er: »Und was ist mit dem zweiten Kind?«

Ich: »Vielleicht kriegen wir danach eins, und wenn das nicht geht, denken wir vielleicht doch noch über ein Pflegekind oder so nach.«

Er war sehr gerührt und ein bisschen erleichtert.

Ich auch. Jetzt gab es endlich mal so etwas wie einen Plan. Am folgenden Montag rechnete ich ein bisschen meinen Zyklus durcheinander und kaufte zur Bestätigung, nicht schwanger zu sein, einen Schwangerschaftstest. Und weil die Überschrift schon gespoilert hat, ist klar, was rauskam: Ich war schwanger. Und plötzlich sehr durcheinander. Aber ein bisschen fröhlich war ich auch. Und aufgeregt. Fast doch wieder wie im Cabriolet.

Am selben Tag stand ich nachmittags in unserem Innenhof, und eine Nachbarin erzählte mir, dass sie schwanger sei. Ich muss geguckt haben, als hätte sie mir erzählt, dass sie in ihrem Keller Hundebabys ertränkt und die Videos davon im Darknet verkauft. Ich war natürlich nur verstört, weil ich mich über diesen Zufall gewundert habe: Unsere ersten Kinder sind nämlich nur drei Tage auseinander. Erzählen wollte ich aber noch nichts; deshalb machte ich durch ein Psychogrinsen alles noch etwas gestörter und ging weg.

Abends waren der Mann und ich auf einem Konzert der

»Killers«. Auf dem Weg erzählte ich ihm, dass unsere Nachbarin wieder schwanger ist. Er hat sich gefreut. Dann habe ich ihm gesagt, dass ich auch schwanger bin. Er hat gelacht. Ich habe erwidert, dass es kein Witz ist. Er hat mich zweimal gefragt, ob ich ihn verarsche. Ich habe zweimal Nein geantwortet. Danach Stille. Auf dem Konzert angekommen, hat der Mann sich ein Bier bestellt und es auf ex ausgetrunken. Dann haben wir uns umarmt.

Etwas verhalten blieb seine Freude trotzdem. Ich vermutete, er hatte in der Agentur schon damit angegeben, dass er bald länger als alle anderen arbeiten würde. Aber in echt hatten wir beide ein bisschen Angst. Viel Angst. Eine Scheißangst. Hatte uns das Schicksal doch das erste Kind nicht von dem Baum geschüttelt, auf dem die unkomplizierten Kinder wohnen, sondern es aus der zarten Pflanze geholt, auf der die Kinder wachsen, die sehr, sehr viel fühlen und sehr sehr schlecht schlafen und unglaublich aufgebracht sein können. Von welchem Baum würde das nächste Kind kommen?

Die ersten Wochen meiner Schwangerschaft haben wir das Thema deshalb ziemlich ausgeblendet und beschlossen, erst mal die klassischen zwölf Wochen abzuwarten. In dieser Zeit haben wir abends »The other F-Word« geguckt. Das ist eine großartige Dokumentation über die Vaterschaft von Punkrockern. Viele meiner Heldenmusiker erzählen, was Vaterschaft für sie bedeutet und wie sie diese Erfahrung mit ihrem Punkrockerleben vereinbaren. Flea von den »Red Hot Chili Peppers«, Ron Reyes, der ehemalige Sänger von »Black Flag«, oder Tim McIlrath von »Rise Against«, zum Beispiel, kommen als super Väter rüber, und das Leben mit Kindern wirkt bei denen irgendwie viel lustiger als bei uns. Wenn der Sänger von »NOFX« seiner Tochter ein Kleidchen raussucht, ist plötzlich das Spießige, vor dem ich häufig Angst habe, weg. Wenn Flea die Tränen kommen, weil er erklärt, was seine Kinder ihm bedeuten, wirkt Elternschaft überhaupt nicht altbacken, kitschig oder peinlich, sondern emotional, tief und voller Bedeutung.

Mir schien, als hätten die Männer aus der Doku meinem zugeflüstert: »Komm, das wird super. Selbst wir mit unseren Gesichtstattoos und unserer Verachtung für Autoritäten und Angepasstheit kriegen das hin mit der Verantwortung und dem frühen Aufstehen und allem. Weil Kinder das Beste sind.«

Keine Ahnung, ob es genau das war, auf jeden Fall saß der Mann beim Nachspann mit Tränen in den Augen da und sagte glücklich: »Jetzt freue ich mich auch.«

Früher war mehr Trara.

Der Pragmatismus der zweiten Schwangerschaft.

Manchmal trifft man auf der Straße alte Bekannte. Dann ist die Überraschung groß, wenn die ein Kind bekommen haben und es sich sogar schon hinter dem Vaterbein verstecken kann. Alter! Wie lange haben wir uns denn bitte schön nicht gesehen? Wann, zur Hölle, ist das alles passiert? Dass man dieses Gefühl sogar in seinem eigenen Leben haben kann, hat mir die zweite Schwangerschaft gezeigt, indem sie meistens so beiläufig an mir vorbeizog wie irgendeine Regionalbahn. Während der ersten Schwangerschaft hatte ich noch Zeit für Yoga und Kinderzimmer hübsch machen, für Rumsitzen und in Gedanken die Zukunft ein bisschen zu rosarot Ausmalen. Und damals hatten die anderen auch noch Zeit, mir einen Sitzplatz anzubieten oder mich davon abzuhalten, schwere Sachen zu tragen. In der zweiten Schwangerschaft treffe ich den Mann vor unserer Haustür; ich mit schweren Einkaufstüten, und das Einzige, was er macht, ist, vor mir reinzugehen und mich zu fragen, warum ich so wütend gucke ...

Und auch Fremde halten sich zurück. Meistens, weil ich schon ein Kind dabeihabe. Wenn es gerade wütet oder sonst wie zu laut ist, dann ist mein Bauch nicht schön, sondern bewohnt von einem weiteren Unruhestifter – und es wird präventiv schon mal genervt weggeguckt. Wenn das Kind aber gut gelaunt und höflich ist, dann scheinen wir eine Art Spezialkraft zu haben. Wir genießen die anerkennenden Blicke und denken uns: »HA, IHR ARSCHGEIGEN. Wir sind fröhlich, und ich kann vernünftig mit meinem Kind reden, das voll super drauf ist und plietsch und freundlich; und jetzt kriege ich noch eins! Dann habe ich sogar zwei Superkinder, die in spätestens zwanzig Jahren die Welt zu einem besseren Platz gemacht haben.«

Huch!? Es ist mit mir durchgegangen. Wo war ich? Ach ja: Niemanden interessiert, dass ich schwanger bin.

Wäre der Schwangerschaftsdiabetes nicht gewesen, hätten die ganzen zehn Monate nur darin bestanden, dass mir hin und wieder einfiel, dass ich ja schwanger bin. Nach dem Test bei der Frauenärztin war mein Zuckerwert zu hoch, und ich wurde gebeten, in eine Diabetespraxis zu fahren, um das abklären zu lassen.

Einen Tag später saß ich im Wartezimmer zwischen sehr alten und sehr blassen Menschen und rollte schon mal prophylaktisch die Augen, weil gleich bestimmt viele

Klugscheißereien und footballstadiongroße Schaumstoff-zeigefinger auf mich zukommen würden. Aber alle waren nett und entspannt und erklärten mir geduldig, was ich beachten und machen muss – und dass eigentlich alles halb so wild ist. Drei Mahlzeiten am Tag essen, vorher und nachher Blutzuckerspiegel messen und zusammen mit den Mahlzeiten in das lustige Heft eintragen. Die Eintragungen würden sie regelmäßig kontrollieren; wenn der Wert zu hoch war, konnte man meistens an den Mahlzeiten ablesen, warum. Wer jetzt denkt, dort stand dann so was wie frittierte Sahnetorte mit heißem Schokoladen-kern, hat sich leider geschnitten. Mein Zuckerspiegel ging schon bei einer Handvoll Kirschen an die Decke. Oder bei weißem Reis. Weißen Nudeln. Fruchtsaft. Nur bestimmtes Obst. Gemüse und Vollkorn. Und was machte ich? Ich hielt mich an diese Diät wie ein hochprofessionelles Model; nur dass ich keine Modelmaße wollte, sondern eine natürliche Geburt. Kinder von Müttern mit Schwangerschaftsdiabetes sind nämlich gern mal ziemlich proper, und so eine Geburt wie die vom Großen (Kurzfassung: Mittwochnacht Fruchtblase geplatzt, Wehen, Muttermund auf, Presswehen, Kind rutscht nicht das letzte Stück ins Becken, Wehentropf & PDA, Kind rutscht nicht, Freitagmorgen Kaiserschnitt) wollte ich nicht noch einmal. Mein großer Wunsch war, es einmal allein zu schaffen. Und wenn ich dafür Vollkornnudeln mit Gemüsesoße essen musste, dann war das so. Abends Insulin spritzen, weil der Wert morgens zu hoch war? Auch kein Problem. Eigentlich sogar ganz cool, wie Mann und Kind beeindruckt guckten, wenn ich mir lässig die Spritze ins Bein haute. Außerdem fühlte ich mich viel fitter als an den Schwangerschaftstagen, an denen ich mir abends zwei

Calippo und eine Doppelportion Spaghetti bolo reinge-
hauen hatte.

Vor lauter Gezähle und Gemesse vergaß ich öfter mal,
dass in meinem Bauch gerade ein kleines Menschlein he-
ranwuchs. Er wurde trotz seiner fast monumentalen Größe
meist nicht weiter beachtet; selbst wenn er manchmal so
ausbeulte, als würde darin eine Cartoonfilm-Katzenprü-
gelei stattfinden. Und ich fand das alles genau genommen
toll, weil ich das meiste Traraaa der letzten Schwangerschaft nicht noch einmal wollte.

Ich wollte keine schwangerschaftsfreundlichen Wand-
farben googeln und keinen hautfreundlichen Weichspü-
ler kaufen, um damit die Babywäsche aus Sicherheitsgrün-
den gleich fünfmal zu waschen. Ich habe die Babysachen
aus dem Keller geholt und fast alle) einmal gewaschen und
das Babybay an unser Bett gestellt. Ich wollte keinen Ge-
burtsvorbereitungskurs, in dem Paare ihre Bäuche strei-
cheln und sich total liebe Sachen ins Ohr flüstern. Genau
genommen wollte ich überhaupt nicht mehr in esoterisch
angehauchten Räumen sein, deren Wände mit oranger
Wischtechnik bemalt waren und in denen es immer fuß-
kalt ist. Einmal bin ich dann doch mit dem Sohn zu einem
Geschwisterkurs gegangen. Aber ganz ehrlich: In der Zeit
hätte ich lieber mit ihm Lego gebaut.

Ich wollte auch nicht das letzte Trimester jeden Abend
über einer Schüssel aus Brennnesseltee hocken. Ich
wusste, was ich fühlte, und das war großes Glück, besonders bei den Ultraschalluntersuchungen und auch immer
mal zwischendurch. Den Rest der Zeit hatten wir alle wie
immer unsere Grundliebe und waren trotzdem wie immer
ziemlich unesoterisch und unsentimental. Deshalb haben
wir unserem Sohn auf einer McDonald's-Raststätte gesagt,

dass er einen Bruder oder eine Schwester bekommt, und deshalb war seine Reaktion diese hier: »YES! (Beckerfaust). Ich gehe wieder rutschen.«

Ein Traum(a) von einer Geburt.
Der innere Frieden mit dem Kinderkriegen.

»Mama, haben mich hier die Leute rausgeschnitten?«, fragte mich mein Sohn irgendwann mal und zeigte auf meine Kaiserschnittnarbe. Sie war ein schiefer, roter Wulst, knubbelig, und von innen tat die Naht bei schnellen Bewegungen auch nach Jahren immer noch weh. Am meisten, wenn ich große Ausfallschritte gemacht habe, was dank meiner nicht vorhandenen Ambitionen in den Bereichen Fitness und Degenfechten eher selten vorkam. Trotzdem. Die Narbe wollte nicht richtig heilen. Als wollte sie beleidigt daran erinnern, wie schlimm ich es fand, in einem OP mit lauter grünen Männchen zu liegen, die sich über die Qualität von Wanderschuhen austauschten, während sie mein Kind aus mir herausrissen, irgendwer es danach sofort irgendwohin brachte und ich eine gefühlte Ewigkeit allein und einsam rumlag wie ein Verkehrsunfallopfer mit Fahrerflucht.

»Wer ist eigentlich diese Frau mit offener Bauchdecke?«

»Keine Ahnung, aber da hängt noch ein Stück Darm raus. Und überhaupt, Lanzarote ist im September echt toll.«

Beim zweiten Kind sollte alles anders werden. Meine Tochter würde auf jeden Fall den normalen Weg nach draußen nehmen. Sie würde nicht so ein Vier-Kilo-Klops werden wie der Große, trotz des Schwangerschaftsdiabetes. Ich war fest entschlossen. Bis ich wenige Wochen vor dem Geburtstermin im Krankenhaus war, weil ich Atemnot hatte. Ich war mir ziemlich sicher, dass es am Arbeitsstress lag, wollte es aber abklären lassen. Mit der Kleinen war alles in Ordnung, haben die Ärzte gesagt. Leider haben sie weitergeredet: Das Kind sei ziemlich groß. Und mit meiner Vorgeschichte plus Diabetes sollte ich doch mal über einen Kaiserschnitt nachdenken.

Kaiserschnitt? Auch noch GEPLANT? Ich versuchte, mich zu beruhigen, indem ich sie im Stillen verschwörungstheoretisch beschimpfte: »Ihr blöden Krankenhausärzte! Natürlich findet ihr das besser, wenn ich zu einer verabredeten Geburt komme. Haut bloß ab, und schneidet bepumpsten Businessfrauen mit Angst um ihr Bindegewebe die Kinder am Fließband raus. Ich bespreche das mit meiner Frauenärztin.«

Und die würde mir sagen: »Aber selbstverständlich können Sie das Kind natürlich kriegen. Ihr Baby ist ganz klein und schmal, weil Sie gegessen haben wie ein veganer Spatz. Das wird ein Spaziergang.« Leider sagte die Frauenärztin aber: »Hm. Das Baby wiegt schon jetzt über vier Kilo. Es ist ziemlich wahrscheinlich, dass Sie bei dieser Geburt die gleichen Probleme bekommen wie bei der ersten. Ihr Spruch über die Businessfrauen war doof, und vielleicht sollten Sie über einen Kaiserschnitt nachdenken.«

Am liebsten wäre ich auf die Knie gefallen, hätte meine Arme vorwurfsvoll gen Himmel gestreckt und WARUUU-UUM? gerufen. Stattdessen bin ich still nach Hause gegangen und habe geweint. Ich hatte mir so sehr gewünscht, einmal eine natürliche Geburt zu erleben. Meine Vorstellung davon war zwar voller Blut und Geschmiere und Schmerzen, aber eben auch ohne grüne Männchen, grelles Licht und diese schreckliche Einsamkeit. Ich hatte mir so sehr gewünscht, mit dem Mann allein im Kreißsaal zu liegen und zu kuscheln und unsere kleine Tochter zu bestaunen. Nur wir zusammen. Und nur manchmal sollte die Hebamme ihren Kopf durch die Tür strecken und fragen, ob ich schon vor Glück verrückt geworden sei.

Ich war so enttäuscht. Von mir, vom Schicksal, von allem. Und brauchte ein paar Tage, um mich damit abzufinden und tatsächlich ins Krankenhaus zu gehen, um den Kaiserschnitt klarzumachen. Aber ich wollte nicht enttäuscht und mit einem Scheißgefühl im Bauch einen Termin für etwas eigentlich Wunderschönes machen. Zum Glück. Weil ich viel darüber nachdachte und mir in diesen Tagen klar wurde, was genau ich an der letzten Geburt so schrecklich gefunden hatte. Und das war gar nicht der Kaiserschnitt, sondern die Tatsache, dass sie mir den Großen sofort weggenommen haben und ich so erschöpft war, dass ich mich an den ersten Moment mit ihm nicht genau erinnern kann. Ich weiß nicht mehr so richtig, wie ich ihn das erste Mal im Arm hielt, weil ich so fertig war von den Tagen davor, von der OP und von allem. Ich weiß nicht mehr, wie er sich angefühlt hat, wie er geguckt hat, wie ich mich gefühlt habe. Ich weiß es nicht mehr. Jedes Mal, wenn ich das erzähle, kommen mir die Tränen – und er geht inzwischen zur Schule. Diesen ersten Moment mit ihm nicht gehabt zu haben, werde ich mein Leben lang bedauern.

Weil ich das also auf keinen Fall noch mal so wollte, riskierte ich bei der Anmeldung zum Kaiserschnitt die interne Fußnote »hysterische Nervmutter mit Kontrollzwang«, weil ich allen Beteiligten deutlich und immer wieder, mit den Tränen kämpfend, sagte beziehungsweise befahl: »NEHMEN SIE MIR NICHT GLEICH MEIN KIND WEG. ICH WILL SIE SOFORT BEI MIR HABEN. ICH WILL IMMER WISSEN, WAS SIE MACHEN UND WAS PASSIERT!«

Aber statt die Augen zu rollen und mich in irgendeine Besenkammer zu schicken, bis der Arzt kommt, nahmen mich alle ernst, waren aufmerksam und fröhlich und lustig. Wir verabredeten den Kaiserschnitttermin für in einer Woche. An einem Dienstag.

Der Mann brachte den Großen in die Kita, und ich machte mich zu Fuß auf ins Krankenhaus. Gleich würde also meine Tochter geholt. Alles so getimt, dass der Mann dabei sein und nachmittags den Großen aus der Kita holen konnte, damit er seine Schwester kennenlernen konnte. Muss ja auch Vorteile haben. Ich hätte bestimmt auch noch eine Pediküre oder einmal DAX checken reingekriegt, aber erstens konnte ich meine Füße eh nicht mehr sehen, und zweitens weiß ich vom DAX mit X nur, dass er keine Haare hat.

Und was soll ich sagen. Bei aller Planerei und Keimfreiheit war die Geburt großartig. In meiner Akte muss eine Warnung gestanden haben, so etwas wie: Wenn bei dieser Frau irgendetwas Unangekündigtes passiert, dann reißt sie mit den Zähnen Nasen ab. Denn jeder Move wurde sensibelst anmoderiert. Die Ärztin sagte mir beim Zuganglegen, dass sie den Zugang lege und dass dies heute ihr dritter Tag sei. Ich hätte höchstens auf den zweiten getippt, weil der Zugang so scheiße lag, dass er im OP von zwei Pflegern mit Heftpflaster runtergeklebt wurde, damit was durchfloss. Aber sie haben es mir erklärt.

Im OP haben sich alle mit mir unterhalten, und es

herrschte eine ausgelassene Stimmung. Den Schnitt habe ich nicht gemerkt; diesmal klatschte auch kein Blut an die grüne Grenze, dafür wurde geruckelt und geknurpst. Es fühlte sich an wie ein Kind, das nicht vom Spielplatz nach Hause will, nur eben von innen. Und dann diese Erleichterung, als sie raus war. Wahnsinn!

Ab da weiß ich nur noch die Kleine. Sie lag gleich auf meiner Brust, dieses kleine, wunderschöne Mädchen mit den dicken Armen und dem grummeligen Gesicht. Sie war so wundervoll warm, und wie sie da auf meiner Brust lag, hat sich dieses Gefühl in meinen Kopf und in mein Herz gelegt. Für immer. Sie war so ganz. Und ich wurde es auch wieder. Der Mann hat wahrscheinlich noch heimlich die Ärztin gefragt, ob sie mir vielleicht aus Versehen Ecstasy-morphiumkonzentrat oder so gegeben hat, oder genau geguckt, ob das wirklich ich bin, die da gerade immer wieder »Sie ist so schön. Oh, ist das toll. Ich bin so glücklich. Hallo, hallo« und noch viel mehr Pilcher-Kram juchzte. Oberglück mit Vollkommenheit und Ausflippgarantie. Ein Bombenstart.

Der Arzt, der mich vernähte, schwärmte auch in den höchsten Tönen, allerdings von der Perfektion seiner Naht. Er sollte recht behalten. Schon nach ein paar Monaten sah die Narbe viel besser aus als fünf Jahre nach dem ersten Kaiserschnitt. Heute ist sie weich und wird immer dünner und blasser. Und sie fühlt sich an, als würde sie endlich zu meinem Körper gehören. Und ganz fest glaube ich daran, dass es nicht nur am Arzt mit dem Nähtalent lag, sondern auch daran, dass es eben für mich ein guter, weitgehend stressfreier, emotional positiver Start war. Scheiß doch auf den Kaiserschnitt. Voll egal. Wichtig ist schließlich nicht, dass ich im Sandkasten schief angeguckt werde, wenn ich »geplanter Kaiserschnitt« sage, sondern dass ich mich im Spiegel sehe und denke: »Schön! Du siehst glücklich aus. Und zwar ganz.«

BEIM ZWEITEN KIND IST ALLES SCHÖNER

Ha! Diesmal hab ich den Glow!
Die Dankbarkeit für einmal alles in Rosarot.

Ich glaube nicht an Gott oder Wiedergeburt oder Licht-
nahrung oder Globuli. Woran ich aber glaube, ist, dass
Frauen direkt bei der Empfängnis kurz aus ihrem Körper
schlüpfen und in der Schlange einer virtuellen Hormon-
verteilungsstation stehen. Dort sitzt ein schlecht gelaun-
tes Wesen und patscht der werdenden Mutter, ohne hin-
zugucken, eine Ration Hormone in die Hand. Weil dieses
Wesen schon sehr lange an dieser Station arbeitet, ist ihm
völlig egal, wer was bekommt; und es bügelt jedes Flehen
nach einer Extraportion aus dem glücklichen Töpfchen mit
einem genervten Kopfschütteln ab. Was eine Frau abkriegt,
ist reines Glück – oder Unglück. Bei meiner ersten Schwangerschaft war mir das Wesen nicht besonders wohlgeson-
nen. Ich musste viel weinen. Ich war sehr dick und häufig
schlecht gelaunt. Ich war sehr eifersüchtig und hätte, ohne
mit der Wimper zu zucken, Menschen die Augäpfel raus-
gerissen, und zwar mit den Zähnen, wenn es zur Erhaltung
unserer kleinen Familie beigetragen hätte.

Bei meiner zweiten Schwangerschaft muss das Wesen in den Topf der Töpfe gegriffen haben. Klar, Diabetes
war doof; aber dadurch habe ich mich gesund ernährt und

mich nicht die ganze Zeit gefühlt wie ein Germknödel mit Gliedmaßen. Ich war fit, ich war gut gelaunt, und, ja, ich sah gut aus. Nix da von: Mädchen im Bauch entziehen der Mutter die Schönheit oder was für sonstigen Quatsch die Leute behaupten. Und meine Haare waren das Tollste. Sie sahen aus, als hätte ich an einem Filmset die Perücke von Goldie Hawn geklaut. So volles, so lockiges Haar. Gucke ich heute Bilder von mir aus der Zeit an, würde ich mich am liebsten gleich noch mal schwängern lassen.

Nach wenigen Wochen haben mir die Hosen von vor der Schwangerschaft wieder gepasst. Als ich eine Woche nach der Geburt den Großen aus der Kita abgeholt habe, schaute mich eine Mutter an und meinte, es sei unverschämt, wie gut ich aussehen würde. Ich strahlte mich durch die Weltgeschichte. Das war also dieser Glow, von dem alle sprachen. Es fühlte sich an, als würde ich alles wie von allein wuppen, als wäre Kinderkriegen Pillepalle, und als sei es überhaupt kein Problem, gleich wieder in die 36 zu passen und beruflich durchzustarten und mit dem Mann wieder ..., na ja, das wäre jetzt wirklich zu viel des Guten.

Bedauerlicherweise haben die Wesen aus der Hormonverteilungsbehörde gemerkt, dass ich zu viel von den tollen Hormonen bekommen habe, und mir direkt nach dem Abstillen alles weggenommen. Vor allem und gerade die Haare. Beim Duschen lagen so viele im Abfluss, dass ich mich regelmäßig fragte, warum Fips Asmussen seine Perücke in meiner Dusche deponiert beziehungsweise ob der Mann mir im Schlaf Veet in die Haare schmiert.

Als ich zuletzt für das Buch eines Bekannten fotografiert wurde, lehnte ich deshalb das Angebot der Haare-Make-up-Frau, etwas mit meinen Haaren zu machen, dankend ab: »Besser nicht, ich habe nämlich nur drei.« Sie belächelte meine Aussage mit einem »Jajaja«, griff in meinen Zopf und rief entsetzt: »Da ist ja NICHTS!« Und was soll ich sagen: Es stimmt. Genau das trage ich auf dem Kopf: einen gut getarnten Hauch von nichts. Mit dem letzten Rest Optimismus, den mir die Hormonzentrale gelassen hat, sehe ich das Gute: Äußerlichkeiten wie zum Beispiel Haare, sind mir fast immer egal. Ich habe nämlich kaum Zeit, mich um diesen Kram zu kümmern. Ich habe zwei Kinder, einen Job, irgendwelche Klamotten, sowieso immer einen Zopf und jeden Tag Tausende Male die Bestätigung, dass Aussehen gut und schön ist, aber eben nicht alles.

Wie herrlich normal alles ist.
Die Begeisterung, nicht mehr bei jedem Mist durchzudrehen.

Als der Große geboren wurde, fühlte sich alles so an, als hätte mich ein Cyborgkran aus meinem Gleichgewicht gehoben und in eine Welt gesetzt, in der ich weder die Sprache noch irgendwelche Verhaltenscodes beherrschte. Mit panischen Riesenaugen blickte ich mich um und rechnete sekündlich damit, dass Zombiebots kämen und mich von den Füßen an aufwärts verspeisten. Alles war so fremd. Als wir mit ihm das Krankenhaus verließen, erwartete ich am Ausgang eine lachende Verstehen-Sie-Spaß-Crew, die uns aufhalten würde: »Ihr habt jetzt aber nicht wirklich gedacht, dass wir euch mit einem echten, lebendigen Baby nach Hause gehen lassen, oder?«

Aber wir gingen mit unserem Baby nach Hause, und ich war panisch. Wegen ALLEM: In wie vielen Schichten ist es richtig angezogen? Ist die Creme okay? Steht das Bett zu nah am Fenster oder zu weit weg? Haben meine Nippel eine optimale babyfreundliche Form, oder könnte ich pro Minute mehr Kubikzentimeter Milch ins Kind kriegen? O Gott, wird es überhaupt satt???? Und so weiter.

Bei der Kleinen dagegen war alles so normal. Im Unterschied zur ersten Zeit mit dem Großen, wo ich für jeden Tag, an dem ich nicht allein verantwortlich für das Baby sein musste, dankbar war, habe ich mich trotz Kaiserschnitt nach zwei Nächten im Krankenhaus selbst entlassen, weil ich den Mann und den Großen so vermisst habe. Dieses Mal wollte ich zu Hause so schnell wie möglich die Normalität als Familie. Alleine sein. Rumhängen. Gucken, was passiert.

Und so normal alles andere war, eines war es nicht: Wir hatten ein Baby. KREISCH!!! Dieses kleine, dicke, warme Mädchen war hochkonzentriertes Glück. Wir haben sie angestarrt, gelächelt und uns über dieses Wunder und diese Perfektion und jede Bewegung und jedes Geräusch so irre gefreut wie beim Großen. Stillen klappt nicht? Probier ich es halt noch mal. Ich trau mich noch nicht, den Großen mit der Kleinen aus der Kita zu holen? Lass ich es halt. Die Narbe sieht gruselig aus und tut weh? Voll. Doch das wird bald besser, wenn ich mich öfter hinlege.

Wir haben einfach gemacht. Oder eben nicht. Aber ich habe nicht mehr jedes Thema stundenlang gewälzt und hinterfragt und durchdacht. Herrlich! Und deshalb saßen die Nachsorgehebamme und ich meistens rum wie in diesem Beispieldialog.

»Und, geht's euch gut?«

»Ja.«

Stille. Ich gucke meinen Fuß an.

»Hast du sonst irgendwelche Fragen?«

»Nö.«

Stille. Als wäre sie mein Date und hätte gerade gesagt, sie mag Nickelback.

»Wollen wir mal die Naht angucken?«

»Ach ja, die Fäden hab ich schon selber gezogen. War nicht schlimm.«

»Gut.«

»...«

»...«

(In einem Western würde jetzt ein Busch Tumbleweed vorbeiwehen.)

Nach diesen ergebnisoffenen Gesprächen haben wir beschlossen, dass sie erst mal nicht mehr kommt und ich mich bei ihr melde, wenn ich eine Frage habe. Ich hatte keine.

Als die Kleine zwei Wochen alt war, sind wir auf einen Kunstmarkt gegangen, ohne uns zu fragen, ob das nicht zu laut oder zu früh ist. Rein in die Babytrage, Bilder angeguckt, Leute getroffen, wieder nach Hause. Fertig. Oder wir haben sie in die Wiege gelegt und verliebt angestarrt, ohne danach verrückt zu werden und uns zu fragen, ob die Mütze zu eng sein könnte und das Fenster auf oder zu sein soll, sondern wir haben uns einen Kaffee gemacht oder uns aufs Sofa gelegt. Wenn der Große ihr die Finger in den Mund steckte, lachten wir und rekapitulierten das Lob der Hebamme für unsere Entspanntheit. Die Kleine war robust und gesund, und wir hatten nicht andauernd Angst, sie kaputt zu machen. Im Vergleich zum ersten Kind, bei dem wir ständig um Hilfe schrien, waren die ersten Wochen mit unserer Tochter eine herrliche Zeit. Normaler Wahnsinn mit Happystreuseln oben drauf.

Ist die Brust erst ruiniert, stillt es sich ganz ungeniert.
Die Entdeckung, dass Stillen auch toll sein kann.

Bei meinem ersten Kind habe ich das Stillen schrecklich ge-funden. Meine Brüste waren riesengroß, und der Große hat wie ein extrem früh Pubertierender sehr laut gebrüllt, so-bald ich sie ausgepackt habe, um ihn zu füttern, und erst damit aufgehört, wenn auch der Letzte geguckt hat, wie ich dasaß: mit starrem, leicht verzweifeltem Gesicht und einem riesigen Mops, der wie ein Milchgigant aus stillfreundlicher Kleidung hing. Als am Tag meines Milcheinschusses Dome-nica das Cover der »Hamburger Morgenpost« zierte, inter-pretierte ich das als Zeichen, dass die Stillbeziehung unter keinem guten Stern stehen würde. Und als kurz darauf eine Stillberaterin mit sehr haarigen Armen meinen Mops in den Großen stopfen wollte und dabei im Kopf vermutlich »Sie müssen erst den Nippel durch die Lasche ziehen« gesun-gen hat, war ich mir sicher: Stillen würde nicht unter die Top Ten meiner Lieblingsbeschäftigungen kommen, son-dern vermutlich weit abgeschieden hinter Spülmaschine ausräumen und Fußnägel schneiden vor sich hin dümpeln.

Bei der Kleinen war es anders. Dieses Mal habe ich sie einfach angelegt und gewartet, bis es geklappt hat. Ich habe mich durch die diabetesbedingte Zufütterung nicht panisch machen lassen und frage mich beim Schreiben grinsend, wie viele jetzt beim Lesen die Hände über dem Kopf zusammenschlagen. Lasst sie gleich oben und jubelt, denn: JAAAAAAA, das Stillen hat super funktioniert. Es tat nicht so doll weh, die Kleine hat nicht für jede Mahlzeit eine Dreiviertelstunde gebraucht, und ich habe ohne Bedenken überall meine wieder sehr, sehr großen Brüste rausgeholt und gestillt, wann immer die Kleine Hunger hatte. Ich hatte nicht mehr das unangenehme Gefühl, dass alle auf meine Riesenbrüste gucken wie auf zwei gigantische Blobfische. Wenn doch, habe ich den Leuten so penetrant ins Gesicht gestarrt, dass sie sich nicht mehr getraut haben wegzugucken (also aus dem Gesicht). Ich habe nicht mehr gedacht, dass sich die ganze Welt um meine monströsen Brüste dreht. Obwohl sie von der Größe her durchaus die Chance gehabt hätten, unserem Sonnensystem zugeordnet zu werden.

Das Verschwinden meiner Eitelkeit, verbunden mit der Tatsache, dass das Stillen gut funktionierte und meist nicht lange dauerte, machte es plötzlich so praktisch und nah, dass ich es geradezu abgefeiert habe. Ich verstand, warum manchen Müttern so wichtig ist zu stillen. Mir wurde klar, warum meine Freundin mit heroischer Gelassenheit ihre Brustentzündung ertrug: weil sie sich so sicher war, dass sie stillen wollte. Sie tat dies nicht in dieser angeberischen Märtyrerinnenpose, die häufig in Internetkommentaren zu finden ist und schlimm nervt, sondern selbstsicher und selbstbestimmt. Und während ich mich in der Stillzeit mit dem Großen noch gefragt hätte, warum sie sich das antat, war ich jetzt beeindruckt davon, dass sie so genau wusste, was sie wollte.

Ich verstehe jetzt also beide Seiten. Die Frauen, die nicht stillen wollen, aus welchen Gründen auch immer; dafür müssen sie sich nämlich vor niemandem rechtfertigen. Und die Frauen, die stillen wollen und Ähnliches empfinden wie ich (allerdings nur in der zweiten Schwangerschaft): Cool, immer was zu essen fürs Baby dabei. Voll praktisch. Möpse raus im Flugzeug bei Start und Landung, genauso wie im Restaurant, im Museum, im 3-D-Kino, auf dem Spielplatz und überall sonst, wo ich gerade war.

Fertig.

Und wenn doch mal ein »Muss das denn wirklich hier sein«-Blick kam, habe ich das leider nur ignoriert. Schließlich wäre ich ja körperlich in der Lage gewesen, mit Muttermilch auf die Stillnörgler zu schießen. Der Große fand das cool und superkräftemäßig, und vermutlich werde ich dafür, dass ich meinem Sohn gezeigt habe, wie weit ich mit der Milch aus meiner Brust spritzen kann, in Teilen der USA an einen Baum gebunden und mit Steinen beworfen.

Hier hingegen war ein paar Monate alles in Butter. Dann fand ich die stillende Exklusivverantwortung für die Nächte doch nicht mehr so toll, sondern ungerecht. Wie schlau die Mütter sind, die gar nicht erst stillen. Denen bluteten bestimmt nicht morgens die Augen, weil sie höchstens mal zwei Stunden am Stück schliefen – und das als menschlicher Umriss eines Babykörpers. Ich musste mir zugestehen, dass ich echt im Arsch war und endlich mal schlafen wollte. Zum Glück nicht laut, denn der Mann hatte auch so gemerkt, dass ich ziemlich fertig war. Er ist im Zenit meiner Erschöpfung einfach mit der Kleinen aus dem Schlafzimmer gegangen, als ich fest schlief, und gab ihr eine Flasche.

Hätte ich vor ein paar Jahren noch mit Shitstorm und sozialer Ächtung gerechnet, war ich in diesem Fall nur sehr, sehr dankbar, ausgeschlafen und fröhlich. Und ich googelte wirklich nur ein einziges Mal, ob das Baby wegen der egoistischen Mutter würde verhungern müssen, weil es zukünftig weder Flasche noch Brust wollen würde. War wohl eher nicht so. Vielmehr gibt es sogar ein Wort dafür, wenn die Mutter stillt und das Baby gleichzeitig auch von ihr oder anderen mit der Flasche gefüttert wird: Zwiemilch.

Ich entspannte mich, und wann immer ich nicht mehr konnte, hat der Mann übernommen. Nach etwa fünf Monaten habe ich angefangen, der Kleinen ab und zu Brei oder irgendwas zum Lutschen in die Hand zu geben. Ganz ohne Konzept, einfach so, wie es passte. Das haben wir ein paar Wochen gemacht, bis mir auffiel, dass ich schon ein paar Tage überhaupt nicht mehr gestillt hatte. Für kurze Zeit spürte ich ein bisschen Wehmut, weil ich das Abstillen gar nicht mitbekommen oder gar zelebriert hatte. Beim Sohn hatte ich alles viel akribischer geplant und mir sogar den Tag notiert, an dem ich ihn das letzte Mal gestillt hatte. Aber irgendwie war es auch cool, weil diesmal alles im Flow passierte. Außerdem konnte der Mann nun erst mal ein halbes Jahr lang allein aufstehen, und ich konnte ausschlafen und wieder auf dem Rücken im Park liegen, ohne dass Kinder ihre Mütter in meine Richtung zogen und begeistert riefen: »Ich will unbedingt auf die Hüpfburg.«

Ich höre die Stimmen nicht mehr.

Die Erleichterung, wieder einen eigenen Kopf zu haben.

»JETZT HABEN SIE FEHLER GEMACHT!«, motzte mich im Krankenhaus die ruppige Nachtschwester mit hartem osteuropäischem Akzent an, als ich die Kleine anlegen wollte. Zur Erinnerung: Damit sie jetzt auf mir liegen konnte, hatte mir wenige Stunden zuvor ein lustiger Arzt den Bauch aufgeschnitten und sie rausgeholt. Auf diesem tiefen Schnitt lag nun meine Tochter, weshalb ich zugegebenermaßen etwas vorsichtig dabei war, sie und mich zu bewegen. Das tat nämlich verdammt weh. Außerdem war es mitten in der Nacht, meine Augenringe hatten den Durchmesser eines Pizzatellers und mein Hirn die Aktivität eines winterruhenden Eichhörnchens. Wenn mir fünf Jahre vorher jemand in dieser Situation gesagt hätte, dass ich mit meinem Baby etwas falsch mache, wäre ich in Tränen ausgebrochen und hätte mich wegen unüberbrückbarer Inkompetenz selbst beim Jugendamt angezeigt. Jetzt dachte ich nur »Olle Zippe«, fragte mich kurz, ob es überhaupt Nachtschwestern gibt, die nett sind, und machte weiter, wie es eben ging. Ich ließ mich tatsächlich nicht aus der Ruhe bringen. Und siehe da, das Baby wurde satt, aber leider nicht satt genug, damit wir nach Hause durften. Als Diabetesbaby brauchte die Kleine nämlich ein bestimmtes Gewicht, um entlassen zu werden, weshalb etwas zugefüttert wurde – und auch in diesem Fall hätte ich beim ersten Kind in meinem inneren Unsicherheitsinferno nur noch gehört: »WAAAAS?!? ZUFÜTTERN!?! SAUGVERWIRRUNG!!!« Diesmal habe ich nichts dergleichen gedacht; ich wollte mir keinen Kopf machen und nicht die Erwartungen der ganzen Welt erfüllen. Ich wollte einfach nur nach Hause und alles so machen, wie ich es eben wollte.

Vom ersten Tag an hat die Kleine in meinem Bett geschlafen. »Kreisch!«, schnappt da ein Teil vom Tortendiagramm der Internetmütter. »Wenn du dich drauflegst, erstickt es oder verfängt sich in der Bettdecke oder macht sich voll breit, oder es rollt raus und bricht sich das Genick, oder überhaupt, das Kind muss in einem sicheren Raum nah bei der Mutter sein, aber doch nicht DIREKT DANEBEN.« Das waren die Stimmen, die beim Großen dafür gesorgt hatten, dass er im Babybay lag und ich aus Angst vorm Plötzlichen Kindstod selbst dann schlecht geschlafen habe, wenn er selig schlummerte. Und trotz der sicheren Entfernung von Kind zu Eltern quälten mich schlimmste Angstfantasien, in denen der Mann sich auf ihn legte.

Bei der Kleinen war alles anders. Das Babybay diente nur als Ablage für Wasser, Taschentücher und Neapolitanerschnitten von Manner, und die Kleine schlief direkt an mir dran. Wenn sie trinken wollte, schob ich ihr den Mops hin, und wir duselten weiter. Auf meiner anderen Seite schlief übrigens der Große, direkt angekuschelt an den Mann. Ein riesengroßer Familienklumpatsch. Das ist unsere persönliche Schlafidylle (es sei denn, die Kinder üben im Schlaf technische K.o.s oder Riverdance). Und wenn an dieser Stelle früher todsicher die Stimmen in mir drin riefen: »Ey, aber die Kinder kriegste da doch nie wieder raus«, dann kriegen sie bis heute einen riesengroßen Fuckfinger: »Aus dem **Herzen** kriege ich die Kinder nie wieder raus, da habt ihr recht, aber aus dem Bett werden sie irgendwann schon verschwinden.«

Letztens hatten der Mann und ich einen Kater, und wir haben den ganzen Tag Fernsehen erlaubt und nur ungesunde Sachen gegessen – und das noch nicht mal gemeinsam als Familie am Tisch, sondern immer da, wo wir gerade saßen oder lagen oder gingen. Und am Ende des Tages habe ich meine Kinder nicht aus lauter schlechtem Gewissen in Waldorf-Einrichtungen angemeldet, sondern zufrieden gedacht: »Wie geil entspannt kann denn bitte ein Wochenende sein?« Meine Gelassenheit geht häufig sogar so weit, dass ich Artikel über ein Kinderthema lesen kann, ohne in einer großen Gedankenblase abzuklopfen, wie wir das machen, ob die Autorin das wohl richtig findet, ob ich das richtig finde, ob ich mich schlecht fühlen sollte, weil ich etwas falsch mache. Ich lese das wie einen Artikel über Gartenbau in Dänemark. Als Hamburgerin mit Minibalkon. Es ist herrlich. Meine neue Lecktmichdochamarschigkeit macht mich fröhlicher und entspannter als sehr, sehr viele Achtsamkeitsmalbücher. Auch wenn ich jetzt, wo ich mir so viel weniger Gedanken mache, vielleicht sogar noch Zeit dafür hätte.

Superheldin mit Meditationshintergrund.
Die Bewunderung für die eigene Leistung.

Die Kleine ist besessen von Superhelden. Im »Superhelden«-Buch des Großen lesen wir jede Seite; sie guckt die Bilder an, und ich lese ihr die jeweiligen Superkräfte vor. Irgendwann ruft sie: »Ich bin Wonderwoman«, ballt ihre kleinen Fäuste und will mich »anboxen«. Wenn ich sie frage, ob sie irgendetwas schafft, zum Beispiel die schwere Flasche Saft zu tragen, dann antwortet sie: »Ja. Ich habe Superkräfte.« Und manchmal, wenn ich den Saft trage und gleichzeitig Streit schlichte, Mails verschicke, »Barbie Girl« von »Aqua« das 234634534. Mal höre, dabei Kartoffelpüree stampfe und all diesen anderen Elternkram mache, bin ich dabei so ruhig und manchmal sogar auch noch lustig, dass mich das total kickt und ich dadurch noch mehr Energie aus mir selbst generiere. In diesen Augenblicken weiß ich genau, was die Kleine meint, und fühle mich wie eine Superheldin mit Meditationshintergrund.

Zu Beginn gleich der Spoiler: Ich halte diesen Zustand meist nicht besonders lange durch. Aber beim Feiern sage ich mir ja auch nicht die ganze Zeit mahnend, dass ich morgen nicht mehr betrunken sein werde und nichts von dem, was ich gesagt habe, noch lustig sein wird und dass ich die Leute, die ich gestern noch voll lieb hatte, wahrscheinlich nur noch halb so doll mag. Wenn ich betrunken bin, finde ich alles super. Und so ähnlich ist es, wenn ich mein Superheldinnengefühl habe. In diesen Momenten kann ich mir sehr gut vorstellen, dass mir bei der Geburt mit der PDA aus Versehen ein geheimes Mittel gespritzt wurde, das mich kurzzeitig immun gegen alle Quälereien macht, denen Eltern ausgesetzt sind. Wenig Schlaf? Pah, mache ich den Kaffee eben stärker. Kinderlaunen im Keller? Toll, denn bei Streitereien, müdem Genöle sowie schnellem Einschnappen kann ich meine Superkräfte doppelt und dreifach raushängen lassen. Ich liege neben dem Baby, das schlafen soll, und muss tierisch husten? Ohne mich auch nur zu räuspern, liege ich mucksmäuschenstill neben ihr und male mir voller Stolz aus, was das für die Situation bedeutet, in der ich mich vor Einbrechern im

Kleiderschrank verstecke. Mich würde tagelang niemand hören. Aber das ist noch nicht alles. Was mache ich, wenn eins meiner Kinder etwas isst, eklig findet und in meine Hand spuckt? Richtig, ich esse es einfach auf. Und wenn mein auf den Beinen noch wackliges Babymädchen umkippt, ich aber ein Fahrrad in der Hand habe, das, ließe ich es los, auf sie fallen würde? Geistesgegenwärtig strecke ich mein Bein aus, und, obwohl es von Natur aus ziemlich kurz ist, fange ich die Kleine mit meinem Fuß auf und lege sie langsam und sicher auf den Boden. Boom! Leute! Eltern! So was machen wir jeden Tag!

Wir schmieren Brote, servieren Teller mit Knabbereien, wischen umgekippte Getränke auf, legen Kühlpacks auf echte und ausgedachte Beulen und singen Heile-Lieder für beide Fälle; wir schlichten Streit, kuscheln, lachen, machen Quatsch und all die tausend anderen Dinge aus all diesen Berufsbezeichnungen, die aufgezählt werden, wenn schmalzig auf die Unverzichtbarkeit von (meistens) Müttern hingewiesen wird. Aber jetzt mal in echt: Wir SIND Superheldinnen und -helden! Als die Kleine ihren Fieberkrampf hatte zum Beispiel und sie vor mir lag und blau wurde, da dachte ich nur: »Das ist jetzt ein Fieberkrampf, du bleibst bei ihr, damit sie nicht so schlimm Angst hat, und rufst einen Krankenwagen.« Hab ich auch genau so gemacht. Ich war total ruhig, fast wie ein Roboter. Das finde ich aus zwei Gründen gut. Erstens beruhigt es mich sehr, dass ich eventuell in zukünftigen Extremsituationen noch mal in einen ruhigen Superkräftemodus schalten kann. Stelle ich mir schlimme Sachen wie Unfälle vor, jagt nämlich eigentlich sofort mein Puls in die Höhe, und ich kriege schwitzige Hände und herzbeklemmende Panik. Jetzt kann ich hoffen, dass mein Superkräftemodus dem entgegenwirkt.

Das Zweite, Tolle an diesem Superkräftemodus ist, dass ich absolut nicht damit angeben kann, weil ich ihn null unter Kontrolle habe. Er kommt und geht, wie er lustig ist. Deshalb protze ich nicht damit, dass ich immer und überall die Ruhe bewahre und außerdem schon 234345 Nächte nicht richtig geschlafen habe und mein Concealer trotzdem nur mittlere Deckkraft hat. Wie gesagt, ich bin kein Arschloch, nur eben manchmal eine Superheldin. Ganz schön oft ist es, ehrlich gesagt, ziemlich unsuperheldig, sondern eher so, dass mir plötzlich alle Besuchskinder zu viel sind und ich doch keine fremden Kinder halb nackt in unserem Ehebett will oder dass ich wütend werde, weil ich das vierte Mal die Milch aufwische, ohne dass sich jemand entschuldigt oder bedankt hat. Und so cool ich fand, dass ich im Superheldinnenmodus im Krankenwagen saß und meiner ängstlichen Kleinen mit tapferem Blick die Hand hielt, so dankbar war ich dafür, dass ich es ein paar Tage später geschafft hatte, den Stress und die Anspannung und die schreckliche Angst um mein kleines blaues, steifes Baby endlich rauszuweinen. Sonst wäre ich nämlich geplatzt. Während ich also heulend im Auto saß und dem etwas ratlosen Großen schluchzend erklärte, warum ich so dankbar war, endlich weinen zu können, begriff ich: Es reicht völlig aus, nur manchmal Superheldin zu sein. Die viele Energie hält auf Dauer nämlich kein normaler Mensch aus.

BEIM ZWEITEN KIND IST ALLES SCHLIMMER

Im Arsch. Im Ärscher. Im am Ärschesten.
Die Erkenntnis, dass es immer noch schlimmer geht.

Was war das schön. Ich habe mich gesuhlt im Babyplüsch und im Glück und in diesen Hormonen, aus denen ich am liebsten einen Zaubertrank gebraut hätte und dann reingefallen wäre, damit dieses Glücksgefühl mein Leben lang bleiben könnte. Aber Pustekuchen! Dieser verkackte Schlafmangel hat seinen dicksten Stift genommen und mir einen fetten Strich durch die Rechnung gemacht.

Das sieht dann zum Beispiel so aus:

Die Kleine ist gerade ein Jahr alt und hat das mit dem Schlafen noch nicht raus. Und der Große geht gerade so ab, dass er sogar auf einer verabredeten Hooliganschlägerei gebeten werden würde, mal ein bisschen runterzukommen. Der Mann ist gefühlt immer bei der Arbeit – und ich arbeite auch. Hatte ich erwähnt, dass die Kleine noch zu Hause ist und die Kita vom Großen geschlossen hat? Ich bin so müde, dass ich mich kaum noch konzentrieren kann. Ich bin officially im Arsch. Ich habe keine Ahnung mehr, wie sich erholsamer Schlaf anfühlt. Mein Akku ist an guten Tagen auf acht Prozent, und wenn ich »schlafe«, ist er danach vielleicht bei zwölf. Fast jeden Tag stehe ich im Fahrstuhl und könnte in Tränen ausbrechen, weil er nicht losfährt. Selbst der macht mir das Leben schwer, der blöde Arsch. Während ich mich also aufrege und dafür weitere kostbare zwei Prozent Akkuladung verbrauche, die mir nachher beim nächsten Wutanfall des Großen fehlen werden, stelle ich fest, dass ich einfach nur den Knopf nicht gedrückt habe. Wie gestern. Und ganz schön oft in letzter Zeit.

Jetzt hat es mich also doch erwischt. Der Glitter und das Glück vergangener Tage gucken noch aus den Parkettritzen, sehen aber nichts, weil der Boden voller Klamotten und Spielzeug liegt. Ich räume nur noch auf oder wasche Wäsche, wenn es unbedingt sein muss. Der Große tobt und muss vielleicht doch noch ein bisschen verknusen, dass er nicht mehr allein ist. Genau wie er fühlen sich auch die Töpfe vernachlässigt, denn in letzter Zeit haben wir viel öfter bestellt als selbst Essen gekocht. Mein Huhn in Erdnusssoße schaufele ich abends lustlos in mich rein, weil mir die kommende Nacht bevorsteht. Mein Bett ist kein Ort fröhlicher Entspannung mehr, mein Bett ist mein Feind, weil kein Ort mir deutlicher und fieser zeigt, was ich gerade nicht haben kann: Schlaf. Andauernd wacht irgendwer auf, der Große träumt schlecht, die Kleine will gestillt werden, der Mann schnarcht oder wälzt sich in Gedanken wegen irgendwas bei der Arbeit. Nach jeder dieser Unterbrechungen brauche ich ewig, bis ich wieder einschlafen kann, und werde geradezu panisch, weil ich Angst habe, nie wieder schlafen zu können und irgendwann verrückt zu werden.

Ich sitze morgens im Bett und weine dicke Tränen, weil ein weiterer Tag ansteht, an dem ich in träger Trance funktionieren muss und nicht leben kann. Zum Leben bin ich viel zu im Arsch. Genau genommen bin ich ein Notstromaggregat. Ich halte alles am Laufen, was unbedingt sein muss, und der Rest schimmelt vor sich hin. Das Gemüse im Gemüsefach zum Beispiel. Unser Spaß. Unsere Freude aneinander. Entspannung. Das Gefühl, wach und voll da zu sein.

Stattdessen bin ich, wie gesagt, kurz davor, wahnsinnig zu werden. Gestern Abend, als ich versucht habe, die Kleine hinzulegen, kam immer, wenn sie kurz vorm Einschlafen war, der Große rein und wollte irgendwas. Diese Situation fühlte sich an, als dauerte sie Tage, und ich konnte keinen klaren Gedanken fassen, der es mir ermöglicht hätte, die Spirale zu unterbrechen, zum Beispiel, indem ich erst mal dem Großen helfe, damit er nicht mehr reinkommt. Stattdessen habe ich mir vorgestellt, eine Cartoonfigur zu sein, weil Cartoonfiguren vor Wut Qualm aus der Nase kommen kann; sie können sich mit riesigen Ambossen auf den Kopf hauen und sich zornig mit Pfeifgeräuschen durch das Dach aus dem Haus schießen und ein bisschen im All rumfliegen. Im All gibt es keine Kinder, die was wollen. Cartoonfiguren können außerdem sofort einschlafen und von absolut überhaupt nichts geweckt werden. Hier weckt aber der Große immer wieder die Kleine, weil er denkt, dass ich ihm dann das iPad erlaube. Und selbst wenn es das einzig Sinnvolle wäre, weigere ich mich, weil ich nicht will, dass der Große lernt, nur lange genug rumnerven zu müssen, damit er das iPad bekommt. Er weiß, dass ich eigentlich nicht anders kann, weil der Mann nicht da ist und die Kleine schlafen soll. Trotzdem bleibe ich standhaft und sage Nein. Der Große kommt aber immer wieder rein, und die Kleine wacht immer wieder auf, und ich frage mich, wie wohl meine Cartoonfigurfrisur aussähe, während ich ihn überflüssigerweise anzicke, dass er das iPad erst mal gar nicht mehr bekommt. Darüber ärgere ich mich, sobald die Kleine eingeschlafen ist, weil ich die zwanzig Minuten, in der er irgendeine Serie geschaut hätte, gut hätte gebrauchen können, um mir eine Cola light einzuschenken und auf irgendetwas zu starren. Stattdessen diskutiere ich entnervt mit einem Fünfjährigen, werde ungerecht und fühle mich, als endlich auch er im Bett liegt, wie die allerletzte, verschissene, schlechteste Mutter, die so fertig ist, dass ihr nicht mal mehr am Schluss etwas Lustiges einfällt.

Ich bin die Mutter, die ich nie sein wollte.
Der Missmut vom Meckern und Ungeduldigsein.

Ich habe tiefe Augenringe. Ich trage eine praktische Frisur, weil ich morgens keine Zeit habe, mir aufwendig die Haare zu machen. Ich trage flache Schuhe und einen wasser- und winddichten Parka. Gewollt habe ich all das nie. Aber anscheinend gehöre ich nicht zu den Müttern, die alles mit links packen – diesen wenigen Schlaf und die Arbeit und diese fordernden Bedürfnisse um mich herum. Es fühlt sich an, als würden alle permanent an mir zerren, die Kinder, weil sie Kinder sind und die Brust, ein Brot, Spielen, Liebe, recht oder eine Erlaubnis für irgendwas haben wollen, der Mann, weil er mir immer mehr Termine reindrückt, an denen er nicht da ist, und alle anderen auch. Manchmal könnte ich schon der Frau im Supermarkt eine reinhauen, wenn sie so guckt, als würde ich die Einkäufe (und überhaupt: so viele Süßigkeiten?) zu langsam aufs Band legen.

Wenn ich mir etwas wünschen dürfte, dann wäre das

meine Ruhe. Mehr nicht. Und weil ich mir nicht vorstellen kann, sie jemals zu bekommen, werde ich unerträglich: Ich werde zur Meckermutti.

Ab spätem Nachmittag fange ich an aufzuräumen, damit ich abends noch ein bisschen Zeit für mich habe. Ich erlaube den Kindern nicht, irgendwas zu spielen, das Dreck macht. Ich kriege die Krise, wenn der Große sein gesamtes Lego ins Wohnzimmer trägt, weil er damit eben nicht nur Lego ins Wohnzimmer trägt, sondern meinen Tanzbereich vollstellt – und der ist schon so winzig klein. Ich hab das Gefühl, ich kann nicht mal mehr atmen, ohne dabei an ein Kind zu kommen. Fuck! Muss das denn sein? Könnt ihr nicht einmal dies oder das? Ich habe doch schon tausendmal gesagt, dass irgendwas. Was wollt ihr denn noch? Ich mach doch schon alles, was ich kann!!

An einem Wochenende im November war es besonders schlimm. Der Mann war vier Tage auf Dienstreise, in einem schicken Hotel in einer schicken Stadt mit einem Bett, das tatsächlich zum Schlafen gedacht war und nicht zum Aufstehen, weil ein Kind irgendwas hat. Eine Nacht konnte der Große bei seiner Tante schlafen, und ich war froh, weil mir besonders die Nächte mit zweien wirklich zu schaffen machten. Als wir im Fahrstuhl standen, kurz vor ihrer Wohnung, sagte der Große zu mir: »Ist doch gut, wenn ich weg bin, dann brauchst du dich nicht mehr ärgern.« Ich konnte mein Herz brechen hören. Mit den Tränen kämpfend, lieferte ich ihn bei seiner Tante ab und heulte im Auto los. Er hatte es nicht mal wütend oder traurig gesagt, er hatte es einfach festgestellt. Als ich, ohne dieses Ausbeutungsgefühl, darüber nachdachte, sah ich deutlich, wie geduldig er war und wie sehr er mir mit der Kleinen half – und was für eine verschissene Meckermutti ich dagegen war. Es sind nicht die beiden Kinder, die mich nerven, es ist die Tatsache, dass ich nicht mehr kann und neidisch auf den Mann bin und eine Pause brauche. Ich will die Mutter sein, die so schelmisch guckt wie die Foo Fighters als Stewardessen, wenn etwas umkippt. Ich will ihnen immer Raum für Quatsch und Spiele und Alles-dreckig-Machen geben. Ich finde doch eigentlich, dass man Schmutziges waschen und Chaos wieder aufräumen kann. Fest entschlossen nehme ich mir vor, mich am nächsten Tag zu bessern:

Morgens toben und kuscheln wir und denken uns Quatschlieder aus und tanzen beknackt, und ich weiß ganz sicher, dass ich den ganzen Tag so gut gelaunt und geduldig und albern sein kann. Abends, als der Mann nach Hause kommt, sehe ich aus wie Grumpycat, nur schlecht gelaunt. Wenn der Große immer, immer wieder »Pfirsichschwein« ruft, finde ich das nicht mehr lustig, weil den ganzen Tag irgendwer was gerufen hat und seit dreizehn Stunden Menschen an mir hingen und zerrten und jammerten und laut waren. Da kann der Vorsatz einfach mal kacken gehen. Ich würge dem Mann eine Gemeinheit rein, drücke ihm die Kinder in die Hand und schließe mich auf dem Klo ein. Es ist so ätzend. Nach ein paar Atmern und sehr früh ins Bett gehen kriege ich die Kurve aus meiner emotionalen Einbahnstraße und fahre direkt auf die Lösung zu: Pausen erzwingen. Den pädagogischen Stock aus dem Arsch nehmen. Fuck it sagen, statt zu meckern.

Inzwischen habe ich seit fast drei Jahren zwei Kinder, und ich habe ganz gut hingekriegt, weniger zu meckern und gestresst zu sein. Wenn es schlimm aussieht, sieht es eben schlimm aus. Aufräumen dauert immer gleich lange, das schwöre ich, egal, wie viel rum liegt oder schmutzig ist.

Ich habe das jahrelang ausprobiert. Und Kinder, die auch in der Woche mal fernsehen, klauen nicht automatisch Feuerlöscher, um damit Scheiben von Sanitätshäusern einzuschmeißen. Kinder, die angemeckert werden, auch nicht. Ich bin mir sicher, dass meine Kinder es verkraften, wenn ich kurz mal ganz für mich da bin, um meinen Kaffee auszutrinken, bevor ich dann ganz für sie da bin.

Aber am schönsten ist es, wenn alle Spaß haben. Als wir zum Beispiel im Sommer bei der oben bereits erwähnten Tante zum Grillen waren, hat der Große versucht, einen in die Luft geworfenen Golfball mit der Grillzange aufzufangen. Und nachdem ich zunächst innerlich gezuckt hatte, weil es eine Grillzange war und der Ball ja sonst wo hätte landen und irgendwas hätte umwerfen können, dachte ich zum Glück sehr schnell: »Scheiß doch der Hund drauf. Wenn die Tante das nicht wollte, würde sie es schon sagen.« Außerdem warfen die anderen auch mit. Schließlich probierte ich es selbst aus. Das war lustig. Der Ball landete irgendwann im Apfelschorleglas, und alle haben gelacht. Und das können alle viel besser hören, wenn keiner dabei schimpft.

Endstation Muddi-Look.
Der Frust über Figur, Outfit und andere Oberflächlichkeiten.

Ich schaue mit der Kleinen ein Bilderbuch an. Bei jedem Tier, das größer ist als, sagen wir, eine Kuh, ruft sie begeistert: »Das bist du, Mama.« Beim Pottwal zum Beispiel. Ein Teil von mir guckt jetzt vermutlich so wie Dieter Krebs früher in »Sketchup«: Ich weiß, dass sich über mich lustig gemacht wird, und deshalb ist mein Blick eine Mischung aus dämlich und ratlos. Aber der andere Teil in mir freut sich. Ist doch super. Ich bin groß für meine Kleine. Ich nehme viel Raum für sie ein. Wenn ich ein Grashüpfer für sie wäre, wäre ich zum Kuscheln und Toben ziemlich ungeeignet und vermutlich schon lange tot.

Wie sehe ich denn jetzt aus? Ich wiege mehr als vor den Kindern. So um die fünf Kilo. Ich trage keine knatschengen Jeans mehr und wackle nicht auf kippeligen Stöckelschuhen durch die Weltgeschichte. Die Kleine will mindestens fünfundsiebzig Prozent der Zeit auf den Arm, und dabei trage ich lieber flache Schuhe und eine Hose, bei der nicht drei Viertel meines Hinterns raushängen, wenn ich mich bücke, was etwa 345-mal pro Stunde vorkommt. Wenn ich mit meiner Kleidung eher aussehe wie ein Model für die reife Petit-Plus-Size-Kollektion von Lands End als ein Size Zero für Acne, dann ist mir das die meiste Zeit egal. Wenn ich die Wahl habe zwischen Badewanne mit Haarkur oder Netflix mit Nickerchen, würde ich mich niemals für Beautykram entscheiden.

Ich finde mich manchmal dick und meine Haut weich und meine Brüste weiter unten als früher, aber es interessiert mich gerade nicht so. Wenn ich diese Videos sehe von den Müttern, die ihre Kinder baden und die Gelegenheit nutzen, am Badewannenrand ihre Trizepse zu trainieren, dann kann ich mir beim besten Willen nicht erklären, woher sie die Energie nehmen. Ich finde das unglaublich, gerade weil viele dieser Videos sehr artistisch sind und unfassbar gut kooperierende Kinder zeigen. Richtig fassungslos bin ich allerdings angesichts von Müttern, die sich schockiert darüber äußern, wenn Frauen sich nach der Geburt angeblich gehen lassen und nicht mit Verlassen des Kreißsaals zum Ziel setzen, sofort so auszusehen wie vor der Schwangerschaft. Das wäre ja, als würde ich mich abfällig über Mütter äußern, die nicht sofort nach der Geburt wieder anfangen, Tageszeitungen zu lesen, Musik zu hören oder Serien zu gucken (hier bitte das hinschreiben, was du selbst gleich wieder gemacht hast). Was für ein Schwachsinn. Wir sind alle verschieden, und statt uns das vorzuwerfen, sollten wir das lieber feiern, und zwar in jede Richtung. Wenn ich junge Mütter sehe, die fröhlich aussehen oder schön oder glücklich, dann denke ich nicht gehässig: »Hahaha, warte mal ab, mit vierzig siehst du in diesen Hotpants auch nicht mehr so super aus«, sondern ich freue mich für sie. Zum Beispiel für die Mutter in der Kita, die so großartig aussieht mit ihrem wunderbaren Kleidungsstil und ihren superschönen Beinen. Und ich finde nicht frech, dass sie auch noch nett ist, sondern super, weil es Spaß macht, sich mit ihr zu unterhalten.

Eine tolle, schöne, berühmte Frau, die sich viel Mist anhören muss, ist Chrissie Teigen. Sie ist ein Model, das ich gar nicht kannte, weil ich mich für Modekram nicht so interessiere, aber als sie ein Baby bekam, konnte ich online verfolgen, wie sich die Internet-Verurteiler:innen auf sie stürzten. Zum Beispiel hat sie sich kurze Zeit nach der Geburt relativ unbekleidet beim Rühreimachen fotografiert. Und alle zicken rum, weil sie so kurz nach der Geburt ziemlich unbekleidet so dünn ist und deshalb den Druck auf Frauen erhöht, die nicht so aussehen. Leute, die Frau ist MODEL. Klar sieht die gut aus. Klar fotografiert die sich gern und weiß, wie sie auf Bilder noch tausendmal schöner aussieht. Das ist ihre Arbeit. Das sind vielleicht auch ihre Gene oder vielleicht auch ihre Disziplin. Aber es ist vor allem egal, weil ihr Aussehen erstens ihre Sache ist und sie nicht fordert, dass alle gefälligst so auszusehen haben. Zweitens verbreitet sie auf Twitter genauso ihre Schwangerschaftsstreifen, ihre postpartale Depression und sehr gelungene Trump-Beleidigungen.

Wenn aufregen, dann doch bitte lustig. Celeste Barber zum Beispiel, eine australische Comedienne, stellt Modelfotos, auch von Chrissie Teigen, nach, aber eben so, wie das bei einer normalen Frau aussehen würde. Ohne Styling, Make-up, Beleuchtung und Photoshop wälzt sie sich in Netzstrumpfhose in einer Kiesgrube wie Kim Kardashian. Das ist mein absolutes Lieblingsfoto. Es lohnt sich, sie mal zu googeln, über die Bilder zu lachen und festzustellen, dass sie eben nicht bösartig sind und eine Frau gegen die andere ausspielen, sondern nur zeigen, wie verschieden wir sein können.

Es gibt Mütter, die haben nach der Geburt wieder Modelmaße, es gibt Mütter, die machen unfassbar gute Witze, die interessieren sich für Mode, für Kochen, für Außenpolitik, für Erziehung, für Baustellen, für Springreiten, für was auch immer. Und jetzt habe ich eine gute Nachricht für alle: Nur weil eine andere Frau das macht, müssen wir nicht automatisch auch gut darin sein. Wenn sich also Chrissie Teigen beim Rühreimachen fotografiert und dabei schön aussieht, dann muss ich nicht denken: »Die blöde Ziege sieht voll super aus, und mich hat mein Sohn heute Morgen im Bett gefragt, ob ich meine Brüste eingefahren hätte.«

Wir sind alle verschieden, und das ist keine Aufforderung zum sofortigen Gleichwerden, indem wir eben alle gut aussehen und politisch und witzig und alles auf einmal werden müssen. Wir sind keine Versagerinnen, wenn wir nicht alles auf einmal schaffen, sondern wir sind verschiedene Mütter, die authentisch aus ihrer Welt Lebenszeichen geben und dabei hoffentlich alle anderen respektieren. Die mit Schwangerschaftsstreifen oder ohne, mit Sixpack aus Muskeln oder Bier, mit Netflix oder Hanteln oder sogar beidem – es ist piepegal. Ich zum Beispiel esse abends eigentlich lieber Toffifee und gucke »Jane The Virgin«, als joggen zu gehen. Manchmal, wenn ich zum Beispiel Leute von früher treffe, ärgere ich mich kurz, weil ich mir vorstelle, dass die bestimmt denken, ich sei ganz schön dick und muddimäßig geworden. Aber schnell fällt mir auf, dass ich sie dann ohnehin blöd fände. Außerdem hätte ich nun mal niemals die Disziplin und den Elan, allein für solche Eventualitäten meinem früheren Ich hinterherzutrainieren. Trotzdem mache ich Sport, aber nicht, um wieder in meine Jeans zu passen, sondern weil ich eine Schilddrüsenunterfunktion habe und zusätzlich sehr extrem auf die Hormonschwankungen meines Zyklus reagiere. Wenn ich Sport mache, ist meine schlechte Laune nicht ganz so schlecht. Ich bin ausgeglichener und fühle mich gesünder. Seitdem ich das gemerkt habe, finde ich Sport wieder super und kann mich für meine Verhältnisse gut disziplinieren.

Ich kenne aber auch Mütter, denen fällt das ganz leicht, die joggen in ihrer Mittagspause oder laufen Marathons und haben Hammerkörper, andere sind immer besonders schön angezogen, unfassbar lustig, stecken Krankheiten oberstark weg, sind beeindruckende Erscheinungen, besonders liebevoll, können super gut kochen, denken abgefahrenes Zeug, sind schlagfertig und vieles mehr. Und damit muss ja niemand aufhören, nur weil ich irgendwas davon nicht kann, habe oder bin. Im Gegenteil. Je mehr unterschiedliche Frauen wir sind und je weniger wir uns gegenseitig kritisieren oder von Männern kritisieren und bewerten lassen, umso normaler und stärker wird jede Einzelne von uns. Dann können wir alle sein, wie wir sind und uns genau darauf konzentrieren. Und jetzt, wo ich mit dem Text fertig bin, stelle ich zufrieden fest, wie wenig er sich um meine Figur und meine Klamotten drehte. Ich finde, ich bin auf einem guten Weg.

Schlafmangel, du blöde Sau.
Der Hass auf die Müdigkeit.

Gestern saß ich im Café meiner Freundin. Ich berichtete ihr von meiner letzten Freak-Krankheit, einem »gutartigen Lagerungsschwindel«, den ich mir vermutlich zugezogen hatte, als ich mir beim Tannenbaum-Abschmücken den Kopf stieß. Es hatte sich ein Kristall in meinem Ohr gelöst, das krasse Schwindelanfälle auslöste, auch nachts, wenn ich mich im Schlaf umdrehte. Am Nebentisch saß eine Frau, die das auch schon mal hatte. Ich fühlte mich verstanden und jammerte gleich ein bisschen rum, dass ich deshalb – und wegen der Kinder – die letzten Nächte nicht gut geschlafen hätte. Daraufhin erzählte sie mir, dass sie mit ihren Kindern, ebenfalls sieben und drei, bei einer Schlafberatung war. Mit prima Ergebnissen. Sofort fragte ich zurück, ob sie die Kinder hatte weinen lassen, weil ich das leider zweimal mit meinem Sohn gemacht und deshalb immer noch Schuldgefühle habe. Sie verneinte, und wir haben in einem herrlich wertfreien, supernetten Gespräch festgestellt, dass bei uns sehr unterschiedlich geschlafen wird. Ihre Kinder schlafen von 19.00 bis 07.00 Uhr allein in einem gemeinsamen Zimmer. Ohne die Eltern. Die ganze Zeit.

Bei uns schläft der Große gerade, mit Glück, gegen 21.30 Uhr ein, weil ihm, nachdem er eineinhalb Stunden vorher ins Bett gegangen ist, tausend andere Sachen als schlafen einfallen: dass er uns noch keinen Kuss gegeben hat, zum Beispiel, oder dass er auf keinen Fall will, dass wir etwas Gruseliges im Fernsehen gucken, dass er morgen an irgendein Heft denken muss oder irgendwas anderes, das er sich ganz offensichtlich, im Türrahmen lehnend, ausdenkt, während er uns versichert, dass er absolut keine Zeit schinden will. Beide Kinder schlafen so gut wie immer mindestens ab der Hälfte der Nacht bei uns. Der Große hat normalerweise eine Matratze neben unserem Bett, sich aber gerade gewünscht, dass er auch mal wieder bei uns im Bett schlafen darf. Deshalb sind wir jetzt wieder zu viert im Bett, und schlafen tun eigentlich nur die Kinder gut, weil sie die üblichen Unterbrechungen durch verlorene Schnuller, Schnuffeltücher, Harn- und Mitteilungsdrang nicht so richtig mitbekommen. Der Mann und ich holen alles, was fehlt, trösten und versuchen, die Kleine auf der Matratze zum Schlafen zu bekommen, was sie absolut nicht will. Der Große soll sich aber nicht abgeschoben fühlen, sodass auch er im Bett bleiben darf und es zu viert irgendwann zu eng wird. Mit dem Ergebnis, dass der Mann auf die Matratze umzieht. Zu dritt haben wir aber nicht automatisch mehr Platz. Vielmehr liege ich gequetscht am alleräußersten Bettrand, und es würde mich nicht wundern, wenn die Kleine, die immer unbedingt direkt an mir dran liegen muss, mich irgendwann mit einem leisen Hauch aus dem Bett atmet. Na ja, wenigstens würde ich dann auf den Mann fallen, der liegt ja auf der Matratze neben meiner Bettseite.

Als die Frau aus dem Café mir zum Abschied noch mal etwas mitleidig den Namen der Schlafberaterin nannte, antwortete ich lachend: »Danke, aber bei uns ist der Zug abgefahren.«

Heute Morgen frage ich mich allerdings, ob ich mir den Namen nicht doch hätte merken sollen. Weil die letzte Nacht schon wieder schrecklich war und ich neunzig Minuten versucht habe, die Kleine zum Schlafen zu bringen. Erst auf der Matratze, dann in meinem Bett, dann im Arm mit Schaukeln, woraufhin sie mich fragte: »Mama, wann bist du fertig?« – um schließlich in die unbequeme Art Schlaf zu fallen, der mir eine sehr ausgedehnte Organmassage durch ihre Füße verpasste. Gnaaaaa! Ich mag ja wirklich sehr, dass wir alle auf einem Haufen schlafen, aber gerade fühle ich mich dabei ausgebeutet. Mir wird der Schlaf geraubt, und das macht mir schlechte Laune. Ich bin müde, fertig, ich kann mich nicht richtig konzentrieren, und ich fühle mich an die ersten Lebensmonate der Kinder erinnert. Apropos: Irgendwo habe ich gelesen, dass Babys sich bis zu einem bestimmten Alter nicht an konkrete Ereignisse erinnern können, sondern eher an ein Gefühl. Geht es außer mir noch jemandem wie den Babys? Meine Erinnerungen an die ersten Monate mit den frisch geborenen Kindern sind nämlich zum Großteil auch nur ein Brei aus Emotionen, gesehen durch vor Müdigkeit brennende Augen. Ich sehe Verwirrtheit beim Erwachen aus ein paar Stunden Schlaf oder die Wut darüber, schon wieder geweckt worden zu sein. Diese Wut stand im Wechsel mit stumpfer Resignation, mit der ich stillte, schuckelte, Windeln wechselte und manchmal dem schlafenden Mann verzweifelt einen Tritt verpasste. Der Mann stand (und steht) zwar öfter auf als ich, aber das war mir in dem Zustand völlig egal. Am liebsten hätte ich immer, wenn eines der Kinder wach war, alle Rauchmelder in der Wohnung aktiviert; wenn ich nicht schlafen kann, sollte es gefälligst auch sonst niemand tun.

Selbst wenn ich bei der Kleinen ja durch die Erfahrung mit dem Großen wusste, dass diese Phase irgendwann zu Ende sein würde, saß ich trotzdem oft morgens nach verhackstückelter Nacht verzweifelt im Bett, weil ich einfach nur schlafen und nicht einen weiteren Tag durch diesen Schleier erleben wollte, mit zittrigen Händen und so unerträglich verstrahlt. Ich fuhr den Rückspiegel unseres Autos ab. Ich vergaß Namen, Verabredungen, Töpfe auf dem Herd und war nicht nur unfassbar müde, sondern auch ziemlich ängstlich, dass aus Müdigkeit mal etwas wirklich Schlimmes passieren könnte. Nicht betrunken werden, zum Beispiel.

Als eine meiner Lieblingsmusikerinnen, Brody Dalle, in Hamburg ein Konzert gespielt hat, bin ich mit meinem besten Freund dorthin. Die Kleine war damals ziemlich genau vier Monate alt, und ich wollte auf diesem Konzert nach Schwangerschaft und trotz Stillens feierlich mein erstes Bier trinken (Pump & Dump). Während ich also auf etwas wackligen Beinen gähnend in der Markthalle stand und meinen Freund erneut fragte, was ich noch mal erzählt hatte, verglich ich. Das erste Bier nach der Geburt vom Großen auf dem Konzert von Emery hatte mir einen glücklichen Glimmer beschert. Das erste Bier nach der Geburt der Kleinen machte etwas viel Schlimmeres mit mir: nämlich gar nichts. Kein Dusel, keine etwas übertriebene Fröhlichkeit, nichts von dem, was ich mir bei Brody Dalle in

Kombination mit einem kalten Bier ausgemalt hatte. Nur nagende Gedanken daran, wie oft ich in der kommenden Nacht wohl wieder würde aufstehen müssen.

Nach knapp acht Jahren mit Kindern kann ich gern notariell beglaubigen lassen, dass für mich der Schlafmangel das Allerschrecklichste am Kinderhaben ist. Er schwächt meine gute Laune, meine Geduld, meine Motivation für alles. Er ist der häufigste Streitgrund in unserer Familie. Und dass diese Sau jetzt gerade mal wieder aufgetaucht ist, gefällt mir nur, weil es mir dadurch leichter fällt, dieses Kapitel zu schreiben. Weil mir gerade wieder die Augen brennen, ich nach jedem halben Satz fahrig bei Facebook gucke und in der Küche ein Käsebrot gefunden habe, das ich mir vor Stunden geschmiert, aber danach vergessen habe zu essen. Danke, du blöde Sau Schlafmangel, dass du kurz vorbeigeschaut hast, aber jetzt sieh ganz schnell, dass du Land gewinnst.

VERRÜCKT! DAS SIND JA BEIDES MEINE

Ist da überhaupt Liebe für zwei?
Die Befürchtung, dass die Gefühle nicht reichen.

Fast fünf Jahre war mein Sohn für mich »das Kind«. Bald würde ich ihn nicht mehr so nennen können, denn dann hätte ich noch eins. Ein anderes. Und das kam mir so vor, als würde im Supermarkt ein fremdes Kind bei mir stehen bleiben, mich an die Hand nehmen und ab sofort Mama zu mir sagen. Ich konnte mir trotz aller Knie und Ellbogen, die die Kleine in meinem Bauch in alle Richtungen streckte und boxte, nicht vorstellen, dass wir sehr bald zu viert sein würden. Zu lange war mein Sohn ein Einzelkind, so lange habe ich ihn allein geliebt, mit ihm allein gespielt, ihn kennengelernt und mich von ihm vereinnahmen lassen. Und ich fragte mich, wo da noch Raum für ein zweites Kind sein sollte, im Alltag – und auch in meinem Herzen.

In meinem Bauch randalierte meine Tochter. Und obwohl mir das schon einmal passiert war, konnte ich wieder nicht glauben, dass dort gerade ein Mensch wuchs, wohingegen ich sehr genau glauben konnte, was in puncto Schlafentzug, viel Gebrüll und Fremdbestimmung auf mich zukommen würde. Und ich fragte mich, besonders in Momenten, in denen mir der Große viel abverlangte, ob das alles eine gute Idee gewesen war.

Dieser Gedanke begleitete mich auch, als ich mich am Tag des geplanten Kaiserschnitts zu Fuß auf den Weg ins Krankenhaus machte. Ich hatte mehr den Großen im Kopf als die Kleine. Wie würde er sich fühlen? Würden wir hinkriegen, ihm auch mit dem neuen Kind ein gutes Gefühl zu geben? Wann würde ich ihn sehen können? Ich freute mich auf die Kleine, aber ich hatte auch einen Riesenschiss davor, den beiden nicht gerecht zu werden, davor, dass der Große, der so viel Aufmerksamkeit und Zeit einforderte, Schwierigkeiten damit bekommen würde, nicht mehr allein mit uns zu sein. Und dass ich, weil ich ihm so viel Zuwendung gebe, nicht mehr genug für meine Tochter aufbringen könnte.

Wie sich herausstellen sollte, waren meine Befürchtungen überflüssig. Ich hatte ja keine Ahnung.

Zeitgleich mit meinem Bauch öffnete sich nämlich eine weitere Tür in meinem Herzen. Zu einem Zimmer, das mit viel Liebe eingerichtet war. Und mit viel Gefühl, vor allem dafür, dass die Kleine dort mein ganzes Leben lang bleiben würde. Es liegt direkt neben dem genauso großen, mit derselben Liebe gestalteten, aber völlig anders aussehenden Zimmer vom Großen. Und auch der Mann würde nicht aufs Sofa ziehen müssen. Ich war so froh, dass ich juchzte und weinte und der Mann mich noch heute damit aufzieht. Mir egal, weil: In meinem Herzen haben alle ihren eigenen Platz, und ich bin mir sicher, wenn sich außerplanmäßig noch jemand ankündigen würde, könnte ich jederzeit ausbauen. Liebe für alle, ey! Besser geht's nicht!

Ich hab die Kleine lieber. Also, den Großen. Äh, umgekehrt.
Die Verwirrung beim Lieben von zwei Kindern.

Sehr lange wollte ich dieses Buch nicht schreiben. Weil die Kinder so unterschiedlich sind und es bei der Beschreibung so wirken könnte, als hätte ich ein Lieblingskind. Dabei ist es anders. Ich habe ein eher unkompliziertes Kind und eines, das genau weiß, was es will, und vor allem, was es nicht will. Es bestimmt allein, wie lange es wütend oder traurig sein will (lange), und fragt lieber noch circa sechzigmal nach, ob es zum Beispiel wirklich schlafen soll. Dieser Satz erklärt die Kinder und zeigt auch in seiner Länge gut, welches der beiden wie viel Raum einnimmt. Die Kleine würde klassisch nebenher laufen, wenn sie nicht so unfassbar süß wäre. Wenn andere mit ihr zusammen sind, bemerke ich häufig deren inneren Kampf, weil sie sie eigentlich schnappen und abknutschen wollen, aber genau wissen, dass das grenzüberschreitend ist. Ich kann die Leute verstehen. Sie ist nämlich wirklich zauberhaft, sie singt viel, sie freut sich so gut wie immer, und wütend ist sie nur kurz. Als wäre ihr selbst die wenige Zeit dafür zu schade. Sie ist ausgeglichen und zufrieden. Sie spielt viel allein vor sich hin. Wenn sie etwas nicht darf, macht sie meistens einfach etwas anderes. Ich war schon sehr früh mit ihr in Restaurants und an anderen Orten, wo über Kinder gern mal gemotzt wird. Aber wenn ich mit ihr dort bin, bemerkt entweder niemand, dass sie da ist, oder es rufen alle: »WIE SÜÜÜÜSS, ICH MUSS SIE ABKNUTSCHEN.«

Der Große war in diesem Alter genauso unfassbar süß, wurde aber wegen seiner Unberechenbarkeit eher aus sicherer Distanz beäugt als hemmungslos abgeknutscht. Er hatte nämlich immer schon so genaue Vorstellungen von allem, dass ein falsches Muster auf dem Teller oder eine falsche Temperatur der Milch zu einem Kinderinferno führen konnte. Ach, ich möchte so gern mal in seinen Kopf gucken. Denn er weiß genau, wie Bilder aussehen, wie seine Klamotten sitzen, wie Spiele gehen, wie seine Mahlzeiten schmecken und angerichtet sein sollen. Es ist schön und gleichzeitig kompliziert. Gestern zum Beispiel waren wir insgesamt drei Stunden mit der Frage beschäftigt, als was er zum Fasching gehen könnte. Eigentlich wollte er ja Batman sein, aber bei den Kostümen waren komische Striche auf den Beinen. Dann wollte er Finn von »Star Wars« sein. Aber die Waffe hing an einem Gurt; das hätte unangenehm am Hals werden können, wenn er sich schnell drehte. Letzten Endes einigten wir uns auf Han Solo; der hat eine Waffe ohne Gurt (Waffe ist dieses Jahr irgendwie wichtig) – und zwar keine Nahkampfwaffe, denn Nahkampf geht dieses Jahr auch nicht.

Ist es nicht der Wahnsinn, an was dieser kleine Mensch alles denkt? Der Wahnsinn ist für mich aber noch mehr, dass er in den vergangenen Jahren so beeindruckend gelernt hat, Kompromisse zu machen. Bei solch konkreten Vorstellungen, wie er sie hat, muss das schwierig sein. Denn damit er diese Waffe, einen Blaster, nehmen konnte, machten wir den Rest des Kostüms selbst. Obwohl er dafür eine Menge seiner Vorstellungen in die Tonne kloppen musste. Statt eines Polyesterviechs, bei dem er genau gewusst hätte, was er bekommt, klebte ich ihm rote Streifen aus Gaffatape an eine dunkelblaue Trainingshose. Dazu trug er ein beiges Shirt und seine schwarze Weste. Ich hatte ihm eine andere Weste aus Gaffatape zusammengeklebt, die wollte aber er nicht. Er ist deshalb nicht wütend geworden und hat mich angemeckert, sondern freundlich gesagt, dass ihm der Glanz und der Sitz der Weste nicht gefielen. Wow!

Klar habe ich, als wir so lange hin und her überlegten und ich bastelte, was er nicht wollte, irgendwann zu ihm gesagt: »Mensch, du bist aber auch kompliziert.« Aber dann mussten wir beide lachen, und ich habe ihm versichert, dass wir ein cooles Kostüm für ihn hinkriegen, und er hat angeboten, auf bestimmte Teile zu verzichten, damit er den Blaster haben kann. Ich war stolz, dass ich ihn so häufig sein lassen kann, wie er ist, und vor allem, dass er sich selbst beigebracht hat, solche Situationen zu meistern.

Die Kleine ging übrigens als Elsa. Ich überreichte ihr am Morgen der Faschingsparty das Paket mit dem Polyesterviech, das vermutlich auch alle anderen Mädchen der Kita tragen würden, und sie kicherte und juchzte, zog das Kleid an, drehte sich und sang »Ich lass looooos« – aber natürlich nicht wie die anderen Elsas, sondern am wunderbarsten und niedlichsten von allen. Ihr würde vermutlich auch ein blaues Handtuch reichen, das ich mit Paketband an ihr festklebe, und ein Zopf, den ich aus Papier ausschneide und an einen Haarreifen tackere. Sie spielt nämlich auch mit zwei Schnuffeltüchern sehr, sehr lange Mutter und Kind. Wenn ihr langweilig ist, dann sage ich ihr, dass ich vielleicht später mit ihr spiele. Sie nickt und streift leise durch die Wohnung, macht Schubladen auf, guckt in Kisten, bis sie etwas findet, das sie interessiert. Das geschieht still und meist ohne mein Zutun. Manchmal schlage ich etwas vor, mal findet sie es gut, mal sagt sie »Nein, danke«.

Wenn dem Großen langweilig ist, läuft das anders. Er teilt mir im Zehn-Sekunden-Takt mit, dass ihm langweilig ist. Würde ich zu ihm sagen: »Gleich spiel ich bestimmt noch mal was mit dir«, wäre das fatal. Er würde nur verstehen, dass ich mit ihm spiele, was er im Zehn-Sekunden-Takt von mir einfordern würde. Der Große braucht klare, wenn es geht, immer gleiche Ansagen: »Wenn dir langweilig ist, ist das eine gute Nachricht. Denn das Nächste, was dir einfällt, wird toll sein.« Immer wieder. Das findet er total scheiße; aber was ihm als Nächstes einfällt, ist meistens wirklich toll.

Die Kleine hingegen kann mit deutlichen Worten nicht gut umgehen. Überhaupt mag sie nicht, wenn es jemandem nicht gut geht. Als sie etwa zwei war, hatte ich beim Abendessen ihr Brot genommen und reingebissen, weil ich dachte, sie sei satt. Sie wollte es aber weiteressen, deshalb entschuldigte ich mich, legte es zurück und zog aus Spaß eine Schippe. Die Kleine rief bestürzt: »Oooooh, Mami« und gab mir sofort das Brot zurück. Ein paar Tage später hatten wir eine ähnliche Situation. Der Mann wollte sie ins Bett bringen, sie wollte aber lieber, dass ich das mache, und der Mann zog eine Schippe. Die Kleine sah das lange Gesicht, das der Mann gezogen hat, und sagte sofort, dass er sie bringen solle. Krass, oder? Seitdem sind Schippen bei ihr nicht mehr erlaubt.

Dem Großen ist eine Schippe eher egal, auch wenn er abends um halb elf noch nicht schläft und das zwölfte Mal ins Wohnzimmer spaziert kommt. Für ihn ist vielmehr jede freundliche Aufforderung meinerseits, sich wieder hinzulegen, eine Einladung, in ein paar Minuten noch mal vorbeizugucken. Und selbst wenn ich mich schließlich mit ihm hinlege, damit er endlich schläft, erzählt er immer,

immer weiter. Bis ich deutlich werde und in fast schon harschem Ton sage: »Ich will, dass du jetzt schläfst. Wenn das hier nicht geht, musst du in deinem eigenen Bett schlafen.« Dabei finde ich das Erpressen oder Androhen einer Konsequenz total bescheuert. Genauso wie die Tatsache, dass ich danach jeden seiner Konversationsversuche strikt ignoriere. Aber ich schwöre, wir würden sonst um drei Uhr nachts noch wach sein, und ich würde mir mit blutenden Augen und Ohren anhören, was die Teufelskicker ausgeheckt haben, als der SV Hulstorf ... und so weiter und so fort. Ich wette fünfzig Euro, dass der Große später derjenige sein wird, der noch über die Tanzfläche spackt, wenn im Club schon das Licht angeht, und die Leute an der Bar so lange nervt, bis sie ihm grinsend doch noch ein Bier geben. Weil er eben auch unfassbar witzig und charmant und ungewöhnlich ist.

Jetzt ist das Kapitel fast zu Ende, und ich habe noch kein Kind lieber gehabt als das andere. Toll, oder? Obwohl es so naheliegend schien am Anfang. Aber es ist wirklich so: Ich bin froh, dass die Kleine unkompliziert ist, weil ich dadurch häufig Zeit und Energie habe, die Gefühle und die Vorstellungen des Großen ernst zu nehmen. Ich bewundere ihn für die Fantasie, die in seinem Kopf so viel Raum hat, für seine verrückten Ideen, für seine Kreativität, für seine Wortgewandtheit und dafür, dass er mit unserer Hilfe und vor allem mit seinem eigenen Willen den Weg aus der Wut findet. Die Kleine bewundere ich für ihre Empathie, ihren Humor, ihre Ausgeglichenheit, ihre Klugheit. Ich bin für beide gleich dankbar. Weil sie mir beide viel beigebracht haben. Diese beiden Kinder haben meinem Leben einzeln und gemeinsam Tiefe und Leichtigkeit, Ernst und Spaß, Empathie und Selbstbewusstsein und vieles mehr gegeben. Deshalb: Wenn ich ein Lieblingskind habe, dann auf jeden Fall beide.

Die können doch gar nicht zusammen spielen.
Die »schlauen« Meinungen zum Altersabstand.

Was die Menschen nicht alles besser wissen, wenn sie hören, dass eine Frau ein Kind erwartet. Sie erkennen das Geschlecht an der Bauchform, geben schon mal Erziehungstipps und weisen gern darauf hin, dass das nächste Kind nicht lange auf sich warten lassen sollte, denn sonst könnten die Geschwister, und Geschwister braucht ein Kind, ja gar nicht miteinander spielen.

Mit solchen Ratschlägen tun sich ungefragt am liebsten jene Leute hervor, die in zwei Jahren zwei Kinder bekommen haben, »damit sie damit durch sind«. Für mich ist das ein eher trauriges Argument für ein weiteres Kind. Es klingt, als wäre das zweite Kind ein Statist, damit das erste Kind nicht so nervt. Ich habe großen Respekt davor, dass Menschen diese körperlichen und schlafdefizitären Strapazen innerhalb so kurzer Zeit mehrfach auf sich nehmen; aber dann sollen die doch auch bitte Respekt davor haben, dass ich mich gut genug einschätzen kann, um es nicht zu tun. Der Mann und ich konnten uns nämlich lange nicht vorstellen, noch einmal so wenig zu schlafen und so viel angebrüllt zu werden, ohne dass wir entweder das Kind oder uns weniger lieben würden. Erst ungefähr vier Jahre später hatten wir genug Kraft und Neugier für einen neuen Menschen in unserer Familie gesammelt.

Inzwischen war es den meisten um uns rum langweilig geworden, nach dem zweiten Kind zu fragen. Umso größer war deshalb vermutlich die Freude, uns jetzt darauf aufmerksam machen zu können, dass die zwei ja »ganz schön weit auseinander« seien und »bestimmt gar nichts miteinander anfangen können«.

Wie man es macht, nä?

Meine Kinder sind also knapp fünf Jahre auseinander. Und dann sind es auch noch ein Junge und ein Mädchen. Wie soll das denn gehen? Ganz ausgezeichnet bis jetzt. Danke der Nachfrage!

Die beiden spielen erstaunlich viel miteinander. Sie können sich zum Beispiel gemeinsam sehr lange damit beschäftigen, Haushaltsgegenstände und Spielzeug in unsere Salatschleuder zu legen, diese zu schleudern und wieder herauszuholen. Die Kleine lacht sich immer wieder über Witze des Großen kaputt, bei denen ich es höchstens schaffe, freundlich zu lächeln. Sie sitzen ewig in seinem Zimmer herum und hören Hörspiele, während der Große mit Kaplas baut und die Kleine seine Bücher durchblättert. Sie kuscheln auf dem Sofa. Er trägt sie durch die Gegend. Wenn sie sich länger nicht gesehen haben, dann fallen sie sich in die Arme und erzählen sich, was sie gemacht haben.

Und während ich von Eltern, deren Kinder in eher gleichem Alter sind, höre, dass es sehr viel darum geht, bei wem die meisten Schokopops in der Milch schwimmen und wer die meiste Milch hat oder wer jetzt gerade ein Stückchen weiter mit dem Hochstuhl an den Tisch geschoben wurde, ist dieser Vergleichestreit bei uns eher selten Thema. Der Große ist zum Glück schon so groß und meistens so reflektiert, dass er sagen kann, wenn er findet, es gehe zu viel um seine Schwester. Das schärft unsere Aufmerksamkeit, und wir können etwas Besonderes mit ihm unternehmen.

Zugegeben: Schwierig ist mit zwei Kindern in sehr unterschiedlichem Alter die Freizeitplanung. Wir könnten die beiden nicht in dieselbe Fußballmannschaft stecken. Dort spielte, bis er keine Lust mehr hatte, nur der Große, und ich musste die Kleine eine Stunde davon abhalten, aufs Feld zu laufen und ihrem Bruder was von den Knuspereulen abzugeben. Verabredungen sind auch nicht unkompliziert, weil die Spielinteressen doch unterschiedlich sind. Dafür haben wir Freunde, die Kinder in ähnlichen Zeitabständen bekommen haben, und – tataaa – aufgrund des großen Altersabstandes ist der Große inzwischen meistens allein verabredet. Schwierig finde ich bisher nur, wenn der Große bei uns verabredet ist und die Kleine mitspielen will, was die Jungs dann irgendwann nervt. Entweder nervt es nur die Kumpels; dann antwortet der Große auf die Beschwerde »Muss deine Schwester immer dabei sein?!« etwas Rührendes wie »Ich will ihr nichts verbieten«, und ich weine beim Lauschen. Aber manchmal, wenn der Große auch keine Lust darauf hat, dass seine Schwester dabei ist, hat sein Zimmer die härteste Tür der Welt. Dann erlebt die Kleine ihr persönliches Berghain.

Zusammengefasst könnte ich sagen: Unsere Kinder kommen jetzt gut klar und werden sich vermutlich in der Pubertät sehr voneinander entfernen. Vielleicht auch nicht. Vielleicht gibt es Zwillinge, die nie um ihr Spielzeug streiten. Vielleicht auch nicht. Alle sind verschieden. Die Kinder, die Eltern. In diesen unendlichen Konstellationen ist alles so, wie es ist, und hoffentlich immer für die Beteiligten am besten. Wobei ich vor ein paar Wochen erfahren habe, dass drei Kinder gar nicht gehen. Entweder zwei oder vier. Nur, falls sich das jemand genau wie ich nicht gefragt hatte.

Spiel mal mit ihr. Aber nicht so doll.
Die Sorge um die Ruppigkeit großer Geschwister.

»Ihr seid aber wirklich entspannt.« Ein bisschen aufgeregt und ein bisschen stolz ruckelte ich auf dem Sofa rum und fragte kokettierend: »Findest du?«

Meine Hebamme war das erste oder zweite Mal bei uns und sah, dass wir relativ unbeeindruckt den Großen dabei beobachteten, wie er der Kleinen den Finger in den Mund steckte. Und das hat mich tatsächlich nur ein bisschen gestört. Mir war sehr wichtig, dass die beiden von Anfang an natürlich miteinander umgehen. Leider war es mir auf dieselbe Art wichtig, in der ich Wert auf viel Bewegung an der frischen Luft lege, wenn es regnet und ein Auto vor der Tür steht. Mit anderen Worten: Ich habe es so was von nicht hingekriegt.

Szenen, in denen ich entspannt war, waren so selten, dass ich die mit dem Finger und der Hebamme an dieser Stelle im Buch mehrfach bemühen muss.

Als die Kleine noch richtig klein war zum Beispiel, ich meine, so klein, dass sie, sobald sie ihre Hände sah, nicht fröhlich dachte: »Ah, cool, meine Hände, ich klatsch mal«, sondern eher: »Wer sind Sie, und was machen Sie hier?«, war der Große sehr scharf darauf, sie zu tragen. Eigentlich komisch. Schien er doch sonst nicht mal in der Lage, seine Jacke aufzuheben oder einen pipileichten Melaminteller in Richtung Spülmaschine zu bringen. Egal. Wenn es um seine Schwester ging, entwickelte er anscheinend Bärenkräfte. Er schlang seine Arme unter ihren Armen durch und schleifte sie durch die Wohnung. Ihr Blick hatte dabei die Teilnahmslosigkeit ganzer Stadtviertel während der Wahlen; mein Blick hingegen folgte ihnen panisch und passte deshalb sehr gut zu meinen Bewegungen. Meine Hände schnellten um Tischkanten, positionierten sich zum Auffangen der Kleinen auf dem Boden und zuckten sofort wieder zurück; schließlich wollte ich doch einfach lässig hier wohnen. Ich sah aus wie jemand mit guten Chancen, in einer Tanz-Castingshow einen eigenen Einspieler wegen sehr sonderbaren Verhaltens zu bekommen. Aber was soll ich denn machen, wenn der Große in der Badewanne seine Schwester umtaucht, oder wenn er ihr im Gesicht rumdrückt oder auf den Po klopft – nie wirklich böse, aber eben auch nie zu hundert Prozent aus Warmherzigkeit? Als die Kleine sich noch nicht selber wehren konnte, habe ich eigentlich ständig diesen schrägen, auffällig unauffälligen Tanz um sie getanzt, wenn die beiden zusammen waren.

Jetzt, da die Kleine fast drei ist, wird es viel besser. Sie kann deutlich Nein sagen, das habe ich getestet, zum Beispiel mit der Frage, ob sie nicht vielleicht mal zu Fuß gehen will, statt getragen zu werden. Inzwischen wehrt sie sich mit Worten und mit Wegschubsen oder Beißen und all dem anderen, was Kinder so machen, bis eins heult und das andere ruft: »Ich habe nichts gemacht.« Ja, die beiden kommen klar. Der Große ist vorsichtig und die Kleine robuster. Mein Herz hüpft vor Glück, wenn die beiden sich durch die Wohnung jagen oder umarmt über den Boden kugeln. Außerdem passiert sowieso immer mal was, ganz unabhängig davon, ob ich dabei bin oder nicht. Vor ein paar Wochen zum Beispiel waren wir auf einer Hoteleröffnung in Heiligenhafen; draußen lagen überall Fatboys rum, diese riesigen Sitzkissen. Der Große ist immer wieder auf eine Bank geklettert und reingesprungen. Irgendwann sprang er in den Fatboy, in dem die Kleine lag, und katapultierte sie durch den Sprung in hohem Bogen vom Sitzkissen durch die Luft. Ihr war zum Glück nichts passiert, und ich musste beim Schimpfen so lachen, dass der Große kein Wort verstanden hat.

Ich bin schon etwas entspannter geworden. Trotzdem klinkt es manchmal noch bei mir aus. Als ich aus unserer Turnmatte im Wohnzimmer eine Rutsche für die Kleine gebaut habe, zum Beispiel, und der Große uns entdeckte und sich von einer Sekunde auf die andere so verhielt, als wäre er auf irgendeiner Droge, über die bestimmt schon mal berichtet wurde, weil der Konsum Menschen zu epileptischen, gewaltbereiten Spidermen gemacht hat. Er rannte durch die Wohnung, sprang in Actionsprüngen rauf und runter, und ich wurde nervös. Dabei war ich kurz zuvor noch die Ruhe selbst gewesen: Beim Wäschefalten hatte ich direkt daneben für die Kleine Papier ausgerollt und Fingerfarbe hingestellt. Und ich hatte dabei die ganze Zeit Ruhepuls! Echt. Aber dann: Adrenalinspiegel wie mein Sohn, Zuckungen wie im Finale der Dance-Castingshow. WAAAA!! Ich sah Tausende Sachen und wollte ihn anbrüllen, dass er gefälligst aufpassen soll. Aber es passierte genau gar nichts. Also entschloss ich mich, einmal um Vorsicht zu bitten und mich wegzudrehen.

Jetzt saß ich also mit dem Rücken zu meinen tobenden Kindern und starrte auf mein Handy. Wie eine Mutter auf dem Spielplatz, die sich keinen Deut für ihre Kinder interessiert, gerade ihre Kippe an der Schuhsohle ausmacht und in die Sandkiste wirft, während sie einer fremden Zweijährigen ein Bein stellt. Aber ich mache das ja nur, weil ich sonst ausflippe und komisch tanze und meine Kinder sich vielleicht von meiner panischen Hektik anstecken lassen. Mein Tipp: Denkt mal an mich, wenn ihr das nächste Mal eine Mutter seht, die auf ihr Handy guckt statt auf ihre Kinder. Vielleicht googelt sie gar nicht nach »Stars ungeschminkt« oder probiert Instagram-Filter aus, was nebenbei bemerkt ebenfalls ihr gutes Recht wäre, sondern sie versucht nur, sich abzulenken, um nicht in ihrem panischen Hektiktanz zu zucken.

Genau so war ich auch.

Die Gedanken beim Beobachten von Ersteltern.

Eine Freundin erzählt von irgendeinem Babykurs. Ich frage sie, wie der läuft. Sie antwortet augenrollend: »Ganz okay, aber da sind so viele Erstmütter.« Erstmütter. Ein Wort, das auf der Menschenhitliste wohl zwischen »besorgte Bürger« und »Gutmensch« steht.

Ich weiß, was sie meint. Ich erinnere mich noch genau, wie ich mich selbst gefühlt habe als Erstmutter, wie ich in diesen Kursen saß und dachte: »Bitte lass mein Baby nicht anfangen zu schreien! Dann gucken die anderen und finden, ich mach alles falsch, und dann schwitze ich, und dann rutscht mein T-Shirt beim Schuckeln (bestimmt auch falsch) hoch, und dann sehen alle, dass ich bei der Rückbildung geschummelt habe«, und schon habe ich mich in einem dieser unendlichen Gedankenstrudel verfangen, die immer selbstzerstörend und einsam enden.

Ich weiß auch noch, wie ich für Reisen mit einem Kind mehr eingepackt habe als Rihanna für eine Welttournee. Und ich weiß noch, wie ich trotz all meiner Hilflosigkeit und Überforderung immer noch getan habe, als wäre ich total entspannt und cool. Ein bisschen so, als würde ich lässig über einen Zaun springen wollen, aber mit dem Hosenbein unglücklich an einer Latte hängen bleiben, mich glücklicherweise stolpernd auffangen und schnell weitergehen, als wäre nichts passiert – und hoffen, keiner hat es gesehen. Was war das doch für eine elende Energieverschwendung in einer Zeit, in der erfahrungsgemäß ohnehin so wenig davon vorhanden ist.

Als ich ein Kind hatte und mir ziemlich sicher war, dass ich keine weiteren Kinder bekommen würde, spürte ich großes Mitleid mit den Mehrfachmüttern. Sie sahen immer so müde aus. Und gestresst. Und sollte ich jemals zaubern können, würde ich allen Eltern von mehreren Kindern einen Extrasatz Arme an den Körper hexen. Damit sie noch zwei Hände zum Haareraufen haben, wenn die Kinder an den anderen reißen, weil sie sofort weiter oder stehen bleiben wollen.

Jetzt bin ich also selbst so eine, und ich würde tatsächlich viel Geld für diese Arme bezahlen. Eine gute Chirurgin oder ein guter Chirurg könnte vielleicht sogar aus meinem Hüftspeck zwei Arme modellieren, und ein ambitioniertes »Jugend forscht«-Projekt könnte mir die Hände aus dem 3-D-Drucker ausdrucken. Ups. Es geht mit mir durch. Was ich sagen wollte: Jetzt blicke ich als Mutter von zwei Kindern auf die Einzelkindeltern und denke: »Ojemine, ihr macht euch vielleicht einen Stress. Bringt mal zwei gleichzeitig ins Bett. Oder seid mal ohne Teleportieren um neun gleichzeitig in der Schule UND in der Kita. Oder habt Spielverabredungen, bei denen nicht nur ein Kind und ein Elternteil extra in der Wohnung sitzen, sondern plötzlich fünf Kinder die Bude auf links ziehen, weil alle so viele Geschwister haben. Das ist nämlich wirklich anstrengend.« Aber schon schlagen sich über meinem Kopf automatisch alle Hände zusammen, auch die aus meinem Hüftspeck. Ich blöde, blöde Kuh. Für Ersteltern verursacht die zusätzliche Anstrengung, mit all dem Neuen klarzukommen, und die tiefe Verunsicherung oft genauso viel Stress wie für mich die Logistik, zwei Kinder zu Schule, Kita, Sport oder Verabredungen zu bringen.

Und da fällt mir die Verabredung mit einer Bekannten ein, die mir ihr neues Baby zeigen wollte. Es hampelte auf ihrem Schoß, sie zuppelte unaufhörlich an ihm rum, versuchte zeitgleich über irgendwas ohne Kinder zu reden und zu vertuschen, dass sie eigentlich nur daran dachte, ob ihr Baby zu warm oder zu kalt angezogen ist, und all diese anderen Fragen, die sich junge Eltern stellen. Tatsächlich verlief das Gespräch schleppend, aber nicht, weil sie wirr geredet hätte, sondern weil ich statt ihr MICH mit dem Großen als Baby da sitzen sah. Ich sagte ihr (und mir), dass sie das toll macht und dass ihr Baby super ist und dass es fröhlich aussieht und sein kann. Ich wollte sie darüber hinaus noch sehr, sehr fest umarmen und ihr dabei ins Ohr flüstern, dass alles normaler wird und dass niemand von ihr das erwartet, was sie gerade von sich selbst fordert. Aber so gut kannten wir uns leider nicht. Auf jeden Fall spürte ich, dass ich auch Jahre danach an dieser extremen Phase, der ersten Zeit mit dem ersten Kind, zu knapsen habe. Deshalb habe ich mir einen Spickzettel gemacht, auf dem steht: Ich werde in anderen Eltern keine panischen Übertreiber:innen oder überforderte Zombies sehen. Weil ich auch Erstmutter, Übertreiberin und Zombie war, bin und immer sein werde und aus eigener Erfahrung weiß: Wir brauchen keine Bewertung, wir brauchen solidarische Normalität.

BEREIT FÜR DEN ALLTAG

Alles zu seiner Elternzeit!
Die Dankbarkeit für viel Zeit beim Kennenlernen.

Vor einiger Zeit saß ich mit dem Mann in einem Imbiss, und wir unterhielten uns darüber, wie vielen Vätern durch die Blume oder mit dem Holzhammer nahegelegt wird, doch bitte keine Elternzeit zu nehmen. Ich brachte das Thema auf, weil ich noch mal die Mail seines damaligen Werbeagenturkollegen gelesen hatte. Darin äußerte er Freude darüber, dass Väter in Führungspositionen sich gegen Elternzeit entscheiden. Und auch wenn ich mich bereits sieben Jahre lang über diese Mail geärgert habe, hätte ich fast vor Wut meinen Döner an die Wand geklatscht. Zum Glück war ich hungrig.

Leider hat der Mann damals, auch wegen dieser Mail, keine Elternzeit genommen. Dafür hat er kurz darauf gekündigt und zwischen zwei Jobs zwei Monate unbezahlten Urlaub eingelegt, während ich mein erstes Buch fertig schreiben konnte. Das empfand ich als große Niederlage für alle. Wir hatten nicht unser Recht auf bezahlte Elternzeit in Anspruch genommen, die Agentur hatte ihre antiquierten Ansichten durchgeboxt und machte es anderen Vätern wahrscheinlich auf die gleiche Weise schwer. Außerdem hatte sie einen wirklich guten Mitarbeiter verloren.

Danach arbeitete der Mann ein paar Jahre in einer anderen Agentur, bis ich wieder schwanger wurde. Dieses Mal wollten wir es anders machen und gleich die erste Zeit nach der Geburt gemeinsam verbringen. Zwei Monate wollten wir zum Kennenlernen und Eingrooven haben. Sagen wir mal so, auch diese Agentur zündete angesichts dieses Vorhabens keine Konfettikanone. Aber es klappte, und der Mann war ab der Geburt acht Wochen zu Hause.

Es fühlte sich an, als würden wir vier nach dem Berliner Modell in unsere neue Familienkonstellation eingewöhnt. Wir hatten so viele gemeinsame Tage vor uns, dass sie, selbst in Wochen gerechnet, klangen wie eine Ewigkeit. Für alles würde Zeit sein. Und genau so war es auch. Es war Zeit, um die Kleine anzustarren, wie sie dalag mit ihrem runden perfekten Porzellangesicht. Wir mussten den Großen nicht vom Thron schubsen, sondern konnten ihn eher runterkuscheln, weil auch für ihn immer Zeit war. Zum Spielen, um allein mit ihm etwas zu unternehmen, um herauszufinden, wie es ihm ging als neuem großem Bruder. Und wenn er in der Kita war, konnten der Mann und ich sogar noch herausfinden, wie es uns mit all dem ging. Auf langen Spaziergängen haben wir uns immer wieder erzählt, wie die Geburt für uns war, was dieses neue Zu-viert-Sein mit uns machte und was wir uns von der nächsten Zeit und vom Leben wünschten. Und manchmal überlegten wir auch nur übertrieben lange, welchen Kuchen wir uns gleich holen würden. Einfach, weil wir Zeit hatten.

Außerdem hat der Mann in den ersten Wochen die Kleine sehr viel bei sich gehabt, und ich glaube, dass sie auch deshalb eine so enge Bindung haben. Ich konnte für mich sein und fühlte mich von der Verantwortung nicht erschlagen. Die viele Zeit zu Beginn hat paradoxerweise dafür gesorgt, dass ich für vieles weniger Zeit brauchte als beim Großen: Meine Kaiserschnittnarbe verheilte schnell und komplikationslos, ich war viel schneller bereit, allein mit den Kindern etwas zu unternehmen, ich hatte viel schneller wieder Energie und Selbstvertrauen für den Alltag getankt. Nach zwei gemeinsamen Monaten fühlte ich mich stark und freute mich auf die kommende Zeit mit der Kleinen; der Große hatte kaum Eifersuchtsattacken gehabt, und die Agentur war, als der Mann an seinen Arbeitsplatz zurückkehrte, wider Erwarten auch noch ganz die alte.

Für mich gehören diese zwei Monate zur schönsten Zeit, die wir bisher als Familie erlebt haben. Wir waren fröhlich und zufrieden, weil wir uns alle gleich wichtig gefühlt haben.

Im Gegensatz zu der Zeit, als eigentlich fremde Leute, wie etwa der ehemalige Arbeitskollege, durch mehr oder weniger subtile Erpressung versucht haben, uns in ihre Schublade zu stopfen. Damals fühlten wir uns alles andere als wichtig. Der Mann fühlte sich von allen Seiten unter Druck gesetzt, ich fühlte mich diskriminiert und bevormundet, und der Große spürte, dass er entspanntere Eltern hätte haben können.

Warum ist es eigentlich so schwer zu verstehen, dass eben nicht alle Familien in dieser klassischen Verteilung des abwesenden Vaters und der Mutter als der BESTEN Betreuung für die Kinder leben wollen? Dass es zum Beispiel für den Kollegen, und hoffentlich auch für dessen Frau, so funktioniert, ist ja toll, aber das bedeutet doch nicht automatisch, dass es für den Rest der Welt ebenfalls die perfekte Lösung ist. Und natürlich ist es völlig okay, wenn ein Elternteil sich entscheidet, zu Hause zu bleiben. In diesem Fall hoffe ich für die Zuhausebleiber:innen auf eine rechtswirksame Absprache beziehungsweise einen Ehevertrag. Aber Frau ist eben nicht grundsätzlich die Kurzform von Die-die-dem-Mann-den-Rücken-freihält. Vor allem nicht, wenn weder der Mann noch die Frau selbst das so wollen. Wer versucht, diese Einstellung anderen aufs Auge zu drücken, dem wünsche ich in einem ersten Reflex ein tischtennisballgroßes Gerstenkorn oder eine fiese Analthrombose; aber eigentlich wünsche ich diesen Menschen Kinder und viel Elternzeit.

Kinder, die besten Folterknechte der Welt.
Die Qual von Lautstärke, Wiederholung und Witzen.

Ab und zu frage ich mich, ob meine Kinder vielleicht mit schuld am Klimawandel sind. Weil sie so viel reden, dass ihr monatlicher CO_2-Ausstoß gefühlt vergleichbar ist mit einem Transatlantikflug. Das ist natürlich Quatsch, aber es verdeutlicht plakativ, dass bei uns wirklich pausenlos geredet wird. Besonders wenn der Große erzählt, kann ich manchmal spüren, wie mein Körper versucht, sich in einen tranceähnlichen Zustand zu versetzen, damit sich nicht jedes Wort mit einer rostigen Reißzwecke an meine Synapsen heftet und sofort entzündet. Er schafft es, von Folgen seiner Hörspiele und favorisierten Serien so zu berichten, dass die Nacherzählung länger dauert als die Folgen selbst und jeder Satz mit »Und dann« beginnt. Und dann wünsche ich, meine Ohren wären mit Eierpappen vernagelt, damit ich das nicht mehr hören muss.

Manchmal, wenn er es nicht merkt, bezeichne ich dieses pausenlose Gerede als Folter. Oder Wortverschwendung. Weil mir die Buchstaben leidtun und er so viel Besseres mit ihnen anstellen könnte. Er ist nämlich richtig witzig. Kürzlich stand er oben an der Treppe und wollte etwas. Ich habe ihn aufgefordert, er solle erst mal runterkommen; und er hat nicht mal überlegt, sondern blitzschnell gefragt, welches der zwei Runterkommen ich denn bitte meinte. Ich wollte rufen: »SIEHSTEWOLL! FÜR SO WAS SIND BUCH-STABEN DA. Und nicht für Witze von einer Conni-CD.« Solche »Witze« sind sehr schlimm, und ich wette, sie werden von denselben Leuten geschrieben, die aus Langeweile Gift in Fleisch verstecken und das als Köder im Park auslegen …

Nein, das war zu gemein.

Noch mal anders: Diese »Witze« sind sehr schlimm, und ich wette, sie werden von denselben Leuten geschrieben, die auch »Alles Klärchen« sagen oder zum »Burzeltag« gratulieren.

Die ganz normalen Sprecherinnen und Sprecher lesen auf dieser CD also diese »Witze« vor, und ich kann mir genau vorstellen, wie sie denken: »Ach du Scheiße, da würde selbst Fips Asmussen abwinken.« Oder, wie ihnen eine geladene Waffe an den Kopf gehalten wird. Denn mit monotoner Stimme versauen sie jede Pointe.

Warum ich das weiß? Weil ich die CD mindestens 458-mal gehört habe. Das ist mein persönliches Waterboarding! Und es ist genau SO. NICHT. LUSTIG, dass der Große kichert und sich schüttelt vor Lachen, seinen Kopf nach hinten wirft, sich die Witze merkt – und immer wieder erzählt. Immer wieder. Erst nur die von Conni, und als die CD »plötz-

lich verschwunden war«, Witze, die er in der Schule aufge-
schnappt hat. Die schlimmsten dieser Witze sind meist drei-
geteilt, weil ein Engländer, ein Gummistiefelträger und ein
Ornithologe der Reihe nach etwas machen, was am Schluss
total witzig ist … Meistens weiß er beim Ornithologen die
Pointe nicht mehr, was er aber nicht so schlimm findet,
denn dann erzählt er einfach noch mal von vorn.

Derzeitiger Favorit des Großen sind Witze mit Papa-
geien, die rumfliegen, ein paar Worte aufschnappen und
diese an völlig unpassender Stelle in einem großen Finale
zum Besten geben. Hört der Papagei zum Beispiel, dass
ein großer Jumbojet gelandet ist, wiederholt er dies später, hahahaha, wenn sich eine korpulente Frau auf einen
Stuhl setzt. Gesteigert werden können diese Witze noch
dadurch, dass der Große eigene Versionen erfindet. Haben
jene Ursprungswitze eine gewisse Struktur und, äh, zumindest so etwas Ähnliches wie eine Pointe, wirken seine
Witze dagegen ziemlich dadaistisch. Wie die sogenannten
Antiwitze, die wir früher erzählt haben. Manchmal tarne
ich mein inneres Winden durch ein äußerliches Grinsen
und ein moderat lobendes: »Da hast du dir aber sehr viel
Mühe gegeben beim Umdenken.« Manchmal muss ich
allerdings auch sehr lachen. Weil mein Sohn zum Glück
natürlich immer der Lustigste ist und selbst den schlimmsten Witz durch eine seiner legendären Grimassen so ver-
bessern kann, dass ich irgendwann doch losprusten muss.

Was ist eigentlich mit der Kleinen, werden sich die geneig-
ten Leserinnen und Leser an dieser Stelle vielleicht fragen.
Foltert sie gar nicht? Nein. Denn inzwischen denke ich, seit
die Kleine auf der Welt ist, trainiert sie mich heimlich für
eine Special Taskforce. Sie lockt mich in Situationen, in de-

nen ich mich lautlos verhalten muss, und testet mich, ob ich schon so weit bin für diese Taskforce of Silence under Special Circumstances. Meistens im Bett. Ich liege neben ihr und stelle mich schlafend, in der Hoffnung, sie damit so sehr zu langweilen, dass sie es mir gleichtut. Das hat bis zu ihrem dritten Lebensjahr fast nie geklappt. Sie zog an meinen Haaren. Leckte an meinem Gesicht. Steckte mir ihre kleinen Finger in die Nase, die mit den kleinen, spitzen Fingernägeln, und kniff beherzt zu. Statt zu schreien und zu gucken, ob Blut kommt, blieb ich regungslos liegen. Auch bei den Kopfnüssen, die sie mir beim Umdrehen verpasste, ließ ich mir nichts anmerken. Inzwischen tarnt sie die Folter als Zärtlichkeit und kitzelt mich mit dem Etikett ihres Schnuffeltuchs oder – sie redet.

Seit einiger Zeit hat sie zusätzlich ihren Bruder in ihre Taskforce-Pläne eingeweiht. Jetzt teilen sie sich die Nächte, um uns unter Extremstbedingungen auf die Probe zu stellen. Denn alle Eltern, die einen Platz in der Taskforce bekommen, müssen vorher beweisen, dass sie so gut wie komplett ohne Schlaf auskommen. Um mich auf dieses Feature zu testen, haben die beiden nachts immer abwechselnd irgendwas: schlechte Träume, Durst, ins Bett gemacht, das Bedürfnis, laut Unverständliches zu rufen, etwas Großes in der Nase, das zu lautem Schnarchen führt. Endgültig bestanden habe ich die Aufnahmeprüfung für die Taskforce aber erst, wenn ich am Tag nach einer schlaflosen Nacht schaffe, an alles zu denken: die Jobabgabe, den Kuchen für die Kita, neue Hausschuhe, den Ausflugstag, das Geschenk für den Kindergeburtstag, die Korrespondenz mit der Krankenkasse, die Zettel wegen der Klassenfahrt, die E-Mail an den Elternrat, die Verabredung für den Großen und die Frage, wo die Kleine dann bleiben kann. Und es versteht sich von selbst, dass die Kinder bei all dem einen vorgetäuschten Streit anfangen, damit sie sehr laut und sehr lange immer abwechselnd NEIN beziehungsweise DOCH rufen können.

Leider hat dieser Text kein Happy End. Denn wie sich alle denken können, habe ich den Test für die Taskforce nicht bestanden.

»Du hast mich nicht geboren.« – »Äh, also, äh …«
Die Ratlosigkeit beim Streiten.

Wenn ich es nicht besser wüsste, würde ich vermuten, dass der Große sich viele Teile seiner Kindheit beim französischen Film abgeguckt hat.

In den sogenannten Terrible Twos hatte er, wie ja bereits im Vorgängerbuch beschrieben, dramatische Wutanfälle, die regelmäßig eine Schneise der Verwüstung hinterließen. Genau genommen begann das bereits vor den Terrible Twos und dauerte um einiges länger, etwa durchgehend bis zur sogenannten Sechsjahreskrise – und noch ein bisschen darüber hinaus. Also könnte ich es vielleicht Siebenjährigen Krieg nennen. Die Kleine hat übrigens nicht so viel mit Wut zu tun. Wenn sie was nicht darf, sagt sie meistens etwas wie »Na schön« und macht was anderes. Eine Sechsjahreskrise hat sie grad trotzdem. Mit drei. Sie ist nämlich traurig, dass sie nicht sechs ist, weil sie deshalb weder auf den Bauspielplatz noch zur Schule gehen darf.

Aber wir waren bei der Wut des Großen. Er tobte über

einen sehr, sehr langen Zeitraum. Weil ich seinen Toast statt diagonal horizontal durchgeschnitten hatte. Er tobte, wenn wir los wollten, um etwas zu unternehmen. Er tobte, wenn es wieder nach Hause ging. Er tobte, weil er keine Süßigkeiten durfte. Er tobte einfach, weil er es konnte. Und anscheinend brauchte. Manchmal hatte ich das Gefühl, dass er Tobedruck verspürte und beschloss, das Nächste, was passierte, als Aufreger zu nehmen (siehe Toastbrot).

Wurde er wütend, konnte ich mich warm anziehen. Ich wurde so oft von seinen Geburtstagen ausgeladen, dass ich, rein rechnerisch, vermutlich gestorben bin, bevor ich wieder mitfeiern darf. Trifft sich zynischerweise gut, denn seiner blöden Kackmama wünschte er schon mehrfach den Tod an den Hals. Er hat geschlagen, getreten, mit Sachen geworfen, stand wutschnaubend mit geballter Faust vor mir und hat, was ich persönlich am schlimmsten fand, einmal gefaucht: »Du hast mich nicht geboren.« Woher auch immer er das hatte, es hat gesessen.

Fast täglich erlebten wir bei uns zu Hause den französischen Film mit all seiner Dramatik.

In einem dieser Wutanfälle kündigte er an, nie wieder mit mir reden und mich sein ganzes Leben nicht mehr sehen zu wollen. Dann rannte er zu seinem Kumpel. Als er wiederkam, entschuldigte er sich. Er sagte, er wolle doch lieber bei mir bleiben und dass es ihm leidtue. Er weinte. »Was für ein sensibles Kind er doch ist«, dachte ich gerührt. Allerdings blieben mir meine Tränen in den Augen stecken, weil er mir gleich danach erzählte, dass er eigentlich weinte, weil sein Kumpel einen Fotoapparat mit integrierten Videospielen hat und er nicht. So ungefähr muss es sich anfühlen, langsam mit nassen Salatblättern beworfen zu werden. Und wie sich das mit ganzen Salatköpfen anfühlt, konnte ich kurz darauf feststellen, als er mich freundlich fragte, wie er denn andere Eltern finden könne. Er wolle eigentlich schon bei seiner besten Mama bleiben, aber er wolle auch gern nach Afrika, nur sei er sich nicht sicher, wen er ansprechen solle, weil er dort ja niemanden kenne.

Wirre, dolle Gefühle, und zwar auf allen Seiten. Und für eine lange, etwas zermürbende Zeit. Wir waren oft unentspannt, rechneten minütlich mit dem nächsten Ausbruch; wir unternahmen wenig, und das Ganze kostete uns eine Menge Energie.

Den Höhepunkt bildete ein Streit, bei dem er vor lauter Wut und vermutlich aus dem Bedürfnis nach Reaktion auf den Balkon gegangen war und mit einem auffordenden Blick à la »Jetzt musst du aber was machen!« so tat, als würde er über die Brüstung klettern. Da konnte ich leider tatsächlich nicht mehr ruhig bleiben und bin auch gleich komplett ausgerastet. Ich habe so laut gebrüllt, er solle in sein Zimmer gehen, dass vermutlich alle Kinder im Viertel auch gleich in ihre gegangen sind. Dabei finde ich anschreien und aufs Zimmer schicken total bescheuert. Aber dieser fordernde Blick in Verbindung mit der absolut obergefährlichen Aktion, die er im Affekt für eine gute Idee hielt, die brauchte in meinen Augen eine klare Zäsur. Und ich wollte ihn tatsächlich erst mal kurz nicht sehen, um meine Wut in den Griff zu kriegen.

Später habe ich ihm ruhiger erklärt, dass er bei mir mit dieser Aktion eine Grenze überschritten hat und dass ich uns unbedingt Raum geben wollte, darüber nachzudenken, was an der Aktion zu viel war.

Wir hatten also beide Zeit runterzukommen, und er hat mir im Gespräch versichert, dass er das nie in echt machen würde. Eigentlich wusste ich das auch.

Wann es besser wurde, kann ich nicht mehr genau festmachen, aber langsam kriegte der Große immer besser die Kurve aus seiner Wut. Auch weil wir nicht mehr alle Bälle aufnahmen, die er uns zuwarf, na ja, die er uns genau genommen aus nächster Nähe ins Gesicht pfefferte. Der Mann und ich lernten, nichts zu tun. Wir versuchten weder zu diskutieren noch zu erklären, und wir meckerten immer, immer seltener zurück. Denn der Große fand diese Wutanfälle im Nachhinein meistens selber blöd und entschuldigte sich. Außerdem, da bin ich mir sicher, hat er auch durch unser sonst eher freundliches Zusammenleben gemerkt, dass es doof und unangebracht ist, seiner Mutter den Tod an den Hals zu wünschen.

Wenn wir uns heute darüber unterhalten, wie er früher ausgerastet ist, wird er manchmal sogar traurig, und ich bin so froh, ihm aus ganzem Herzen versichern zu können, dass es zwar anstrengend war, aber okay. Weil er eben ein besonderes Kind mit vielen Gefühlen ist und wir ihn genau dafür so lieben. Weil er uns als Eltern gefordert hat und das auch gut für uns war. Der Mann hat zum Beispiel gelernt, sein ebenfalls erhöhtes Dramapotenzial in anderen Situationen, etwa beim Fußball, herauszulassen, und ich habe herausgefunden, warum mich bestimmte Beleidigungen und manches Gejammer besonders gekränkt haben und warum ich so nachtragend bin. Seitdem kann ich die Entschuldigungen besser annehmen und aufrichtiger auf null stellen. Mein Resetknopf muss schlimmer aussehen als mein Beckenboden.

Darüber hinaus habe ich gelernt, die verbalen Breitseiten, die die männlichen Familienmitglieder im Zorn ausstoßen, nicht immer als ernst gemeint, sondern als Ausdruck geballter Wut zu interpretieren.

Inzwischen nehmen wir die Wut meistens wie ein plötzliches Gewitter. Keiner kann so richtig was dafür, wir stellen uns irgendwo unter, bleiben zusammen und warten, bis es vorbei ist. Danach machen wir weiter. Manchmal denken wir uns auch so etwas aus wie ein Wutbuch, in das der Große die Beleidigungen schreiben soll, damit ich mir nichts um die Ohren hauen lassen muss, was er ohnehin nicht so meint. Und geschrieben finde ich »Mama ist ein Aschgesecht« sogar ziemlich lustig.

Zum Schluss noch eine persönliche Nachricht an Birgit Kelle: Falls Sie dieses Buch lesen und, wie beim letzten, den Impuls verspüren, mir Ihre Besorgnis bezüglich meines wütenden Kindes mitzuteilen, sind Sie herzlich eingeladen, es einfach zu lassen.

Guten Abend, keine Nacht.
Der Wahnsinn einer typischen Nacht.

Während der Mann sich zwischen Steven Tyler und Klaus Meine auf dem Konzert der Rolling Stones gerade vermutlich richtig jung fühlt, bin ich mit den zwei Kindern (die Kleine sieben Monate und der Große fünf Jahre alt) allein zu Haus. Wir haben unser Abendbrot auf dem Balkon gepicknickt, ich habe die Kleine bettfertig gemacht und der Große sich selbst oberkooperativ ebenfalls. Leider heißt das nicht, dass ich nun die Füße hochlegen kann.

19.30: Die Kleine ist im Bett. Sie wühlt sich den Schnuller aus dem Mund und weint, weil der Schnuller weg ist.

19.45: Die Kleine schläft. Ich gehe ins Wohnzimmer und räume auf, während der Große seine Sendung zu Ende guckt. Dann räume ich auf. Ich räume immer auf.

19.55: Der Große und ich lesen zu viele Kapitel aus dem dritten Teil von »Räuber Hotzenplotz«.

20.30: Wie eigentlich jeden Abend wundere ich Trottel mich, dass der Große nicht entsetzt die Augen aufreißt, dann mit Anlauf ins Bett hechtet und verzweifelt die Augen zukneift, wenn ich ihm sage, dass es schon total spät ist und er eigentlich längst schlafen müsste. Stattdessen ist er noch gar nicht müde und will oben in meinem Bett schlafen. Ich bringe ihn in mein Bett und kuschel ihn ein. Dann gehe ich runter.

20.45: Der Große steht im Wohnzimmer, will jetzt doch nicht mehr oben schlafen und geht wieder in sein Bett.

20.50: Der Große kommt zu mir und fragt, ob er eine CD hören darf. Ich erlaube es. Geraschel aus dem Kinderzimmer.

21.00: Der Große kommt wieder ins Wohnzimmer. Er bittet mich um eine CD über Frieden. Alle CDs, die er hat, sind seiner Meinung nach mit Krieg. Er entscheidet sich nach einem zehnminütigen Monolog über Krieg und Frieden für »Deine Freunde«. Allerdings lieber ohne das Lied »Gruselgefahr«. Er hält einen zehnminütigen, verstörenden Monolog über lange Krallenfinger und darüber, warum er auf keinen Fall »Gruselgefahr« vor dem Einschlafen hören kann.

21.30–21.40: Stille. Leise Musik von »Deine Freunde«. Ich strecke mich aus.

21.41: Der Große kommt in die Küche gehumpelt und holt sich ein Kühlpack für seinen schmerzenden Fuß. Auf dem Rückweg humpelt er mit dem anderen Bein.

21.42–21.50: Stille. Leise Musik von »Deine Freunde«. Ich strecke mich aus.

21.51: Leise »Opa«-Rufe kommen aus dem Kinderzimmer. Ich reagiere nicht.

21.53: Der Große ruft abwechselnd »Opa« und »Oper«.

21.55: Ich gehe ins Schlafzimmer.

»Was ist denn?«

»Ich vermisse meinen Opa.«

»Welchen?«

»???«

»Du kennst deine Opas doch gar nicht.«

»Aber ich bin traurig, weil sie tot sind.«

Ich nehme ihn in den Arm. Ich frage mich, ob das jetzt ernst ist oder Schlafvermeidungstaktik.

»Ich habe durch den Schlitz im Fenster gerufen, dass es mir leidtut, dass sie von den giftigen Sachen gegessen haben.«

»?????«

22.00: Ich gehe zusammen mit dem Großen in mein Schlafzimmer und lege mich mit ihm hin. Die Sehnsucht nach Opa und Oper ist wie weggeblasen.

»Weißt du, der blaue Ninja, der …«

»Ich will mich jetzt nicht über Ninjas unterhalten.«

»Über Feuerwehrmann Sam?«

»Nein.«

Ich stelle mich schlafend. Ich schlafe ein. Das Kind macht es mir nach.

23.00: Die Kleine wacht auf. Ich gebe ihr was zu trinken, bekuschel sie ein bisschen, und alle schlafen weiter.

00.45: Geraschel. Der Große schleicht durchs Schlafzimmer.

»Was machst du da?«

»Ich will lieber hier auf dem weißen Fell schlafen.«

»Auf dem Schaffell? Auf dem Boden? Wieso das denn?«

»Mir ist zu heiß.«

»Dann geh lieber runter in dein Bett.«

»Bringst du mich?«

Ich bringe den Großen in sein Bett. Als ich wieder hochkomme, ist die Kleine wach.

00.50: Die Kleine macht fröhliche Pupsgeräusche mit dem Mund und strahlt mich an. Ich bin dankbar, dass Babys so niedlich aussehen. Würde hier Klaus Meine liegen, hätte ich ihm wahrscheinlich schon seine schwarzen Fusselhaare angezündet.

01.30: Die Kleine schläft wieder.

01.30 – 02.30: Ich liege wach und male mir verschiedene Verkehrsunfälle aus, die der Mann auf dem Nachhauseweg von Berlin hat. In Gedanken erkläre ich unseren Kindern, warum der Papa nicht mehr da ist/nur noch ein Bein hat/ nicht mehr alleine essen kann oder Ähnliches.

02.31: Ich schlafe ein.

02.32 Der Mann schickt eine SMS.

02.32–03.00: Ich lese das Internet durch.

03.00: Ich schlafe ein.

05.30: Die Kleine wacht auf.

05.31: Ich stille. Sie stillt. Keine Ahnung, wie das richtig heißt. Sie schläft noch mal ein. Ich schlafe noch mal ein.

06.00. Die Kleine wacht auf. Noch mal stillen. Sie schläft noch mal ein.

06.30. Ich gucke nach, ob ich das Internet auch wirklich durchgelesen habe, und schlafe dabei ein.

06.31: Der Große kommt rein, will sich bei mir ankuscheln und quetscht dabei meine Brust ein. Ich bin endgültig wach. Die Kleine übrigens auch.

06.32: Die beiden freuen sich wirklich, sich zu sehen. Der Große singt, die Kleine strahlt. Ich bin glücklich und dankbar, diese Kinder zu haben, und google Concealer.

Kann ich bitte in die Kita?
Das Glück über die besten Erzieher:innen der Welt.

Als ich vor einiger Zeit die Kleine aus der Kita geholt habe, standen ein paar der Erzieherinnen auf dem Flur und sangen. »Schön«, dachte ich, »dass hier alle immer so gute Laune haben.« Noch schöner fand ich es, als ich bemerkte, dass überhaupt keine Kinder dabei waren. Ich liebe die Kita meiner Kinder. Wenn wir mit dem Großen früher an ihr vorbeigefahren sind, rief er laut: »Guckt mal, da wohnt Alex.« Für ihn war die Kita das Haus seiner Erzieherin. Das finde ich ein traumhaft tolles Kompliment. Und tatsächlich bieten die Erzieherinnen und Erzieher meinem Gefühl nach den Kindern so etwas wie ein Zuhause. Sie schaffen es, mit den Kindern zusammen zu sein, statt sie zu verwahren. Statt straffe Pläne zu verfolgen, gucken sie lieber, was so los ist, wie die Kinder drauf sind oder wie das Wetter ist, zum Beispiel, und erst danach entscheiden sie, was unternommen wird. Das kann auch gar nichts sein. Rumhängen, paar Bücher lesen, toben. Es kann auch passieren, dass die Kleine mit gemalten Knuckle-Tattoos nach Hause kommt (auf beiden Seiten stand »Love«). Oder dass die Erzieherin von oben bis unten grün angemalt ist, weil sich das beim Malen eben so ergeben hatte. Einmal haben die Erzieher:innen Glitzer in Luftballons gefüllt und diese kaputt gepiekst, als die Kinder drunterstanden. Eine gefühlte Ewigkeit habe ich danach versucht, der Kleinen diesen Glitzer von der Kopfhaut zu pulen – und das fand ich erst nicht so lustig und dann sehr fantastisch. Weil die Betreuer:innen bereit sind, Glitzer aus Ritzen zu pulen und noch Jahre später überall zu finden. Alle, deren Kinder schon mal mit Glitzer gebastelt haben, werden verstehen, wenn ich mir sicher bin: Diese Männer und Frauen müssen ihren Job wirklich lieben.

Und während andere ihren Kindern mühevoll erklären müssen, dass alle Menschen gleich sind, arbeiten in unserer Kita Männer, Frauen, Tätowierte, Skateboardfahrer, lesbische und heterosexuelle Mütter, Fußballfans, Menschen mit und ohne Akzent und irgendwie auch alles andere. Was sie vereint, sind Werte. In der Kita geht es freundlich, aber reell, fair, klar, menschenfreundlich und nicht spießig zu. Alle können so sein, wie sie wollen, aber es wird sich nicht verletzt, nicht mit Worten oder Taten. Wenn das doch mal passiert, wird es gleich geklärt. Und zwar nicht nach einem Konzept, sondern mit gesundem Menschenverstand.

Ich freue mich sehr, dass ohne Krampf in der Kita Vielfalt und Toleranz vermittelt werden. Hatte etwa ein Kind zum anderen gesagt, dass Jungs keine Zöpfe haben, machte der Erzieher sich eben selbst welche, um zu zeigen, dass so eine Behauptung Quatsch ist. Derselbe Erzieher ist übrigens auch zum Geburtstag des Großen gekommen, als der schon lange in der Schule war, ihn aber trotzdem sehnsuchtsvoll eingeladen hatte. Und seine inzwischen ausgewanderte Kollegin wird hier regelmäßig genauso vermisst, und zwar nicht nur vom Großen.

Danke, ihr lieben Erzieherinnen und Erzieher, dass ihr meinen Kindern solch einen Spaß bereitet. Ihr habt so viele Ideen für tolle Bastelsachen und Lieder und Spiele, dass die Kinder immer gern bei euch waren beziehungsweise sind und ich zu Hause keinen Erlebnisdruck verspüre.

Danke, dass meine Kinder ein tolles Sozialverhalten haben. Ich weiß, dass das zum Großteil ihr wart und ich mir das nicht allein auf die Fahnen schreiben kann.

Danke, dass sie mit Quatschliedern und einer Tonne Glitzer in den Haaren nach Hause kommen.

Danke, dass ihr kommt, wenn euch der Große auch als Schulkind noch zum Geburtstag einlädt. Und danke, dass ihr dann auch noch so lange bleibt, weil ihr merkt, dass wir mit sechzehn Kindern etwas überfordert sind.

Danke, dass ihr euch bei der Kita-Übernachtung die Nächte um die Ohren geschlagen habt.

Danke für die Nachtwanderung oder das Kinderquiz oder alles andere, was ihr außer der Reihe geplant habt. Das werden wir euch nicht vergessen.

Danke, dass sich die Kinder sonntags manchmal noch mehr darauf freuen, dass die Kita morgen wieder aufhat, als wir.

Danke, dass die Kinder mehr von Hamburg kennen als ich.

Danke, dass ich entspannt arbeiten kann, weil ich weiß, dass meine Kinder bei euch fröhlich waren und sind.

Danke, dass ihr so warmherzig seid und kuschelt und den Kindern Zeit gebt, sich nach ihrem eigenen Rhythmus zu entwickeln.

Danke für eure klaren Ansagen und Regeln und dafür, dass sich das zu großen Teilen mit meinen eigenen deckt.

Danke, dass ihr vermutlich viele der von den Kindern

ausgeplauderten Geheimnisse für euch behaltet. Wenn ich mir überlege, was der Große manchmal erzählt von anderen Müttern mit Haaren auf der Brust oder Vätern mit Gummizähnen, wünsche ich mir sehnlichst, dass ihr im Gegensatz zu meinen Kindern ewig schweigt.

Danke, dass euch nervige Eltern nicht demotivieren. Dass ihr euch nicht ärgern lasst von Müttern, die direkt zur Leitung rennen, weil ihr Kind einmal keine Mütze aufhat. Oder sich beschwert, weil es am Ausflugstag statt warmer Mahlzeit »nur« ein kaltes Picknick gibt. Die sind zu sehr mit sich selbst beschäftigt, um zu sehen, dass ihr vielleicht mal ohne Mütze, aber dafür immer mit ganzem Herzen unterwegs seid.

Danke, dass die Erinnerung an ihre Kita-Zeit für die Kinder wegen euch ganz wundervoll ist. Der Große trägt euch noch immer im Herzen, die Kleine wird es auch, und ich wünsche mir manchmal ein drittes Kind, nur damit ich weiterhin zu euch kann.

EIN Kind ist nur KEIN Kind, wenn man das richtige erwischt hat.

Der Frust, immer ausgerechnet das andere zu haben.

Als die Kleine noch nicht da war, haben mir Eltern mehrerer Kinder gern mal erklärt: »EIN Kind ist KEIN Kind.« Damit wollten sie nicht anprangern, dass ein Kind nicht mehr Kind sein darf, sondern dass es sich, wenn man zur Abwechslung nur ein Kind betreut, so einfach anfühlt, als wäre es gar keins.

Als der Große vor Kurzem seine erste Klassenfahrt hatte und der Mann und ich zusammen »nur« die Kleine hatten, hätte ich das fast sofort unterschrieben.

Aber ich möchte auch Zweifel an dieser Aussage äußern. Denn als der Mann allein mit dem Großen campen gefahren ist, war ich auch überzeugt, dass die Tage allein mit der Kleinen ein Klacks werden. Nur ein Kind! Die paar Tage würde ich auf der rechten Arschbacke wuppen, vermutlich wäre ich danach sogar erholt. Das eine Kind hat nur leider kaum richtig geschlafen und auch sehr wenig allein gespielt. Dort, wo ich sonst Kaffee trinkend danebensitzen konnte, wurde ebendieser kalt, während ich Lego baute, spielte, sang und bei allem dabei war, was die Kleine sonst allein oder mit ihrem Bruder machte. Ein Kind war in diesem Fall nicht wie kein Kind, sondern wie eins mit vielen Bedürfnissen.

Und wenn der Mann sonntags mit der Kleinen zu seiner Mutter fährt, während der Große und ich zu Hause bleiben, strecke ich mich vorher in Gedanken lang und ausgiebig und freue mich, endlich weiterzustricken oder zu lesen und mit einem Kaffee so lange auf dem Sofa zu liegen, bis ich höre, wie sich der Schlüssel in der Tür dreht und der Mann und die Kleine zurück sind. Leider passiert meistens genau das Gegenteil. Noch in meinem Landeanflug aufs Sofa passiert irgendwas. Socken fehlen, es müssen Verabredungen getroffen werden, Bilder müssen bestaunt, Brote geschmiert werden – und das ist nur eine sehr kleine Auswahl.

Es ist bei mir mit einem Kind also nicht wie mit keinem, sondern bei beiden gleich: Sobald sie merken, dass ich vorhabe, Dinge zu tun, die mich entspannen, versuchen sie, mich davon abzuhalten.

Ich habe für solche Situationen zwei Varianten: Entweder ich verabschiede mich von der Me-Time und begrüße die Buddy-Time, nutze also bewusst die Zeit mit nur einem Kind. Das ist meistens toll; aber dann ist ein Kind wieder nicht wie kein Kind, sondern wie eines.

Wenn ich jedoch einen letzten Versuch starten will, ob sich ein Kind nicht doch wie kein Kind anfühlen kann, mache ich irgendwas Langweiliges im Haushalt. Ich lege Wäsche zusammen oder versuche, die Ninjas wegzuputzen, die die Kinder mit als Fensterkreide getarntem NASA-Edding an die Fenster gemalt haben. Beim Fensterputzen helfen sie vielleicht kurz, aber bald wird ihnen so langweilig, dass sie sich klammheimlich aus dem Staub machen und was spielen gehen. Ohne mich. Leise schleiche ich zum Sofa, lasse mich ebenso lautlos fallen wie den Putzlappen und genieße es, ein Kind oder zwei Kinder zu haben, die kein Kind sind. Oder auch einfach nur meine Pause.

Ihr seid einfach nur krank!
Die Wut, als Einzige bei Grippe und Co. funktionieren zu müssen.

Ich war krank. Der Mann war gerade drei Tage in der Türkei, wo er »gearbeitet« hat, in einem Hotel, in dem es für jeden Menschen ein eigenes weiches Bett und ständig Essen und Gin Tonic gab. Mein Mitleid hielt sich in Grenzen, weil ich nämlich hauptsächlich damit beschäftigt war, aus dem letzten Loch zu pfeifen. Ich pfiff anscheinend nicht laut genug, denn es hat keinen interessiert. Was mir auch der Große bescheinigte, als ich erschöpft jammerte, dass es schön wäre, wenn sich mal jemand um mich kümmern würde.

»Ja, Mama, aber das ist hier kein Königreich.«

Nein, in einer Familie mit kleinen Kindern ist das Zuhause als freiberuflich arbeitende Mutter eher ein Boot Camp als ein Königreich. Krank sein geht nicht. Ich arbeite von zu Hause; wenn ich krank zu Hause bleibe, arbeite ich immer noch von zu Hause. Da muss man kein Fieber haben, damit einem schwindlig wird. Im Unterschied zum Mann: Für den ist unsere Wohnung im Krankheitsfall sein Rückzugsort, weil er ja von seinem Büro zu Hause bleibt, um zu Hause zu bleiben und sich wimmernd aufs Sofa zu legen, das die von ihm vermutlich genau ausgerechnete geografische Mitte der Wohnung bildet. Er legt sich also an den prominentesten Platz, weil dort am häufigsten die gesamte Familie vorbeikommt, um zu fragen, ob er es denn schaffen wird.

Witze über kranke Männer gibt es zur Genüge, aber ich muss trotzdem noch eine Geschichte erzählen. Vor einiger Zeit hatte der Mann Husten. Das war ein Husten der Kategorie »Zählt eigentlich noch nicht, weil wir kleine Kinder haben«. Er litt aber trotzdem sehr und schleppte sich in die Küche, wo er niesen musste. Gesundheit, denkt man jetzt, aber nicht so der Mann. In einer Dramatik, die an jenes berühmte Anti-Vietnam-Krieg-Poster erinnerte, auf dem ein Soldat fällt und über ihm in großen Buchstaben WHY steht, rief der Mann in einer Mischung aus Fassungslosigkeit und schwacher Panik: »Jetzt habe ich auch noch Schnupfen.«

Und diese freche Welt hatte die Dreistigkeit, sich unbeeindruckt weiterzudrehen. Kein einziges staatliches Gebäude hatte die Flaggen auf halbmast, vom Börsencrash nichts zu sehen. Echt jetzt, Leute, der Mann hat GENIEST!!!

Und während ich wie gesagt aus dem letzten Loch pfiff, rief ich dem Mann zu: »Warte, ich zünde sofort eine Kerze für dich an, lass mich nur kurz noch die Wäsche und Essen machen und die Kinder aus Kita und Schule holen.«

Merkt ihr das? Merkt ihr das?

Ich mache eigentlich immer normal weiter, wenn ich krank bin. Weil es ja immer noch schlimmer werden könnte und ich mir lieber die Krankzeit aufspare; ist ja nicht so, als wäre mit zwei kleinen Kindern für so was immer viel Platz. Dazu kommt, dass ich, wenn es mir nicht gut geht, eher still werde und mich zurückziehe.

Das ist natürlich nicht so aufmerksamkeitsheischend wie ein Nervenzusammenbruch beim Niesen, und deshalb bewertet die Allgemeinheit meine Krankheit vielleicht als nicht so dramatisch wie die vom Mann. Da bleibt für mich nur eines: Ich werde einfach richtig krass krank. Das habe ich letzten Sommer ausprobiert. Erst handelte es sich um eine normale Grippe, die ich ignorant links liegen ließ, weil ich so viel Arbeit hatte, und mit den Kindern war auch dies und das. Ich hatte einfach keine Zeit, krank zu werden. Also dachte sich die ignorierte Grippe, dass sie mir zur Strafe mal so richtig in den Arsch tritt, und wurde zur Lungenentzündung. Ich konnte ein paar Schritte laufen und bekam sofort keine Luft mehr. Ich war unglaublich schwach. Alle guckten mich mitleidig an. Es ging tatsächlich nichts mehr. Ich lag nur noch in meinem Bett und hoffte, dass es besser wird. Und der Mann war eingeladen zu einem EM-Spiel nach Paris. Ich wollte ihm den Spaß nicht versauen und hab nichts gesagt, obwohl ich sicher war, dass ich die zwei Kinder nicht allein versorgt kriegen würde, weil sie ja nicht davon satt werden, dass ich rumliege und stöhne.

Und was machte der Mann? Ohne jede Andeutung von mir? Er sagte ab. Und er ließ mich krank sein. Er nahm mir die Kinder ab. Seine Kollegen und Chefs waren verständnisvoll. Damit ich nicht so viel hin- und herfahren musste, als es mir ein bisschen besser ging, brachte er die Kinder nachmittags zu mir. Er hielt sie von mir fern, wenn er merkte, dass ich nicht mehr konnte. Er hat mir Essen gemacht, er hat an meinem Bett gesessen und mich in den Arm genommen, wenn ich Angst hatte, weil ich vor Atemnot nicht schlafen konnte. Er hat mich bemuttert. Ich habe mich so geliebt gefühlt, dass ich bestimmt deshalb schneller gesund geworden bin. Und als er sich schließlich bei mir ansteckte, war ich überhaupt nicht genervt wie sonst, wenn er sagt, dass er sich etwas aufgesackt hat, sondern ich wollte ihm das gleiche Gefühl geben, das er mir gegeben hatte.

Ein paar Wochen später sitzen wir abends auf dem Sofa, und er sagt: »Ich fühle mich wie auf der Flucht. So flirrig. Ich glaube, weil ich mir so Sorgen um dich mache.« Das ist auf der einen Seite natürlich traurig, weil es nicht schön ist, wenn der Mann sich sorgt, aber ich habe mich wieder sehr geliebt gefühlt und mir seitdem Folgendes hinter die Ohren geschrieben: Krank sein mit kleinen Kindern ist immer scheiße, besonders für die Eltern. Wenn einer von uns krank ist, dann schätzen wir bitte realistisch ein, ob wir noch können oder nicht (der Mann zieht noch mal ein bisschen Drama ab), und wenn es nicht mehr geht, dann unterstützen wir uns, weil wir uns lieben und weil wir wissen, dass der andere das genauso tun würde. Weil es nicht

schön ist, krank zu sein, aber umso schöner, geliebt zu werden. Genau genommen ist es also doch ein Königreich. Nur,
dass der Prinz und die Prinzessin (unsere Kinder) meistens
eher nicht wie im Märchen höfliche kleine Menschen sind,
die darauf hören, was wir sagen, sondern ins Klo kommen,
während wir über der Schüssel hängen, und fragen, wo ihr
Wurstbrot bleibt.

Ist das jetzt dieses »komplett«,
von dem alle reden?
Die Verwirrung bei der Familienplanung.

Als wir nur den Großen hatten, sagten viele, dass sie sich
erst mit zwei Kindern komplett gefühlt haben. Meine Meinung zum Thema »komplett« schwankt mehr als Harald
Juhnke beim Schützenfest. Bin ich ausgeschlafen und sind
meine Kinder sehr lustig und der Mann und ich finden uns
super, möchte ich gern so lange weiter Kinder bekommen,
bis ich aufgrund sehr hohen Alters für eine illegale künst-
liche Befruchtung in ein anderes Land reisen muss. Weil
ich die Zeit mit Kindern so liebe und es für mich nichts
Besseres gibt, als mit allen auf einem Haufen rumzuhän-
gen und Quatsch zu machen. Je mehr, desto besser. In solchen Augenblicken ärgere ich mich, dass der Mann und ich
uns erst spät kennengelernt haben, weil sich mehr Kinder
bestimmt noch kompletter anfühlen würden. Dann vermisse ich die besondere Wärme eines Babys, das ich den
ganzen Tag rumtragen und bekuscheln kann. Noch mehr
Kinder, bei denen ich zuschauen kann, wie sie sind und wie

sie werden. Weil ich nichts toller finde als Kinder. Und dem Mann geht es eigentlich genauso. Immer wenn wir beide wehmütig unseren schon so großen Kindern beim Lustig-sein zugucken, sagt er: »Ach, Frau, mein Kopf sagt Nein, doch mein Herz sagt Ja.«

Bin ich aber müde, weil ich oder andere Familienmit-glieder krank sind, ändert sich diese Einschätzung schlag-artig. Als ich letztes Jahr eine Lungenentzündung hatte zum Beispiel, konnte ich wochenlang nur rumliegen und mich um gar nichts kümmern. Da war ich fast erleichtert, »nur« zwei Kinder zu haben. Der Mann war allein mit den beiden und seiner Arbeit eigentlich überfordert (an dieser Stelle wieder einmal die allergrößten Props an alle Allein-erziehenden!).

Manchmal reicht auch schon ein einfacher Scheißtag. Wenn ich meine Arbeit nicht geschafft und mich trotz-dem extra beeilt habe, die Kinder früh abzuholen, die mich dann mit einem verächtlichen »Ach, du!« begrüßen und den Rest des Tages eher unfreundlich sind. Oder wenn der Mann unterwegs ist, dann kann ich mir überhaupt nicht vorstellen, mehr Kinder zu haben beziehungsweise eine größere Familie so zu verkraften, dass alle fröhlich sind.

Weil der Mann und ich augenscheinlich nicht genau wis-sen, ob wir jetzt komplett sind oder nicht, haben wir die Kin-der gefragt, ob sie sich noch einen Bruder oder eine Schwes-ter wünschen. Die Kleine rief: »JAAAA!« und »Hurraaaaa!« und wollte gleich wissen, wann das Baby kommt. Der Große hingegen rief fast bestürzt »NEEEEIIIINNNNN!!!!« und er-klärte, dass er seine Schwester ja sehr liebe, aber dass er noch mehr Angemeckertwerden nicht aushalten würde. Und tatsächlich war die Kleine in dieser Zeit ziemlich gars-tig zu ihm.

Durch diese Überlegerei mit den vielen Jas, Neins und Abers ist mir immerhin eines klar geworden: Wir werden nicht noch ein Kind bekommen. Weil der Mann und ich schon relativ alt sind und irgendwann, wenn die Kinder größer sind, noch ein bisschen Alleinezeit haben wollen, ohne dass wir in unserer Wohnung einen Treppenlift brauchen. Außerdem glaube ich, dass mein Babywunsch meist eben kein Babywunsch ist, sondern Wehmut. Weil meine Kinder schon (lange) keine Babys mehr sind und ich mich nie mehr am Babygeruch ihres Glatzkopfes berauschen kann, weil ich nie mehr ein nacktes Baby, das noch niemals Kleidung anhatte, auf mir liegen haben und nie mehr von einem Baby so angehimmelt werde, wie meine Kinder mich angehimmelt haben. Das war zwar anstrengend, aber auch so schön. Und es kommt nie wieder. Darüber bin ich manchmal traurig und manchmal fast erleichtert. Weil ich mich komplett fühle. Und das hat, glaube ich, nichts mit der Anzahl meiner Kinder zu tun, sondern damit, dass sich langsam der Alltag entspannt, dass es wieder mehr Freiräume für uns Eltern gibt. Und außerdem ist es lehrreich, spirituell und sehr lustig, den Kindern beim Werden ihrer Persönlichkeit zuzugucken, mit ihnen zu reden, Witze zu machen und sie beim Aufwachsen zu unterstützen.

In unserem zurückliegenden Sommerurlaub habe ich dieses Komplettsein genau gespürt. Wir hingen in unserem Apartment im Sauerland rum, und die Jahre vorher hätte ich garantiert Folgendes gedacht:

1. Ach du Scheiße, Urlaub im Sauerland. Uncooler ging nicht, oder was?
2. Der Urlaub ohne Kinder war früher auch schön; ich hätte jetzt schon fünf Bücher durchgelesen.

3. Krass, das sind beides deine Kinder. Du bist Ehefrau und Zweifachmutter. Wo bleibt bitte der Punkrock?
4. Du sagst Bitte, wenn du nach Punkrock fragst? Du Lappen!

Dieses Mal jedoch war alles anders. Der Mann und ich saßen am Tisch und tranken Kaffee, während die Kinder spielten. Keiner sagte was, aber alle waren zufrieden mit sich und der Welt. Wir urlaubten in einem Vakuum aus Glück, Zufriedenheit und Entspannung und wollten alle sein, wo und wer wir waren: eine (zufällig aus vier Personen bestehende) komplette Familie.

SEX, MEDIEN UND ANDERE GRUNDSÄTZLICHKEITEN

Penis! Hahahaha. Penis! Hahahaha.
Die Arglosigkeit der kindlichen Sexualität.

Beim Abendessen erinnerten wir uns an die WM 2006. Der Große fragte, ob er da schon auf der Welt war, und als wir das verneinten, lachte er:

»Papa, 2006 war ich in deinem Sack.«

Abgesehen davon, dass unser von Natur aus sehr ungeduldiger Sohn nie im Leben geschafft hätte, zwei Jahre zu warten, bis er endlich loskann, stimmte das natürlich so nicht. Der Mann erklärte:

»Da warst du noch nicht in meinem Sack, die Spermien werden immer wieder neu produziert.«

Der Große spekulierte: »Die Frau schießt aus ihrer Scheide Eier in den Penis vom Mann.«

Der Mann: »Andersrum.«

Der Große: »Der Mann steht ganz weit weg von der Frau und schießt mit voller Kraft in die Scheide der Frau.«

Der Mann: »Äh, nee, der Penis wird in die Scheide gesteckt.«

Der Große: »Voll peinlich, wenn man das im Park macht.«

Der Mann: »Macht man ja nicht.« Hüstel.

Der Große: »Das machen nur Cyborgs.«

Dieser Dialog drückt auf großartige Weise das aus, was ich über frühkindliche Sexualität denke. Nämlich erstens, dass Aufklärung immer eine gute Idee ist, vor allem, wenn wir nicht aussterben wollen, und zweitens, dass Kinder an das Thema spielerisch und völlig unbelastet rangehen und wir sie auf keinen Fall davon abhalten sollten.

Außer vielleicht im Schwimmbad. Bei einem unserer Besuche im Hallenbad, zum Beispiel, stand eins meiner Kinder in der Frauendusche und starrte die Frau neben sich ganz unverblümt und sehr, sehr lange an. Da wäre ich dankbar für ein bisschen mehr Schamgefühl gewesen. Klar, es hat es nicht böse gemeint; es war fasziniert und wollte die Gelegenheit, mal so viele nackte Fremde um sich zu haben, nicht ungenutzt lassen. Trotzdem habe ich ihm an dieser Stelle gesagt, dass es lieber nicht so gucken soll, weil viele Menschen es unangenehm finden, wenn sie angestarrt werden. Die meisten Menschen seien nackt lieber allein, erklärte ich; im Schwimmbad und in der Sauna und überall, wo Menschen gezwungenermaßen nackt zusammen sind, geht es darum, dezent an ihnen vorbeizuschauen. Und weil ich ihm diesen Blick schmackhaft gemacht habe wie eine Superpower, bin ich für die nächsten Besuche im Schwimmbad optimistisch.

Außerdem haben die Kinder ja noch mich und meinen nackten Körper. Die Kleine, die viel lieber nackt ist als ich, interessiert sich besonders dafür. Sie will meine Brüste angucken, auf meinen Po hauen, meine Beine wackeln, während ich auf dem Klo sitze, und natürlich will sie meine Vagina sehen. Sie will vergleichen. Und während wir uns im Badezimmer gegenüberstehen und sie genau guckt, was bei mir anders ist als bei ihr, bete ich zu irgendeiner mächtigen Stelle, dass sie morgen in der Kita lieber wieder die ausgedachte Geschichte von Bobby, der Katze, erzählt als davon, was bei uns untenrum anders ist.

Überhaupt könnte ich offener sein. Wenn die Kinder mir freudestrahlend berichten, was sie mit ihren Freunden doktormäßig gespielt haben, will ich das lieber gar nicht wissen. Oder wenn sie in der Badewanne tauchen, um sich untenrum genau sehen zu können. Dann lachen die beiden sich schlapp, und ich habe den größten Stock der Welt im Arsch, und das nicht zum Vergnügen. Ich sehe nicht zwei Kinder, die sich neugierig etwas genau angucken, das sie nicht so oft zu Gesicht bekommen, sondern ich sehe die Erfahrungen und Nachrichten, die sich in den letzten vierzig Jahren angesammelt haben, und meine eigene Geschichte, in der ich erst spät gelernt habe, so deutlich zu sagen, was ich will und was ich nicht will, dass ich mich selbstbestimmt gefühlt habe. Das wünsche ich mir für meine Tochter erheblich früher, nämlich ungefähr jetzt gleich. Erst recht, weil in Amerika unlängst ein orangefarbener Mann zum Präsidenten gewählt wurde, der sich damit brüstet, Frauen ohne Konsens geküsst und begrapscht zu haben.

Dazu kommen ja weltweit noch die behämmerten Pickup Artists und ein beträchtlicher Teil der unorangen, unorganisierten männlichen Bevölkerung, die den Wert von Frauen mindestens dreiundzwanzig Prozent unter ihrem eigenen ansiedeln. Also muss meine Tochter umso genauer wissen, dass ihr Nein trotz dieser Idioten auch Nein bedeutet und dass sie später viele Menschen treffen wird, mit denen Küssen und Grapschen Spaß macht, weil alle Beteiligten sich dazu verabredet haben. Und klar sage ich all das meinem Sohn auch, weil auch er Spaß und Respekt vor Neins haben soll.

Was ich mich frage: Wenn Eltern mit ihren Kindern nicht über Lust und den eher emotionalen Part von Körperlichkeit sprechen wollen, wer macht das dann? Der Sexualkundeunterricht? Heißt der hoffentlich inzwischen anders? Oder beschweren sich »besorgte« Eltern, wenn erklärt wird, dass es beim Sex nicht nur um Heterosexualität und Vermehrung geht? Um den Stock aus dem Arsch zu kriegen und die Notwendigkeit zu sehen, mit Kindern darüber zu sprechen, empfehle ich allen das Erinnern an die eigene Kindheit und Jugend sowie das Buch »Unterrum frei« von Margarete Stokowski. Bitte schön.

Mein bisheriges Fazit (wobei ich zu bedenken geben möchte, dass wir hoffentlich noch sehr lange nicht in der Phase sind, in der unsere Kinder trotzdem zu früh mit Pornografie aus dem Internet konfrontiert werden): Ich möchte meinen Kindern vermitteln, dass Sexualität selbstverständlich ist und Spaß machen sollte. Deshalb werde ich auch statt rot nur noch Folgendes sagen:

1. Steckt euch nichts irgendwo rein.
2. Sagt Stopp, wenn ihr etwas nicht wollt.
3. Respektiert sofort, wenn jemand anderes Stopp sagt.

Abgesehen von diesen drei Punkten, werde ich in allen Gesprächen, in denen es darum geht, woher die Kinder kommen, nicht nur was davon erzählen, dass der Penis in die Scheide kommt, sondern dass dabei Mann und Frau oder Mann und Mann oder Frau und Frau oder Mensch und Mensch besonders schöne Gefühle haben. Und wenn meine Kinder das nicht mehr von der eigenen Mutter hören wollen, dann werde ich dafür sorgen, dass sie keine »Bravo« oder irgendein angestaubtes Blatt lesen, das Mädchen immer noch empfiehlt, irgendwie zu sein, damit Jungs sie wollen, sondern ihnen Medien, Bücher oder Filme zur Verfügung stellen, die sexuelle Freiheit, Selbstbestimmung, Respekt, Verantwortung und Spaß für alle Beteiligten propagieren.

Aber noch sprechen wir ja darüber. Und als der Große beim Abendbrot im verschwörerischen Flüsterton gesagt hat, dass die in der Vierten lernen, wie man sext, haben der Mann und ich mit unterdrücktem Kichern von Konsens und schönen Gefühlen erzählt. Und dass Kinder auch im Reagenzglas gemacht werden können oder von Menschen, die kein Liebespaar sind, weil ja zum Beispiel sein Nachbarskumpel auch zwei Mütter hat, die biologisch keine Kinder kriegen können, aber zusammen sind, weil sie sich lieben, womit wir wieder bei Liebe und Lust wären. Und dann spüren wir, dass es auf den ersten Blick vielleicht kompliziert ist, aber auf den zweiten großartig, weil alles geht, was glücklich macht.

Bitte nur noch eine Folge!?!!

Die Aufregung um Fernsehen, Tablet und Co.

Ich erinnere mich gern, aber dunkel an meine Wochenenden im Alter von 19 bis 33. Abgesehen von Rumfeierei habe ich das Haus oft nicht verlassen, weil ich verkatert war. Den lieben Tag lang habe ich im Schlafanzug auf dem Sofa gelegen und auf den Fernseher gestarrt. Damals gab es noch kein Netflix, und zum Videoausleihen hätte ich rausgemusst; weshalb ich ziemlich viel Quatsch geguckt habe, der mein ohnehin weiches Hirn noch weicher gemacht hat. Dazu habe ich viel Essen in mich reingestopft, mit Vorliebe Bestelltes, in das mir unbekannte Köche statt Liebe sehr viel Glutamat gekippt hatten. Das Ätzende an diesen Wochenenden war der Sonntagabend. Wenn »Zimmer frei« vorbei war, dachte ich eben nicht: »Aaaaah, herrlich, mal so die Seele baumeln lassen, den Kopf richtig durchgepustet, ich fühle mich wie neugeboren.« Nein, ich fühlte mich schlapp und scheiße. Der Tag war verschenkt, und der Montag stand schon mit dem Nudelholz hinter der Badezimmertür.

Und trotzdem sehne ich mich jetzt nach diesen Tagen. Einfach rumhängen. Nicht aufstehen. Nicht selber kochen. Nur vom Fernseher berieseln lassen. Das war doch auch schön.

Alles, was ich bis hierher geschrieben habe, fasst ziemlich gut jenes Gefühl zusammen, das mich beschleicht, wenn ich über die Mediennutzung meiner Kinder nachdenke.

Ehrlich gesagt, finde ich es nämlich immer noch sehr gemütlich, wenn wir alle rumhängen und Filme gucken – und niemand außer dem Fernseher verantwortlich ist. Ehrlich gesagt, schaue ich selber so gern Filme, Serien und Dokumentationen, dass ich die Kinder total verstehen kann, wenn sie das auch wollen. Schauen wir im Winterurlaub in dem Apartment mit einem Fernseher größer als eine Tischtennisplatte alle zusammen die »Eiskönigin« an, mag ich das sehr. Ja, ich weiß, Disney, ja, Riesenfernseher, aber eben auch hihihi, »Olaf« ist ganz schön lustig, und JAAAA, die Kleine tanzt mit, und es sieht unglaublich entzückend aus.

Leider denke ich dann oft an die Stimmen, die sagen, dass Fernsehen blöd und aggressiv macht und das Sozialverhalten der Kinder schlimmer aussehen lässt als unseren Küchenboden nach dem Mittagessen. Aber wir sind zum Glück eine Familie, die überwiegend freundlich miteinander ist und in der die Kinder satt und sauber sind und so geliebt werden, dass die Schwarte kracht. Da macht doch ein bisschen Fernsehen oder Gezocke nichts.

Pustekuchen! Ich würde so gern mal einen ganzen Sonntag lang Guitarhero oder meinetwegen auch das Lego Batman-Spiel spielen. Aber das geht leider nicht. Also bei uns nicht. Denn immer, wenn der Große an die Playstation darf, wird er unfreundlich as fuck, er spricht von nichts anderem mehr und will absolut nichts anderes mehr machen. Und er spielt nicht Fallout 3, sondern FIFA. Trotzdem tiltet er, und zwar während er spielt und danach auch. Das Gleiche gilt für Spiele oder Serien, in denen gekämpft wird. Sobald der Große zum Beispiel Lego Ninjago oder Nexoknights guckt oder spielt, wird er unfreundlich und schnippisch. Das ist die Stelle, an der ich »HALT« rufe. Bestimmt gibt es Eltern, die ihren Kindern trotzdem erlauben, weiter zu schauen und zu spielen, damit sie selbst ihre Grenze finden. Aber ehrlich: Das habe ich selber nicht geschafft, bis ich Kinder hatte. Deshalb glaube ich in anderen Fällen gern an Selbstregulierung, aber beim Thema Fernsehen und Konsolenspielen nur bedingt. Wenn die Kinder also Serien oder Spiele spielen und gucken, die ihnen augenscheinlich nicht guttun, weil sie unfreundlich und aggressiv werden, dann verbiete ich sie.

Bei der Kleinen habe ich zum Beispiel das Gucken aller Barbie-Filme und -Serien gestrichen. Wenn sie das guckt, wird sie, kein Witz, schlagartig schnippisch, sie wirft tussig ihr Haar nach hinten, rollt mit den Augen und sagt mit Klimperaugen beknackte Sätze wie: »Weil ich ein kleines Mädchen bin.« Weitere Punkte meiner untrendy Verbotsargumentationskette sind neben den nervtötenden Quietschstimmen und dem Frauenbild übrigens auch das Männerbild. Denn während Barbie inzwischen meistens diejenige ist, die alles kann, sind die Männer Volltrottel, und überhaupt finde ich die Serie so überzogen, dass sie mir vorkommt wie eine Freizeitparkwerbung von David Lynch, deren Metaebenen keine Dreijährige schnallen kann.

Deshalb haben der Mann und ich folgende Regelung getroffen: In der Woche darf die Kleine gar nichts gucken, und der Große eine Zwanzig-Minuten-Folge von etwas, das er gut verknusen kann und das ihm Spaß macht. Zum Beispiel mag er gern »Fünf Freunde«. Am Wochenende dürfen die beiden nach dem Frühstück zusammen das iPad haben und sich etwas aussuchen, das auch für die Kleine okay ist. Wenn wir wissen, was sie gucken, dann dürfen die beiden auch mit dem iPad ins Kinderzimmer gehen. Will der Große etwas anschauen, das für die Kleine ungeeignet ist, nimmt er das iPad mit in sein Zimmer, und die Kleine sucht sich auf meinem Handy meistens »Peppa Wutz« aus. Und seit ich deshalb kein schlechtes Gewissen mehr habe, kann ich die ruhige Frühstückszeit oder den Familienfilm tatsächlich sehr genießen und muss nicht ständig denken: »Du blöde Planschkuh parkst deine Kinder vor dem Fernseher.«

Das gilt auch für den Urlaub. Wenn ich auf dem Schirm habe, was die Kinder gucken, und kontrolliere, dass nichts dabei ist, was für Stress auf allen Seiten sorgt, ist mir eine halbe Stunde länger tatsächlich egal. Und inzwischen fühle ich mich nur noch halb schlecht, wenn ich einer Mutter in der Kita erzähle, wie entspannt unser Urlaub war, und der Mann von hinten reinbrüllt, das habe nur daran gelegen, dass die Kinder so viel fernsehen durften.

Nach unserem letzten Urlaub, in dem wir in vielen Stunden circa zweitausend Kilometer gefahren sind und sogar eine richtige Halterung für das iPad an der Kopfstütze angebracht hatten, fragte die Kleine jedes Mal, wenn sie ins Auto gestiegen ist, ob sie jetzt was gucken darf.

Meistens war ihre Antwort auf unser Nein zum Glück ein einfaches »Na schön«. So besonnen hat sie nämlich nicht immer reagiert. Als sie circa zwei war und ich vor Müdigkeit, Erschöpfung und Langeweile ein gefühltes Alter von zweiundachtzig erreicht hatte, habe ich ihr tagsüber öfter mal das iPad hingelegt, und sie hat sich diese schlimmen »Nursery Rhymes« angeguckt. Meiner Vermutung nach sind das Filme aus dem Kopf von Fräulein Rottenmeier auf Meskalin, zum Beispiel singen drei Katzen, dass sie ihre Handschuhe verloren haben, weshalb ihre Mutter ihnen zur Strafe keinen Kuchen gibt. Oder Finger singen, wie sie heißen. Für die Filmchen von ungefähr 253425 Liedern gibt es genau drei Melodien, und all das ist noch viel schlimmer, als es sich hier liest. Trotzdem ist die Kleine schier ausgerastet, wenn sie ausmachen sollte. Weil uns ihre Reaktion ziemlich gegruselt hat, haben wir damals sofort den Stecker gezogen und sie lange Zeit gar nichts mehr gucken lassen.

Inzwischen hat sich die Lage bei beiden Kindern wie gesagt entspannt. Wenn sie am Wochenende oder in Ausnahmesituationen länger schauen, muss ich oft gar nicht sagen, dass sie ausmachen sollen, sie gehen von allein weg, und manchmal spielen oder malen sie nach, was sie gerade gesehen haben. Das empfinde ich als sehr erleichternd.

Auch habe ich gemerkt, dass ich dem Großen vertrauen kann. Er hält sich an die Vereinbarungen und guckt (bis jetzt) nichts heimlich. Das ist wichtig, weil wir eigentlich unsere gesamte Musik streamen und er mein iPad viel mit in sein Zimmer nimmt, um Hörspiele zu hören. Ich habe danach hin und wieder kontrolliert, ob er nicht vielleicht doch eine andere App geöffnet hatte, was aber nie der Fall war. Deshalb und weil es kein Gerät gibt, das ausschließlich Spotify, Deezer oder Ähnliches streamt, haben wir ihm dieses iPad jetzt überlassen. Damit hört er Spotify, und das Schlimmste, was bisher passiert ist, war ein Lied in seiner Playlist, in dem »Wo war ich in der Nacht von Freitag auf Montag« gegrölt wurde. Ich weiß, dass er uns fragt, wenn er was anschauen will, und er weiß, dass ich, außer zu seiner abendlichen Guckzeit, morgens am Wochenende, im Urlaub oder im Krankheitsfall, Nein sage. Das sagt er auch seinen Kumpels, die ihn öfter mal auffordern, heimlich was zu gucken. Das weiß ich natürlich nur, weil ich ganz zufällig am Kinderzimmer vorbeigegangen bin und die Kinder wirklich unmenschlich laut gesprochen haben.

Und wo ich uns alle gerade so gelobt habe, wette ich jetzt erst mal viel Geld darauf, dass die Kleine heute Abend wieder die Barbie macht und der Große vermutlich doch heimlich alle Staffeln »Ninjago« auswendig kann.

Hier noch mal auf einen Blick unsere umstößlichen Regeln für den Medienkonsum:

Montag bis Freitag guckt die Kleine gar nicht und der Große zwanzig Minuten.

Ausnahme I: Die Kinder sind krank.

Ausnahme II: Die Kleine droht um 17.35 einzuschlafen und will keine Süßigkeiten.

Wenn Spielbesuch da ist, wird nicht geguckt, es sei denn, der Besuch bleibt zu den normal erlaubten Guckzeiten (ausgenommen: Schach-App).

Wir richten uns nach den Altersempfehlungen und nach unseren eigenen Lebenseinstellungen (zum Beispiel Barbie).

Es wird niemals (!) YouTube allein geguckt.

Er ist eben eher ein Gewinnertyp.
Der Frust mit Kindern, die nicht verlieren können.

Der Mann hat vor einiger Zeit den Großen und zwei seiner Freunde gefragt: Wenn ihr euch aussuchen könntet, ob ihr der Schönste, der Klügste oder der Schnellste sein wollt, was wäret ihr am liebsten? Zwei, unter ihnen der Große, wählten den Klügsten. Der Kompetitivste von den dreien sagte sofort: der Schnellste. Warum ich das schreibe? Weil genau dieser Freund entspannter Brettspiele spielt als mein Sohn. Meistens.

Mein liebster Brettspielmoment bis jetzt war eine Partie Spinderella mit den beiden. Einer ist dran, würfelt und zieht am anderen vorbei, der dann tiltet. Mit Rumschreien, Aus-dem-Raum-Rauschen und so, das volle Programm. Dann kommt der andere dran, und es passiert haargenau das Gleiche, nur mit vertauschten Rollen. Bei jedem Mal würfeln. Herrlich. Ich musste mir das die ganze Zeit als Werbespot vorstellen, so wie früher MB mit einem Schlag auf den Gong die neuesten Spiele präsentiert hat, nur dass in diesem Fall die beiden Jungs beim beleidigt Abrauschen gezeigt werden.

Früher, als der Große noch klein war, da haben wir ihn immer gewinnen lassen. Das war für ihn (und für uns) eine schöne Zeit. Er hat sich die Regeln für alle Spiele selber ausgedacht und war automatisch immer der Sieger. Irgendwann beschloss ich, dass mal ein paar Frustrationsmomente angebracht wären, geht ja nicht ewig so weiter auf der Gewinnerstraße! Leider.

Denn der Junge, der beim Fußballturnier der Trainerin des gegnerischen Teams lässig zum ersten Platz gratuliert hat, kann bei Brettspielen nicht nur nicht aushalten, dass er verliert, sondern kann schon vorher den Gedanken kaum ertragen, dass er überhaupt verlieren KÖNNTE.

Da ich Brettspiele nicht für eine wichtige Qualifikation im Leben eines Menschen halte, haben wir es einfach eine Zeit lang gelassen. In dieser Zeit hat der Große bewiesen, dass er sehr wohl verlieren und anderen zugestehen kann, dass sie besser sind. Beim Fußball, wie gesagt. Und auch wenn er von der Schule erzählt, kann er sich gut einschätzen und macht nicht gleich das HB-Männchen, wenn jemand besser oder schneller ist als er, sondern er stellt es lediglich fest. Hat sich doch super entwickelt, denke ich, da können wir gleich mal wieder ein Brettspiel ausprobieren. Ich spiele die nämlich sehr gern und gebe mich immer wieder mal der romantischen Vorstellung hin, dass wir ein ganzes Wochenende lang kniffeln oder Backgammon spielen oder ich auch nach der 427. Revanche keine Chance gegen ihn im Memory habe. Apropos Memory.

Wenn wir das spielen, einigen wir uns vorab darauf, ohne Gewinnen zu spielen. Trotzdem vergleicht er mit Argusaugen unsere Kartenstapel und wird nervös, wenn meiner größer zu werden droht. Das wiederum lenkt ihn vom Spiel ab, mit dem Ergebnis, dass ich gewinne, obwohl ich nicht gewinnen konnte – und schon können wir in diesem Text wieder von vorn anfangen.

Also sorge ich dafür, dass sein Paarehaufen beim nächsten Spiel größer ist, weil ich ihn ja nicht frustrieren, sondern für eine Freizeitbeschäftigung begeistern will, die ich mag. Aber schon beim nächsten Spiel, bei dem ich mehr Paare habe, rennt er wieder aus dem Zimmer.

Ich stelle fest: Der Große hat tatsächlich verloren, und zwar die Lust an Gesellschaftsspielen. Er findet sie einfach blöd. Er mag nicht, dass sich jemand schon die Regeln für sein Spiel ausgedacht hat, irgendwie erschließt sich ihm der Sinn nicht, etwas so, äh, Festgelegtes zu tun. Mir gefällt das aber; doch wenn ich ihn auffordere, das Spiel so zu spielen, wie es in der Anleitung steht, versteht er mich nicht, und ich komme mir übertrieben preußisch vor. Weil ich daran merke: ICH will spielen, nicht er. Und ihm irgendwas zeigen oder beibringen zu wollen, nur weil ich das gut finde und er »verlieren« lernen muss, wo er das im echten Leben jenseits des Spielbretts längst kann, wirkt auf mich sinnentleert. Deshalb lassen wir es einfach.

Als vorige Woche sein Freund bei uns war und ein Brettspiel vorschlug, schwieg der Große stoisch und starrte so lange in eine andere Richtung, bis der Freund genau das gesagt hat, was wir vorher schon beschlossen hatten: »Okay, dann nicht.«

Geschlechterrolle rückwärts.
Der Hass auf Rosa gegen Hellblau.

Im OP des Krankenhauses fragten mich die Leute, die den Kaiserschnitt vorbereiteten: »Na, Frau Drust, was wird es denn?«

»Ein Mädchen.«

Daraufhin stellten sie die schicke indirekte OP-Beleuchtung um – von Hellblau auf Rosa. War ja nett gemeint. Sie wollten, dass ich mich entspanne. Ich allerdings fand das bescheuert. Meine Tochter konnte gern mit Rosa begrüßt werden, weil es eine schöne Farbe ist. Aber nicht, weil sie ein Mädchen ist.

Ich war diesen Leuten ausgeliefert. Klar, ich könnte losmeckern, dass Kinder aufgrund ihres Geschlechts Eigenschaften, Hobbys und Äußerlichkeiten aufgedrückt bekommen und ich das, freundlich gesagt, für verdammt falsch halte. Aber diese Leute konnten mit dem Skalpell ausrutschen oder mein Baby fallen lassen. Außerdem fand ich sie sympathisch und hatte nicht das Gefühl, dass es sich bei ihnen um »Das wird man ja wohl noch sagen dürfen«-Typen handelte. Ich entschied mich dafür, ihnen mitzuteilen, dass ich diese Rosa-Hellblau-Mädchen-Jungs-Trennung für Quatsch halte, mein Sohn zum Beispiel Rosa toll findet, ich hingegen weniger, und dass noch zu Beginn des 20. Jahrhunderts Rosa voll die Jungsfarbe war. Die Leute im OP murmelten herum, dass sie das so noch gar nicht gesehen hätten. Sie schalteten zurück auf Hellblau, und dann holten sie bei allseits guter Laune meine Tochter raus. Leider ist für mich die Geschichte hier noch nicht vorbei.

Alles ist voll von Sachen nur für Jungs und nur für Mädchen. Aus den Regalen brüllen Spielzeuge, Süßigkeiten und sogar Gewürzgurken (Alter, echt mal!): »KAUF MICH, WENN DU EIN MÄDCHEN BIST. FÜR DICH IST DER ROSA PRINZESSINNENKRAM, WEIL DU SO SÜSS UND NIEDLICH BIST. ACH, DU BIST EIN JUNGE? DANN FINGER WEG, FÜR DICH IST DAS BLAUE. MIT KÄMPFEN UND STARKSEIN. UND WEHE, IHR VERTAUSCHT DA WAS!«

Ich habe vor einiger Zeit mal so getan, als wäre mir genau das passiert, und zwar mit rosa und hellblauen Smarties. Deshalb schrieb ich Nestlé auf die Facebook-Pinnwand.

»Hallo Nestlé,
ich brauche Ihre Hilfe. Meine Tochter (2) hat heute aus Versehen von den Ritter-Smarties ihres Bruders (7) gegessen. Ich habe wirklich nur ganz kurz nicht hingeschaut, weil ich meinem Mann sein Bier bringen musste. Ein blaues Smartie konnte ich ihr noch aus dem Mund fischen, aber ich schätze, sie hat bestimmt vier bis fünf gegessen. Jetzt weiß ich nicht, was ich machen soll, weil die ja, wie auf der Verpackung steht, nur für Jungs sind. Ich habe große Angst, dass der Verzehr Einfluss auf ihre Prinzessinnenhaftigkeit hat. Was mache ich, wenn sie jetzt plötzlich anfängt, sich jungenhaft zu benehmen? Ich hoffe, Sie verstehen, dass ich das absolut inakzeptabel fände, denn mir ist sehr wichtig, dass meine Tochter wie bisher wie ein Mädchen wirft, schießt, schnell anfängt zu heulen und später ganz schlecht in Mathe und Einparken wird.
Ich habe ihr jetzt vier rote Smarties gegeben, weil das gemischt mit den blauen dann ja Lila ergibt, und Lila als

Mädchenfarbe sollte hoffentlich die Jungswirkung neutralisieren. Kann ich sonst noch etwas tun, außer meinen Kindern immer wieder zu sagen, was und wie sie zu sein haben?«

Nestlé hat natürlich keine Rückrufaktion gestartet und auch nicht damit aufgehört, Menschen ihr Wasser zu stehlen usw., aber zumindest halbwegs lustig geantwortet.

Vielen Menschen, zum Beispiel von den mehr als elftausend Leuten, die das gelikt haben, war klar, dass ich sehr wohl meine Genderkritik ernst meinte, sie aber in eine Satire eingewickelt hatte. Mehr als zweitausend Leute haben den Post geteilt, den Witz lustig weitergesponnen und mir gezeigt, dass auch sie das Rosa-Hellblau-Aufgezwänge bescheuert finden. Das tat gut.

Aber das Internet wäre nicht das Internet, wenn nicht Leute ohne Rechtschreibung und Kinderstube fordern würden, dass mir dummer ***** die Kinder weggenommen gehören, weil ich so dumm bin, dass sie weder meinen Witz noch meine Kritik verstanden haben. Und nein, das macht tatsächlich keinen Sinn.

Auch immer dabei, wenn die Empörungskarawane sich auf den Weg macht, sind die, die unter alles den Standardkommentar schreiben: »Hast Du sonst keine Probleme? Was ist mit Verkehrsberuhigungen/uns Deutschen/den Tieren!!??«, weil sie, häufig im Tausch gegen eine funktionierende Empathiefunktion, eine Visitenkarte bekommen haben, auf der sie unter ihrem Namen deutlich lesen können: offizielle weltweite Stelle für die Bescheinigung von wahr, gut und wichtig.

Diesen Leuten möchte ich sagen: Wisst ihr was? Ich habe viele andere Probleme. Da wäre die Welt. Krieg. Umweltprobleme. Hass. Die allgemeine Unheimlichkeit des Weltalls. Die Vereinbarkeit von Beruf und Familie. Und heute Morgen, zum Beispiel, lag eine Socke im Klo, also richtig in der Schüssel, die musste ich rausfischen, das fand ich auch wirklich schlimm. Aber der Witz an uns Menschen ist, dass wir alle verschieden sind und uns deshalb auch verschiedene Sachen aufregen. Befände ich mich in Aleppo, fänd ich die Sache mit den Smarties vermutlich mehr als unwichtig. Und wenn jemand aus meiner Familie sehr krank wäre, hätte ich vermutlich auch andere Ideen, als Nestlé zu schreiben. Aber es ist, wie es ist, und wir sind, wo wir sind; und wenn sich jeder (gedankenvoll und gewaltfrei) für sein persönliches Ziel einsetzt, könnte die Welt eventuell besser werden. Andere kämpfen für Verkehrsberuhigungen oder Tierschutz, mir persönlich liegt, auch aufgrund meiner eigenen Sozialisation, sehr am Herzen, dass meinen Kindern niemand vorschreibt, wer oder wie sie aufgrund ihres biologischen Geschlechts zu sein haben – und deshalb rege ich mich auf, wenn jemand oder ein Unternehmen das tut.

Wenn ihr jetzt sagt: »Ja, du bist doch dafür verantwortlich, das deinen Kindern vernünftig zu erklären«, dann antworte ich: »Also, vor MIR ist es meinem Sohn nicht peinlich, seinen Nagellack zu zeigen, sondern vor dem Jungen, dem seine Eltern den ganzen Tag sagen, er soll nicht heulen wie ein Mädchen; die sind es nämlich, die den Süßigkeiten-, Klamotten- und Spielzeugregalen abkaufen, wenn diese herausbrüllen, dass Abenteuer und Forscherdrang exklusiv für Jungs und Hübschsein und Staubsaugen absolute Mädchensache sind.«

Im Gegensatz zu dem Verlangen, er selbst zu sein, verspürt der Große nämlich keines danach, von anderen Kindern für Eigenschaften oder Vorlieben geärgert zu werden, die die Werbeindustrie aus wirtschaftlichen Interessen oder andere Erwachsene aus Ignoranz oder Intoleranz in feste Schubladen gesteckt haben.

»Ach, komm, das ist doch viel zu politisch. Lass deine Kinder doch mal Kinder sein«, wird mir dann vorgeworfen. Würde ich ja gern, aber sie können eben nicht einfach Kinder sein, weil ihnen ständig gesagt wird, dass sie Jungen oder Mädchen sind und dass sie deshalb irgendwie zu sein haben. Weshalb ich, sobald die Vorlieben meiner Kinder nicht dem herkömmlichen Bild entsprechen, sehr beschäftigt bin. Zuallererst mit Reden. Ich erkläre meinem Sohn, dass es Quatsch ist, wenn ein Junge ihn wegen seines Nagellacks auslacht oder weil er gern mal mit Mädchen spielt oder malt oder Glitzer gut findet. Dass es leider viele Leute gibt, die sich wohler mit dem Gedanken fühlen, wenn Jungs alle gleich sind und Mädchen auch. Dass solche Gedanken aber totaler Scheiß sind, weil wir zum Glück in einer Welt leben, in der wir alle so sein können, wie wir wollen. Wir haben Penisse oder Vaginas, aber das hat nichts mit dem zu tun, was wir schön finden, gern spielen, was uns leicht- oder schwerfällt. Und wer das verneint, ist ein Betonkopf. Dann überlege ich mit ihm, was eine gute Reaktion auf einen Betonkopfkommentar wäre, und frage ihn, mit was er sich am wohlsten fühlt. Manchmal will er keinen Nagellack. Meistens berichtet er mir zum Glück aber, dass er auf diese Kommentare gleichgültig antworten wird: »Das kannst du deiner Mutter erzählen.« Dann will ich ihn küssen und im Kopf der Kinder, die ihn ausgelacht haben, dabei zuschauen, wie dort ein kleiner Gedanke glimmt und fragt, ob die Welt vielleicht doch gar nicht so starr und streng ist.

Das freut mich sehr. Genauso freut mich, wenn BR Spielwaren, der Laden mit dem lautesten Plastikspielzeug und der nettesten Verkäuferin in Hamburg-Altona, im Katalog nicht zeigen, wie Mädchen in den Spielküchen das Essen vorbereiten und ihre Püppchen schminken, während die Jungs an der Werkbank schrauben oder ihren Kumpels mit der Nerf-Pistole ins Gesicht schießen. In diesem Katalog sind auf fast jeder Seite Kinder tatsächlich einfach Kinder, und irgendeins spielt mit irgendwas. Toll finde ich das. So toll, dass ich das auf meiner Facebookseite ein bisschen feierte. Aber bevor ich »Hurraa« fertig gerufen hatte, kamen schon die Ersten aus ihren Löchern. Ausgerechnet die, die sonst immer fordern, dass wir die Kinder mal Kinder sein lassen sollen, hatten im Gendergegner-Bullshitbingo schon den Hattrick erreicht, bevor ich sie wegen Ausfälligkeiten von meiner Seite sperren konnte. Die ersten drei Aussagen einer Dame aus Thüringen:

1. »Haben wir nicht andere Probleme.«
2. »Lasst den »Genderquatsch!«
3. »Gender ist nicht nur Quatsch, sondern geistige Brandstiftung, und das viele Geld für diese Pseudowissenschaft würde ich lieber in Frauenhäuser oder andere Projekte stecken, die konkret helfen!!!!!«

Alles hat sie wirklich so geschrieben. Die Anführungszeichen. Viele Ausrufezeichen. Der Befehlston. Die Dame, die diese ungehobelten Kommentare von sich gab, war zu dieser Zeit übrigens CDU-Politikerin und postulierte, sie wolle sich nicht verbieten lassen zu sagen, was sie denke, und zwar so lange sie atme. Leider habe ich auch in ihren weiteren Posts nicht verstanden, was das denn genau ist, und damit meine ich übrigens sowohl, was sie denkt, als auch, was sie bisher so eingeatmet hat. Sie hält es für Quatsch, Kindern zu sagen, dass sie gleich sind. Aber das finde ich doch auch. Denn wenn sie nicht gleich sind, dann sind sie ja automatisch alle verschieden und können einfach das machen, was sie wollen. Wobei sie da wieder nicht mitgeht. Denn das würde ja bedeuten, dass für Jungs auch Kochen klargeht; doch das wäre für sie sofort politisch, und das ist dann wieder »Genderquatsch«.

Was ist Genderquatsch? Wenn ich blöd finde, dass meine Freundin mit ihrem Partner eine Wohnung anguckt und der Makler, der beide nicht kennt, in die Küche kommt und zu ihr sagt: »Und jetzt kommen wir in Ihr Reich.«

»Das war doch nur Spaß«, würde die Dame von der CDU vermutlich sagen.

Oder wenn die junge Frau im Zug neben mir still die anzüglichen Kommentare von einem besoffenen, ekligen Mann über sich ergehen lässt.

Die CDU-Frau vermutlich so: »Das war doch nett gemeint. Rülps. Da muss man, sorry, ›frau‹ sich doch wirklich nicht so aufregen.«

Am liebsten würde ich mich ausgiebig in die Handtasche der CDU-Politikerin übergeben.

Ich möchte diese Welt nicht, in der es rosa Shirts für Mädchen gibt, auf denen steht, dass sie kein Mathe können, aber dafür eben artig und total süß sind – und das ja voll ausreicht. Wohingegen die Jungs mit ihren Shirts darin bestätigt werden, genial und weltherrschaftlich, mindestens aber hochbegabt zu sein.

»Musst du ja nicht kaufen«, unken schon wieder welche los. »Mach ich auch nicht«, antworte ich; aber es steht eben nicht nur auf einem Shirt. Diese Botschaften marschieren von dort schnurstracks in viele Menschenköpfe und kommen aus diesen Köpfen wieder raus in Form von Bemerkungen über süße, dümmliche, aber eifrige Mädchen oder hochintelligente, bärenstarke Jungs.

Die Universität Illinois erstellte eine Studie mit vierhundert Kindern im Altern von fünf bis sieben und fand heraus, dass sich schon sechsjährige Mädchen für weniger klug halten als Jungs. Die Wissenschaftler:innen hatten den Kindern zuerst eine Geschichte über eine Person vorgelesen, deren Eigenschaft, Probleme zu lösen, als brillant beschrieben wurde. Nach der Geschichte zeigten sie den Kindern Fotos von Männern und Frauen und forderten sie auf, auf die Person zu tippen, von der ihrer Meinung nach erzählt wurde. Die fünfjährigen Kinder wählten noch zur großen Mehrheit Fotos von Personen ihres eigenen Geschlechts, aber die Sechsjährigen schon nicht mehr. Die Jungs tippten weiter fröhlich auf Männerbilder, viele Mädchen, vermutlich weniger fröhlich, aber auch. Nach diesem Test wurden den Kindern zwei Spiele vorgeschlagen, eines für sehr, sehr schlaue Kinder, das andere für Kinder, die sich doll anstrengen. Und wieder war unter allen Fünfjährigen das Spiel für Schlaue der Favorit, wohingegen die Sechsjährigen sich wieder aufteilten – die Jungs wählten weiterhin das Spiel für Schlaue, während die meisten Mädchen das spielen wollten, bei dem sich Mühe gegeben werden musste.

Die Kinder haben sich so verhalten, obwohl es keinen Beweis dafür gibt, dass Jungs schlauer sind; vielmehr hatten die meisten bei der Frage, wer besser in der Schule sei, sogar mit »Mädchen« geantwortet. Und trotzdem scheint den Mädchen in einem Jahr das ganze Selbstbewusstsein verloren gegangen zu sein. Das musste ich erst mal sacken lassen.

Meine Tochter ist jetzt drei, und sie liebt Rosa und Glitzer und Einhörner. Ich kann überall Unmengen an Bürsten, Regenbogenzauberstäben und anderes tolles Spielzeug für sie kaufen. Meine Tochter liebt aber auch Superheldinnen und Superhelden. Ihr Bruder hat ein Buch mit den meisten von ihnen, das sie mit Vorliebe anguckt. Dabei sucht sie immer die Seiten mit den Frauen. Spoiler: Es sind ziemlich wenige Superheldinnen drin. Wenn die Seite mit Wonderwoman kommt, dann freut sie sich. Wegen ihr mag sie schwere Sachen tragen und ruft dabei: »Ich schaffe das, ich habe Superkräfte.« Wenn meine Tochter, die gerade auch gern Penny von Feuerwehrmann Sam ist, im Kino steht und das lebensgroße Wonderwoman-Modell anhimmelt, dann ist das ein sehr rührendes und sehr deutliches Bild, dass Mädchen Identifikationsfiguren mit Fähigkeiten jenseits von Piepsstimme und Hundetragen brauchen.

So kann sie nämlich ein Superheldinnenshirt mit Cape tragen, während sie Regenbogen zaubert und gleich danach ihren Bruder mit den Worten »Komm, wir boxen!« zum Toben herausfordert. Worauf sie eben Bock haben. Bei uns sollen alle so sein können, wie sie wollen.

Und ich bin froh, dass der Mann meine Meinung teilt und nicht schreit: »KREISCH!!!! WIE SIEHST DU DENN AUS?! JETZT WIRST DU SCHWUL!«, wenn der Große ins Wohnzimmer kommt und eine rosa Strumpfhose mit nacktem Oberkörper und einer Trainingsjacke kombiniert hat, sondern ihm begeistert Bilder vom jungen Mick Jagger vor die Nase hält. Wir finden nämlich beide, weder bestimmt Pink eine sexuelle Orientierung, noch werden Mädchen nicht deshalb keinen Mann abkriegen, weil sie gerne mit Stöcken auf Sachen hauen. Jungs und Mädchen, die machen können, was sie wollen, unabhängig von ihrem

Geschlecht, werden fröhliche, geliebte Menschen, die so sind, wie sie sein wollen. Sie werden sich nicht falsch fühlen, weil sie als Jungs Jungs mögen, wenn ihr gefühltes Geschlecht nicht zum biologischen passt oder wenn sie sich als Mädchen gern kloppen. Egal, wie sie sind, sie können sich sicher und geliebt fühlen für genau das, was sie sind.

Und wenn jetzt jemand einwendet, dass dies ein überflüssiges, albernes Ziel ist, dann soll er oder sie den Text bitte noch mal ganz von vorne lesen.

Am liebsten weder Opfer noch Arschloch.
Die Wachsamkeit beim Thema Mobbing.

Beobachte ich meine Kinder, zum Beispiel, wenn ich sie aus der Kita oder der Schule hole und sie mich noch nicht bemerkt haben, möchte ich vier Meter groß werden und ein kuscheliges Fell und einen großen Stacheldrahtzaun haben. Dann würde ich mich so auf sie legen, dass sie noch Luft bekommen, würde den Zaun ausfahren und damit sichergehen, dass niemand ihnen etwas tun kann. Weil sie so klein und so verletzlich wirken und jeden Moment etwas passieren kann, das ihnen wehtut. Körperlich oder im Herzen. Besonders der Große, der ziemlich eigen ist, scheint ein leichtes Opfer zu sein. Wenn er mit rotem Lippenstift und Werder-Bremen-Montur durch das eher HSV-lastige Barmbek geht. Wenn er Dinge haben will, die glitzern oder rosa sind, ertappe ich mich bei dem Gedanken, dass mir lieber wäre, er würde sich nicht zur Zielscheibe machen. Gleichzeitig finde ich mich total beknackt für diese Gedan-

ken. Denn ich will ja überhaupt kein angepasstes »normales« Kind, sondern ein glückliches, und wenn es mit Lippenstift und Werder-Trikot glücklich ist, dann ist es nicht
meine Aufgabe, ihm etwas anderes zum Anziehen hinzulegen, sondern ihn stark für die Kommentare von Idiotin-
nen und Idioten zu machen, die sich daran stören. Deshalb habe ich erst ein einziges Mal etwas nicht erlaubt, was
diese Normalfinder in die Mädchenschublade gepackt hätten, und das war ein Mia-and-me-Schulranzen, von dem
ich wusste, dass er ihn ein paar Monate später nicht mehr
hätte haben wollen, weil es keine neue Staffel mehr geben
und er schon lange eine andere Sau durch sein Spieledorf
treiben würde.

Sonst darf er alles. Natürlich. Wenn er sich etwas
wünscht, zum Beispiel rosa Schlappen, dann sage ich ihm,
es könne sein, dass jemand etwas Beknacktes sagt, und
frage ihn, ob wir uns zusammen eine Antwort überlegen
wollen. Eine Zeit lang haben wir das häufiger gemacht,
und kurz nach seiner Einschulung hat er sogar ganz aufs
»Anderssein« verzichtet. Frage ich ihn jetzt, wenn er mit
Lippenstift und Werder-Bremen-Trikot nach Barmbek
will, ob wir uns einen Spruch überlegen wollen, antwortet
er meistens nur: »Nö, ist mir egal.« Und geht er dann zu
Kindern, die in einem Hinterhof Fußball spielen, spielt mit
und erwidert auf die Frage, warum er sich geschminkt hat,
nur: »Weil ich Lust dazu hatte«, und strahlt dabei etwas
aus, dass sich das Thema für alle erledigt hat, könnte ich
platzen vor Stolz. Trotzdem bleibt die Angst, weil ja ständig irgendwas passiert.

Gleich ein paar Wochen nach der Einschulung etwa hat
dem Großen ein Junge ins Gesicht geboxt. Das berichtete

er mir irgendwann nachmittags. Nachdem er über Stifte (»Gib mal Rot«), Mittagessen (»Gut«) und andere wichtige Dinge gesprochen hatte, erwähnte er beiläufig:

»Ach ja, und ein Junge hat mir ins Gesicht geboxt.«

»????«

»…«

»???«

»…«

Ich war innerlich außer mir. In Gedanken schüttelte ich den Jungen, rief gleichzeitig seine Eltern und die Direktorin an und informierte die internationale Presse. Äußerlich war ich ruhig und fragte nur: »Äh. Und warum?«

»Wir haben auf dem Weg zur Nachmittagsbetreuung ›sanft schubsen‹ gespielt; da hat mich einer geschubst, ich habe ihn angerempelt, und er hat mich geboxt.«

»Der spinnt wohl. Wie geht's dir denn?«

Die Flüssigkeit in meinem Kopf war kurz vor dem Siedepunkt. Ich wollte Strafe und Rache und Schulverweise und alles, was in Zeitungen steht, wenn sich über Helikoptereltern lustig gemacht wird. Und der Große? Dem war die Situation erstaunlich egal:

»Wir haben das geklärt. Er musste zur Direktorin, sich bei mir entschuldigen und ein Bild malen. Wenn ihn jemand anders angerempelt hätte, hätte er den gehauen. Das hatte nichts mit mir zu tun.«

Jetzt war ich schon wieder sprachlos. Hatte mir da gerade mein sechsjähriger Sohn eine Lektion in Konfliktbewältigung erteilt? Ich schämte mich ein bisschen und fand mich ziemlich hilflos. Schließlich hatte ich außer ein bisschen Schnappatmung und unangebrachten Rachegelüsten rein gar nichts zur Lösung beigetragen. Der Mann und ich beratschlagten, und nachdem auch er den gedanklichen und emotionalen Zyklus von Unglaube und Wut durchlaufen hatte, einigten wir uns darauf, dass die Schule die Situation gut gelöst hatte und wir nichts mehr unternehmen wollten. Aber wir wollten, um dem Großen zu signalisieren, dass es für uns nicht okay ist, wenn er geboxt wird, mit der Lehrerin sprechen. Also bin ich am nächsten Tag zu ihr und habe mir von ihr den Sachverhalt schildern lassen und dem Großen noch mal gesagt, dass er die Situation gesund und großartig eingeschätzt hat. Das war's. Danach habe ich ihn noch ein paarmal gefragt, ob alles gut ist, und er verstand die Frage nicht mal mehr. Ist das diese Resilienz, von der alle reden? Das weiß ich nicht so genau. Ich musste nämlich ehrlich gesagt sogar googeln, wie man das überhaupt schreibt.

Bei der nächsten Begebenheit stellte er wieder unter Beweis, was für eine unfassbar coole Sau er ist. Er starrte in der Hortbetreuung ein paar größere Jungs an, und Starren kann er sehr gut, denn Starren ist eines seiner liebsten Hobbys. Das bemerkten auch die Jungs, die ihn daraufhin rumschubsten und ihm sagten, er solle seinen deutschen Blick lassen. Was macht mein Großer? Er geht zu einem Erzieher, berichtet, was passiert ist, der klärt die Situation, die Jungs entschuldigen sich, und alles ist gut. Der Beitrag von Muddi Drust? Wieder mal null Prozent, na ja vielleicht zwölf, weil ich mich sehr ausführlich gefragt habe, wie denn ein deutscher Blick genau gehen soll. Das habe ich mit dem Großen nicht diskutiert, weil er im Gegensatz zu den Schubsjungs das Privileg hat, nicht in solchen Kategorien denken zu müssen, und ich möchte, dass das so bleibt. Allerdings habe ich ihn in den folgenden Tagen nicht in den Hort gebracht, weil aus seiner Klasse niemand dort war und ich nicht wollte, dass er sich nach solch einer Erfahrung allein fühlt. Damit wollte ich ihm zeigen, dass mir sein Gefühlsleben am Herzen liegt und dass ich auf ihn aufpasse. So was versteht er meistens besser als einen langen Vortrag, bei dem sein Blick Kaugummi kaut, es gelangweilt um den Finger wickelt und eigentlich nur fragt: War's das jetzt endlich?

An einem seiner ersten Tage nach unserem persönlichen Deutschblickgate habe ich im Hort eine andere Szene beobachtet: Der Große hatte seine Jacke auf dem Fußballplatz vergessen. Um sie zu holen, hätte er einen langen Weg gehen können oder einen kürzeren; Letzterer genau durch die sehr große Gruppe von Kindern, die gern mal Ärger machen. Was tut er? Geht er um sie herum? Am Arsch, er rennt mittendurch. Ich musste lachen, war stolz und dankbar. Weil ich ihm vertrauen kann und ein gutes Gefühl habe, dass er sich nicht so schnell einschüchtern lässt. Denn so kann ich mich um den nächsten, genauso wichtigen Teil kümmern: dafür zu sorgen, dass er kein Arschloch wird.

Genauso wenig, wie er Opfer werden soll, soll er nämlich Täter sein. Ich möchte nicht, dass er das Ärgern von Schwächeren initiiert oder unterstützt. Situationen, in denen ein anderer Mensch schlecht behandelt wird, kann ich kaum ertragen, und mir ist wichtig, dass meine Kinder in solchen Fällen Stellung beziehen und nicht aus Angst oder fehlender Empathie danebenstehen.

Es gibt Leute, die behaupten: Dass Kinder gemein zueinander sind, ist doch normal. Ja und nein. Auch meine Kinder sind mal kacke und gemein, aber dann ist mir eben wichtig, dass ihnen jemand sagt, dass sie sich kacke und gemein verhalten. Meiner Meinung nach kann Mobbing nur groß werden, wenn es abgetan wird. Wenn fies behandelte Kinder zu hören bekommen, dass solches Verhalten normal ist und dass sie da durchmüssen, ist das doch für die Mobber:innen wie eine herzliche Einladung, mal richtig das Arschloch raushängen zu lassen – ist doch schließlich ganz normal. Da sage ich meinen Kindern lieber immer und immer wieder, dass gemein sein und andere schlecht behandeln eben nicht normal ist. Normal ist, wenn sie allen Menschen freundlich begegnen, egal, wie sie aussehen, woher sie kommen und wie sie reden oder was sie machen. Und dass sie den Menschen, die sich nicht freundlich und tolerant verhalten, das freundlich und deutlich sagen können.

Vor Kurzem war ich mit meinem Sohn und einem Kumpel unterwegs. Wir kamen an ein paar Obdachlosen vorbei, und der Kumpel sagte: »Ich mag die nicht. Die sind blöd«, und guckte uns Zustimmung heischend an. Ich war fassungslos und fragte ihn, ob die Menschen ihm jemals etwas getan oder gesagt hätten, das ihn verletzt hätte. Er verneinte. Ich sagte ihm, dass wir freundlich miteinander sind und dass ich nicht verstehe, warum er etwas Gemeines über sie ablässt.

Er war zwar still, aber ich hatte nicht den Eindruck, dass irgendetwas von dem, das ich erklärt hatte, bei ihm ankam. Vielleicht wusste er schon, dass er sehr bald den nächsten Anschiss kriegen würde.

Ein paar Wochen später waren wir wieder unterwegs. Als uns ein Mann mit Downsyndrom entgegenkam, äffte der Kumpel den Mann nach und lachte ihn aus. Und dafür, dass mir eigentlich die Worte fehlten, habe ich ihn ziemlich rundgemacht. Mit lauter Stimme schimpfte ich, dass es gar nicht geht, sich über Leute lustig zu machen, die nicht so aussehen wie er. Dann habe ich ihn gefragt, wie er es fände, wenn jemand darüber lachen würde, wie er redet, oder darüber, wie er geht oder wie blöd sein Pullover aussieht. Er sagte, das würde er doof finden, und schaltete auf Durchzug. Mein Kopf war ein Dampfkochtopf. Den ganzen Tag überlegte ich, wie ich mit der Situation weiter umgehen sollte. Ich fragte das Internet um Hilfe. Raul Krauthausen hat einen großartigen Text darüber geschrieben, was er sich als Mensch mit Behinderung von Kindern beziehungsweise deren Eltern wünscht. Diese Liste las ich durch, überlegte weiter und kam zu dem Ergebnis, dass die Behinderung des Mannes in diesem Fall nicht das Thema war, sondern das Selbstbewusstsein des Kumpels. Wahrscheinlich braucht er etwas, das er kleinmachen kann, um sich größer zu fühlen. Das können traurigerweise auch Menschen ohne Wohnung, mit vielen Chromosomen oder einer eigenwilligen Frisur sein.

Als ich, immer noch ratlos, mich abends mit dem Mann und dem Großen über die Situation unterhielt und er sich stellvertretend für seinen Kumpel meinen sehr langen Vortrag über das Tolle am Anderssein, über Respekt, gesunde Neugier und so weiter anhören musste und ich schließlich erklärte, dass der Kumpel andere auslacht, weil er sich groß fühlen möchte, sagte mein Sohn nur: »Also ich mag ihn, wie er ist.« Während ich mir verstohlen ein stolzes Tränchen aus dem Auge wischte, sagte der Mann mit ein wenig brüchiger Stimme: »Und es wäre ganz toll, wenn du ihm das mal sagst.« Das sei ihm zu peinlich, antwortete der Große nur. Aber er weiß, worum es geht, und ich habe ziemliches Vertrauen, dass er weder Arsch noch Opfer wird.

Zusätzlich werde ich weiterhin aufmerksam sein und einschreiten, wenn ich das Gefühl habe, bei einem Kinderkonflikt geht es nicht um ein Spielzeug, sondern um Macht und blöde Manipuliererei. Und ich werde meinen Kindern weiterhin Toleranz, Miteinander und gute Laune vorleben. Beziehungsweise sie mir von ihnen abgucken.

Das lese ich aber nicht vor!
Die Abneigung gegen schlimme Kinderbücher.

»Na, Kind, was wollen wir denn heute Abend lesen?«, fragte ich den Großen, als er vielleicht zwei war. Ich warf einen Blick auf sein Bücherregal. Da stand ES. »Bobo Siebenschläfer«. Das Buch, bei dem ich innerlich heftig streite, ob ich den Text oder doch die Bilder schlimmer finden soll. Die Illustrationen machen mich fast wütend, weil sie so staubig und ökig und hingerotzt aussehen, und genauso finde ich den Text. Klar, die Bücher sind schon älter, und kleinste Kinder fühlen sich extrem gut abgeholt. Trotzdem komme ich mir beim Lesen vor wie ein dickes Pferd, das seit Jahren den Acker pflügt und nicht merkt, dass der Bauer schon seit vier Jahren tot ist. Gleiches Tempo, gleiche Bewegung, gleiches alles. Ich möchte aber lieber galoppieren, mal irgendwo ein bisschen Gras essen, einen Vogel ärgern und dem neugierigen Nachbarn ein paar dampfende Äpfel vor die Tür kacken.

Der Mann hingegen, der liebt es, abends beim Vorlesen nicht nachdenken zu müssen, der schafft es, dass er dabei komplett an etwas anderes denkt. Er klingt dann wie

Siri, nur ohne Betonung. Für »Bobo Siebenschläfer« also perfekt. Nur, wenn er irgendetwas liest, das inhaltlich vielleicht doch nicht so eine gute Idee ist, merkt er es eben auch nicht. Als er dem Großen zum Beispiel, vorbereitend auf sein Geschwisterchen, aus »Peter, Ida und Minimum« vorlas und ich aus dem Zimmer monoton vorgetragene Worte hörte wie »harter Penis«, »Scheide« und was man sonst noch anatomisch für Geschwisterchen braucht, kam ich ins Zimmer gefegt wie die Mutter, die den Beischlaf ihres Teenagers verhindern will, nur dass in meinem Fall der Beischlaf aus dem Bilderbuch war. Der Mann hatte wirklich nichts gemerkt, er war auf Vorlese-Autopilot und guckte mich fragend an, bis ich ihn darauf aufmerksam machte, was er da gerade vorlas. Den kannste echt alles vorlesen lassen, selbst diese Bücher, die Disney-Filme nacherzählen.

Ich schaff das nicht. Mir tun die Leute leid, die diese Bücher schreiben mussten, in wahrscheinlich dreißig Minuten, wobei da die Zeit, in der sie sich den Film im Schnelldurchlauf angucken müssen, schon mit drin ist. Das arme Buch und all die bedauernswerten Beteiligten. Das hört sich jetzt bestimmt übertrieben an, aber so klingen für mich auch die Eltern, die kategorisch Plastikspielzeug oder Weizenmehl 405 ablehnen.

Ich glaube, alle Eltern haben irgendwas, das ihnen besonders wichtig ist, und bei mir sind es eben Bücher. Und damit ich jetzt nicht dastehe wie die blöde Meckerziege: Bei »Bobo Siebenschläfer« sind zwar Text und Illustration nicht so mein Ding, aber ich muss zugeben, die Handlung ist realitätsnah. Die Familie unternimmt irgendwas, dann wird Bobo irgendwann nölig, es gibt ein bisschen Geheule, und Bobo schläft ein. Willkommen in meinem Familienleben.

Dagegen sind viele andere Bücher förmlich Anstiftung zu Mommy Wars. Bei Conni und Zeo und wie sie alle heißen, legen die Eltern die Messlatte so hoch; da reich ich nicht mal mit den Fingerspitzen ran, wenn mich Dwayne Johnson per Räuberleiter in die Luft katapultiert. Diese Eltern schimpfen NIE, sie sind NIE genervt, immer fröhlich und in der Lage, alles so gut zu erklären, dass die Kinder gleich beim ersten Mal verstehen und ruhig sind/helfen/schlafen und alles andere tun, was meine Kinder nie sofort machen und wobei ich auch nie so ruhig und fröhlich bleiben kann wie diese säuselnden Strebereltern. Bei uns wird versagt und gestritten und gemeckert und geweint und getobt und gebrüllt und dann aus fröhlichen Gründen getobt, getanzt, rumgehangen und rumgespackt und vieles mehr, was für mich unbedingt auch in eine Kinderbuchwelt hineingehört.

»Finn tobt« zum Beispiel ist ein Buch, von dem ich dachte, es sei so drüber, dass die Kinder das nicht mögen, geschweige denn verstehen könnten. Aber die Kleine liebt es, Finn bei seinem apokalyptischen Wutanfall zuzugucken, der das ganze Haus zerlegt und flutet und die Eltern in ihrer völligen Hilflosigkeit zeigt.

Bei solchen Büchern komme ich gleich mit ins Nachdenken, und das macht mich froh, im Gegensatz zu Geschichten wie: Eine Familie geht zelten. Etwas geht schief. Alle lachen und fahren nach Hause.

Bücher sollen sich meiner Meinung nach viel mehr in den Köpfen umgucken, spielen, toben, Sachen tun, die in echt nicht gehen, rumspinnen eben. Albern sein. Übertreiben. Zu weit gehen. Gern etwas, das im echten Leben vielleicht nicht so gut geht, aber in Büchern. Diese Vorstellung würde jetzt natürlich wieder ein bisschen für Connis Zelturlaub sprechen, denn solche Eltern gibt es im echten Leben eher auch nicht, aber ich meine natürlich das, was ich davor gesagt habe. Ich freue mich über Bücher voller Kreativität und mit viel Quatsch. Weshalb ich damals auch das »Bobo Siebenschläfer«-Buch heimlich unters Regal geschossen habe. Und nicht mal dem Mann habe ich gesagt, wo es steckt, obwohl er das Buch von allen wahrscheinlich am meisten vermisst hat.

Sonst gibt's keinen Nachtisch.
Der Ärger mit dem Essen.

Eine fröhliche Erinnerung an die Zeit, als der Große noch gut gegessen hat, ist ein Abend in einer Tapasbar in Barcelona. Er war fast zwei, saß in seinem Hochstuhl und verspeiste gerade die fünfte Fischkrokette. Wenn ich ihm jetzt mit 'ner Fischkrokette käme, würde er machen, was er immer macht: das Essen wegwinken und dabei so angewidert gucken, als hätte ich ihn gezwungen, einer Möwe die Kacke vom Hintern zu pulen und garniert mit frischen Kräutern vom Finger zu schlecken.

Es fing damit an, dass der Große sich weigerte, etwas zu essen, in dem Stückchen sind. Bald schob er auch Essen weg, dessen Farbe ihm nicht gefiel. Was nicht aalglatt war, sondern vielleicht eine ihm unsympathisch abgebrochene Ecke hatte oder einfach schief beziehungsweise horizontal statt diagonal abgeschnitten war, ebenfalls. Heute würde er sich, wenn er könnte, nur von Toast mit Nussnougatcreme und Hähnchennuggets mit Ketchup ernähren, wobei jeweils so viel Ketchup und Nudossi auf Teller oder Brot sein muss, dass die oben erwähnte Möwe bis mindestens zu den Knien darin stehen könnte.

Im Gegensatz zum Kind haben wir tatsächlich alles probiert. Ich habe ein Kochbuch mit Kindergerichten gekauft und daraus gekocht. Mag er nicht. Aus Gründen. Wir haben alles immer wieder angeboten, vielleicht mag er es ja irgendwann doch. Tut er nicht. Ich war mit ihm einkaufen und habe mit ihm gemeinsam gekocht. Fand er toll, aber nur weil er die Gurke mit einem Samuraimesser schneidet oder weil er weiß, wie man ein Ei trennt, heißt das noch lange nicht, dass er es deshalb auch isst. Er spielt schließlich auch nicht mit dem Lego, wenn er das Set fertig zusammengebaut hat.

Genau genommen aß er nur die Dinge, die ich schrecklich finde. Industriezeug. Wurst, die nur so glatt sein kann, weil es sich um schlimmste Pressmasse von sehr unglücklichen Tieren handelt. Fisch, der in genau gleich große Rechtecke geformt ist, mit überall gleich viel Panade drauf. Kartoffeln nur als Püree, ohne Stücke. Und Gemüse nur roh. Wehe zum Beispiel, bei der Gurke war Joghurtsoße dran, oder – ich hoffe, niemand informiert das Jugendamt – es fanden sich in der Soße Spuren von Dill. Ich weiß nicht genau, was das war mit ihm und den Kräutern, aber selbst das ihm eigentlich grundsympathische Brasilikum (!) kontaminierte bei Kontakt jegliche andere Nahrung. Der einzige Gedanke, der mich aus dieser Kräuterphobie rettete, war: Was er jetzt nicht isst, wird er später vielleicht nicht rauchen.

Beim zweiten Kind war es ähnlich. Als sie sehr klein war, wollte sie immer nur Milch trinken. Zu jeder Mahlzeit saß sie am Tisch, hielt ihren Becher in die Luft und brüllte: »A Mea!« Der Große fragte sie: »Wo wärst du jetzt gern?«; sie wedelte mit ihrem Becher und rief wieder: »Am Mea!« Kurz entspannte sich die Situation, weil wir alle lachen mussten, doch dann ging das Essen weiter. Irgendwann aß sie zum Glück auch Grießbrei, aber sobald wir das winzigste, homöopathischste Portiönchen Obst reingerührt haben, wollte sie lieber wieder Milch. Nur wenn der Brei nach absolut nichts schmeckte, war er lecker. Echt jetzt, gegen diesen Grießbrei sind ungesalzene Reiswaffeln eine Geschmacksexplosion.

Später wurde sie experimentierfreudiger und freute sich manchmal, dass sie das Gleiche aß wie wir. Leider guckte der Große aber, bevor wir uns einen guten Appetit wünschten, in die Schüsseln, rief laut »Iiiihhh« und fasste sich würgend an den Hals. Was nicht unbedingt dazu beitrug, dass seine Schwester die Mahlzeiten für kulinarische Höhepunkte hielt. Will heißen, es blieb immer sehr viel liegen. Das nervte mich aus mehreren Gründen. Zuerst, weil ich mich gefühlt seit vielen Jahren von angelutschter Fleischwurst, Gurkenscheiben ohne den Glitsch in der Mitte (den lutscht die Kleine immer raus) und halb trockenem Toastbrot ernährte. Ich wollte keine Reste mehr essen. Ich will verdammt noch mal keine Reste mehr essen. Und Essen wegschmeißen nervt mich ebenfalls. Das fand ich in acht Jahren tatsächlich erst einmal lustig. Da ließ der Mann nämlich statt Zuckersatan-Vorträgen und Süßigkeiten-Verboten das Argument los, von dem ich dachte, es sei seit Live Aid 1985 ausgestorben, nämlich: »In Afrika hungern die Kinder.« Der Große hat ihn verwirrt angeguckt und sich gefragt, was Afrika damit zu tun hat, dass Brasilikum seine Nudeln verseucht hatte, die er ja wohl auf keinen Fall

mehr essen konnte, während ich vor Lachen unterm Esstisch lag. Wegen des Vergleichs, nicht wegen Afrika.

Inzwischen machen wir es so: immer verschieden. Der
Große stellt sich nicht mehr ganz so an. Manchmal, wenn
wir etwas essen, das er nicht kennt, verkündet er mit be-
deutungsvollem Gesicht, dass er es probieren wird. Ich
bin mir sehr sicher, dass ihn nicht wundern würde, wenn
sich nach der Ankündigung eine Menschentraube vor dem
Haus bilden würde und der Verkehr zum Erliegen käme.
Denn sein Blick besagt, dass er den Couscoussalat mindestens so krass findet wie die Partykotze von Grottenolmen.
Den zu probieren, das braucht richtig Mut. Aber: Immer
häufiger mag er es auch. Die Kleine probiert sowieso öfter
mal. Den Rest der Zeit, das ist die Zeit, in der die Kinder das
Essen eklig finden (und ehrlich gesagt, macht sie den größten Teil aus), versuche ich, mich zu entspannen und mir zu
sagen, dass ich früher auch sehr lange sehr viel Scheiß gegessen habe. Wir kochen nicht mehr extra kinderfreund-
lich; das schaffen in den Augen des Großen ohnehin nur
Ronald McDonald oder die Eistruhe von Ali. Wir bereiten
das Essen für die zu, die das Gericht in der letzten Zuberei-
tungsstufe auch sicher essen. Das sind der Mann und ich.
Die anderen beiden probieren, essen es sehr selten mit,
dürfen es aber nicht mögen und essen dann meistens die
Zutaten in anderer Form. Der Große fischt das Brasilikum
raus, die Kleine mag die Garnelen nicht, manchmal essen
sie eben nur den Reis und ein Stück Gurke oder so. Und viel
öfter als früher habe ich einen unerklärbaren Hunger auf
Hähnchennuggets oder Spaghetti bolognese oder Fisch-
stäbchen mit Kartoffelpüree, was natürlich nur total zufällig die Leibgerichte der beiden sind. Und an den anderen

146

Tagen lache ich über Dialoge wie den hier beim Gemüse-curry-Essen:

»Wie schmeckt es dir, mein Kind?«

»Halbschlecht.«

Das war ein Kompliment. Der Große hat den Bissen auf-gekaut, hinuntergeschluckt und danach nicht sein Kotzge-sicht gemacht.

Wir müssen alle sterben!
Die Überforderung beim Thema Tod.

Weihnachten vor drei Jahren wurde der Große am Tisch plötzlich blass und sagte mit tränenerstickter Stimme: »Wir müssen alle sterben.«

In einem Hollywoodfilm hätte er das gesagt, weil er zu-fällig beim Pokémon-Spielen einen unmenschlich kom-plizierten Code entdeckt hatte und durch eine seltene Chromosomenanomalie lösen konnte. Er enttarnt den außerirdischen Bösewicht, der in achtzehn Stunden einen nahen Planeten sprengen wird, weshalb sechs Stunden später ein interstellarer Tsunami auf unser Sonnensystem zurollt.

Im echten Leben ist es viel schlimmer. Er hat in diesem Moment nämlich realisiert, dass wir alle irgendwann ster-ben müssen. Dass wir wirklich alle weg sein werden. Und dass er keinen Schimmer hat, warum das so ist, geschweige denn, was danach passieren wird. Das Problem ist, ich weiß es auch nicht. Ich glaube an nichts, das mir irgendwie Trost oder die Aussicht auf ein Leben in Saus und Braus

nach dem Tod geben würde. Deshalb kenne ich das Gefühl, das er Weihnachten zum ersten Mal hatte, sehr gut.
Ich hab es auch regelmäßig. Bei mir fühlt sich das an wie
in den Sternenhimmel gucken und sich beim Über-Unend-
lichkeit-Nachdenken plötzlich ganz doll erschrecken. Oder
wie mit vollem Karacho in einen eiskalten Pool springen.

Nur eben in schlimm, weil beim ängstlichen Gedanken
an den Tod immer Menschen sterben, die man liebt. Und
so ging es dem Großen auch. Ich versuchte, ihn zu trösten,
und erzählte ihm, dass es mir auch manchmal so geht und
was ich dann mache: Ich erzähle zum Beispiel dem Mann
alles, was mir Angst gemacht hat, auch Gedanken, die mir
ein bisschen peinlich sind. Wir reden darüber und nehmen
uns so lange in den Arm, bis das ängstliche Gefühl weg ist.
Und ich konnte ihm versichern, dass es bei mir bis jetzt
immer wieder weggegangen ist. Dass ich die Angst, so weit
es geht, wegschiebe, damit ich mehr Platz habe für ein tolles, aufregendes, lustiges und liebevolles Leben mit meiner
Familie. Gerade, WEIL wir irgendwann sterben.

Ein bisschen tat es mir leid, dass ich nicht mit dem trösten konnte, womit Gläubige ihre Kinder trösten. Als die
Oma seiner Freundin starb, war die Freundin gar nicht
traurig, weil sie sicher war, dass die Oma jetzt auf einer
Wolke sitzt und auf sie runterguckt. Dieses Bild hat dem
Großen so gefallen. Aber ich glaub das nun mal nicht,
und ich kann und will nicht lügen. Deshalb sagte ich ihm,
dass viele unterschiedliche Menschen an unterschiedliche
Dinge glauben, zum Beispiel an das mit der Wolke. Oder
dass man als Pflanze wiedergeboren wird. Oder, oder, oder.
Ich besorgte ihm ein Buch über Weltreligionen. Aber das
reichte ihm nicht.

Er fragte: »Gibt es einen Menschen, der alles weiß?«

»Ich glaube nicht. Für manche Leute ist so jemand, der alles weiß, vielleicht Gott.«

»Kann ich den mal fragen?«

»Das wär so was wie beten; das kannst du am besten selber ausprobieren. Aber ich frage mal in der Kirche bei uns um die Ecke, ob die Zeit für dich haben, dann kannst du denen deine Fragen stellen. Die können das besser beantworten als ich.«

Also schrieb ich der nächstgelegenen Kirche eine E-Mail und fragte, ob jemand Zeit hätte, meinem Sohn, der sich viele Gedanken zum Thema Sterben macht, ein paar Fragen zu beantworten. Ich bekam sofort eine nette Antwort und einen Terminvorschlag. Ein paar Wochen später machten der Große und ich uns auf den Weg. Die sympathische Pfarrerin nahm uns mit in die Kirche, erklärte dem Großen alles und smalltalkte mit ihm. Schließlich setzte sie sich mit ihm auf eine Bank und sagte, dass er ja nicht ohne Grund hier sei und dass er ein paar Fragen hätte. Er hatte genau eine:

»Wenn die Menschen ausgestorben sind, kommen dann die Dinos wieder?«

Wirklich! Das war ohne Scheiß das Einzige, was er in diesem Moment wissen wollte. Wenn die Pfarrerin sich jetzt ihr Leben lang über diese hysterische Helikoptermutti lustig macht, die ihrem Kind philosophische Fragen in den Mund zwängt, ist das ihr gutes Recht. Der Augenblick war peinlich. Aber er war auch schön. Weil er gezeigt hat, dass der Große den Schreckmoment vergisst. Genau wie ich ihm gesagt habe, war die Angst weitergezogen, und wir konnten wieder fröhlich sein.

Das hält ihn zwar nicht davon ab, sich regelmäßig wieder zu erschrecken, zum Beispiel, wenn wir rumquatschen, was die Kinder später mal machen, und der Mann oder ich sagen, dass wir zu der Zeit bestimmt schon tot sein werden, dann erwischt ihn die Angst manchmal hinterrücks, und er bittet uns mit großen Augen, schnell über etwas anderes zu reden. Manchmal muss ich dann selbst fast weinen. Aber zum Glück hat er unseren groben Humor geerbt und überwindet die Angst häufig mit fiesen Witzen. Wie vor ein paar Wochen, als wir in unserem Stammcafé saßen und die Besitzerin zur discoverrückten Kleinen sagte: »Und wenn du achtzehn wirst, dann kauft dir der Papa vielleicht eine eigene Disco.« Bevor sie überhaupt irgendetwas antworten konnte, meinte der Große furztrocken: »Na, wenn der dann noch lebt.«

In solchen unängstlichen Momenten lese ich Bücher mit ihm, sachliche Bücher, traurige, fröhliche, alberne, informative. Auch das über Weltreligionen, damit er eine Idee davon bekommt, was Menschen glauben.

Und selbst wenn sich die Pfarrerin aus Eimsbüttel vor Lachen an der Wand abstützen muss: Mein Großer macht sich tatsächlich tolle Gedanken. Zum Beispiel sagt er Dinge wie: »Mein Kumpel und ich sind die Einzigen in der Klasse, die an nichts glauben. Und das mit Gott ist doch wirklich irgendwie komisch, da heißt es: ›Am Anfang war nichts.‹ Aber das kann doch nicht stimmen, weil nichts ist doch schon etwas??!??« Oder er fragt sich beim Abendbrot, während wir Huhn essen, wie eigentlich das erste Huhn auf die Welt gekommen ist. Oder letzte Woche, da fragt er mich:

»Mama, willst du für immer leben?«

»Nein.«

»Nein??? Aber warum nicht?«

»Weil ich nicht glaube, dass das Leben schön ist, wenn

es nie aufhört. Und ich wäre irgendwann ja auch furchtbar alt und könnte nicht mehr so viele Sachen machen.«

»Nee, wenn du so bleiben würdest wie jetzt. Für immer.«

»Dann fänd ich den Gedanken zuerst schön, weil ich das Leben mit euch so schön finde. Aber zuerst ist auch der Gedanke schön, jeden Tag Geburtstag zu haben, und irgendwann kommt es einem vermutlich eher wie eine Strafe vor.«

»Hm.«

»Hm.«

Dass er und seine Schwester irgendwann groß sein werden und uns nicht mehr brauchen, habe ich nicht gesagt. Dass sie irgendwann weiterleben, wenn wir gestorben sind, auch nicht. Das macht mich nämlich traurig. Und ganz furchtbar erschrecken tut es mich auch.

EIN JOB. SO VIELE BAUSTELLEN

Was schaff ich denn schon?
*Die Wut, wenn mit den Kindern das Selbstbewusstsein
schwindet.*

Vor ein paar Jahren saß ich mit einer Freundin zusammen.
Sie hatte in sehr kurzem Abstand zwei Kinder bekommen
und etwas später noch ein drittes hinterher. Ihr Mann war
und ist beruflich die meiste Zeit nicht in derselben Stadt.
Wir sehen uns nicht oft und erzählten uns deshalb, was in
der letzten Zeit passiert war. Sie plante, nach langer Auszeit wegen der Kinder, wieder zu arbeiten, wusste aber
nicht, was. In ihrem bisherigen Beruf war sie so lange nicht
tätig, dass sie befürchtete, nicht wieder reinzukommen,
und auch sonst hatte sie nicht den Eindruck, in den letzten Jahren irgendetwas erreicht zu haben. Wow. Sie war
immer eine meiner Heldinnen gewesen, weil sie, ähnlich
verstrahlt wie ich, ihr Leben mit den drei wunderbar gera-
tenen Kindern lässig und herrlich eigensinnig wuppte. Ich
habe sie bewundert für ihre Unorganisiertheit in der Orga-
nisation, für ihre Kochkünste, für ihre Fotografie und ihre
Neugier. Was war hier denn los?

Dieser tollen Frau haben die Jahre mit ihrer Familie viel
gegeben, aber, wie es aussieht, nicht ausreichend Bestätigung. Diese Situation kommt mir sehr bekannt vor. Klar

merke ich an den Kindern, dass sie dankbar sind, mich brauchen und lieben. Doch wann genau lobt mich denn mal ein Erwachsener? Wann hat das letzte Mal ein Mensch zu mir gesagt: »Toll, wie du das machst. Kinder zu haben ist wirklich viel Arbeit. Du hast heute Morgen beide in Schule und Kita abgeliefert, auf dem Rückweg eingekauft, während der Arbeit Elternvertreter:innen-Mails verschickt, drei Kapitel fürs neue Buch geschrieben, Geburtstagsgeschenke bestellt, mit anderen Eltern Verabredungen ausgemacht, neue Klamotten beschriftet, zwei Arzttermine verlegt und nachmittags mit den Kindern gebacken, sie zum Lachen gebracht, herausgekitzelt, was den Großen gerade ärgert, und der Kleinen einen Gürtel mit Glitzersteinen gebastelt. Das ist beeindruckend.«

Stattdessen heißt es in meinem Fall ungefähr so: Du arbeitest? Ganz schön egoistisch, findest du nicht? Du arbeitest Teilzeit? Ach ja, muss herrlich sein, immer den halben Tag freizuhaben. Du bringst deinen Sohn noch zur Schule? Kein Wunder, dass alle Kinder in Europa so unselbstständig sind. Du bist Elternvertreterin? Bestimmt bist du so ein Kontrollfreak, die den Lehrer:innen auf die Nerven geht. Du backst und bastelst mit deinen Kindern? Wie überambitioniert, die Kinder müssen sich doch auch mal allein beschäftigen. Und dann postest du wohl auch noch Fotos vom Glitzergürtel im Internet und hältst das für deine Arbeit. Und sag mal, haben deine Kinder den ganzen Tag nicht ferngeguckt? Was ist denn mit der Medienkompetenz!! O Mann, was bist du nur für eine Mutter.

Hab ich alles schon mal so gelesen, vielleicht nicht alles persönlich gemeint, aber meistens persönlich genommen.

Und in diesem Klima, in dem viele Menschen meinen,

es besser zu wissen als wir, und keine Sekunde zögern, das rauszuposaunen, sollen wir nicht nur tolle resiliente Menschen für die Gesellschaft vorbereiten, sondern diese Kritik und Besserwisserei auch noch an uns abprallen lassen. Schafft das wer? Also mir fällt das zumindest schwer. Jetzt, beim zweiten Kind, ist mir tatsächlich egaler, was andere Leute »denken« und »besser wissen«, und statt über andere Eltern zu lästern, mache ich lieber klar, dass ich Elternbashing grundsätzlich blöd finde.

Inzwischen sehe ich klarer, was ich leiste, weil ich weniger durch die Brille der anderen, sondern mehr durch meine eigene gucke. Die anspruchsvolle Logistik, all die Dinge, an die ich jeden Tag denken muss. Die gute Laune und den Optimismus, den ich versprühe. Die Sachen, die ich den lieben langen Tag aufhebe. Die Liebe, mit der ich um mich werfe. Ich weiß selber, das ist toll und bewundernswert. Aber wahrscheinlich weiß auch meine Lieblingsband, dass ihre Lieder gut sind, und freut sich trotzdem, wenn jemand auf dem Konzert klatscht. Weil es guttut, gelobt zu werden. Als die Erzieherin vom Großen in das Freundebuch unter der Rubrik »Das hätte ich gern« »Deine Eltern« eintrug, habe ich geweint vor Rührung und Erleichterung. Bis heute gucke ich mir die Seite immer mal wieder an und freue mich so sehr. Zwei Worte, ey!

Ich sauge jedes Lob auf wie ein Schwamm. Als der Große Geburtstag hatte, ich aber eine fiese Mandelentzündung und trotzdem in der Küche einen Pikachu-Kuchen und an der Nähmaschine ein »Beast Quest«-Hemd vorbereitete, sagte der Mann: »Dich hätte ich auch gern als Mutter gehabt.« Und obwohl ich es eigentlich gruselig fand, dass der eigene Mann will, dass ich seine Mutter bin, schluckte ich vor lauter Anerkennungsbrauchigkeit den etwas creepy Beigeschmack hinunter und freute mich einfach nur. Weil Lob so guttut.

Und ich kriege ja schon Bestätigung durch meine Arbeit, wahrscheinlich durch die direkten Reaktionen in den sozialen Netzwerken sogar mehr als Eltern in anderen Berufen. Aber es gibt Eltern, die sind Vollzeit zu Hause und kriegen überhaupt kein Lob für ziemlich nervenaufreibende Arbeit mit unendlich vielen Überstunden und einer sehr schlechten Kantine (Reste). Sie leisten so viel und denken gleichzeitig so schlecht von sich.

Ich hoffe, ich habe damals meiner Freundin ausreichend ins Gewissen geredet. Und ich rufe möglichst oft Eltern, die an mir vorbeihetzen, arbeiten und kochen oder Turnbeutel hinterherbringen, zu: Scheißt auf die Besserwisser:innen! Ihr macht das großartig! Ihr gebt jeden Tag euer Bestes, und statt an euch zu zweifeln, solltet ihr euch lieber so toll finden, wie eure Kinder es tun!

Mein Job ist wichtiger. Meiner auch.

Die Diskussionen um Zeit, Geld und Bedeutung.

Eigentlich funktioniert alles ganz gut. So lange, bis ein Kind krank wird. Dann mutieren wir, eigentlich ein liebendes, humorvolles Paar, zu zwei gnadenlosen Nahkämpfern, die ihre Arbeitszeit verteidigen wie Territorium. Wer bleibt zu Hause? Was gleichbedeutend ist mit: Wer hat den wichtigeren Job?

Leider lautet die Antwort auf Frage eins fast immer

»Ich!«, und demzufolge ist die Antwort auf Frage zwei: »Der Mann!«. So gut wie jedes verschissene Mal. Das liegt daran, dass ich freiberuflich und meistens allein arbeite. Auf mich warten keine Leute in Meetings. Ich habe auch meistens keine Abgaben am selben Tag. Also ist klar, dass ich losfahre und das kotzende Kind aus Schule oder Kita hole. Aber ich bin genervt. Weil es meine Arbeitszeit ist, die mir verloren geht.

Doch der Mann gibt sich Mühe und versucht zu helfen. Er kommt zum Beispiel an Tagen, wenn die Kinder ganz zu Hause sind, für zwei Stunden, damit ich arbeiten kann. Und findet dann, dass wir uns alles gerecht teilen. Das ist der Moment, in dem ich froh bin, dass er nicht Buchhalter oder irgendwas anderes mit Rechnen geworden ist. Weil sein Arbeitstag ja acht Stunden hat und der ganze Tag sogar vierundzwanzig und zwei Stunden im Verhältnis dazu gar nicht die Hälfte sind.

Zu seiner Verteidigung muss ich sagen, dass meine Arbeit häufig nicht aussieht, wie die meisten sich Arbeit vorstellen. Ich sitze rum, manchmal stricke ich oder mache Hausarbeit. Ich gehe spazieren. Alles, damit ich besser denken kann und bessere Texte schreibe. Von außen sieht es leider aus wie freizeitähnliches Verhalten. Im Vergleich zu jemandem, der manchmal einen Schlips trägt, Vorträge hält und Millionenetats betreut, macht das nicht viel her. Außerdem findet der Mann, dass ich ohnehin schon meinen Traumjob mache und dass deshalb nur gerecht ist, wenn er seine eher broterwerbige Arbeit so machen kann, wie es eben sein muss. Das finde ich wiederum blöd, weil ich vielleicht meinen Traumjob mache, aber zu SEINEN Bedingungen. Wenn er länger arbeitet oder ein paar Tage geschäftsreisen muss, ist völlig klar, dass ich mit den Kindern zu Hause bleibe. Habe ich mal einen Termin, muss ich abklären, ob das mit seinen Plänen kollidiert. Ist das so, sagt er mir nicht »Upsi, lass mal gucken, wie wir das hinkriegen«, sondern: »DAS GEHT NICHT.« Fühle ich mich da als Teil einer gleichberechtigten Partnerschaft oder wie eine Nanny? Und ja, die Frage war rhetorisch.

Sagt der Mann in diesen Diskussionen schließlich, er könnte ja auch kündigen und ich müsste mal den Hauptteil verdienen, antworte ich das 234. Mal, dass ich genau das nicht will: Nicht einer oder eine soll allein Geld verdienen, sondern wir sollen uns alles mehr teilen. Dadurch wird mein Job automatisch wichtiger, und der Mann wird wichtiger zu Hause. Je mehr beide alles machen, das glaube ich ganz fest, desto mehr werden wir auch in Krisensituationen eher ein lustiges Paar als gnadenlose Nahkämpfer sein können. Dem stimmen wir beide uneingeschränkt zu. Und zwar genau so lange, bis die Kita anruft.

Weniger Geld für eventuell mehr Zeit.
Das Risiko des neuen Jobs.

Der Mann will tatsächlich kündigen. Er hat das Angebot bekommen, seinen Traumjob zu machen. Den ich ja seiner Meinung nach schon lange mache, während er »die Knochen hinhält«. Meine Anmerkung, dass meine Arbeit nur rund um seine beruflichen Befindlichkeiten stattfinden kann, interessiert seine Knochen eher wenig. Sei's drum, nur weil ich mich im echten Leben wiederhole, muss ich es im Buch ja nicht auch noch machen.

Das Gute: Er kann Marketingchef beim FC St. Pauli werden, den er seit Jahrzehnten verehrt und anfeuert. Das Schlechte: Er müsste dafür auf ziemlich viel Gehalt verzichten. Was wiederum für mich bedeuten würde: mehr Werbejobs und weniger Zeit fürs unbezahlte Schreiben, weil ich eben mehr Geld verdienen müsste. Darüber hinaus wäre ich, so der Mann, weiterhin genauso viel für die Kinder verantwortlich, weil er nicht nur eine normale Vollzeitstelle hätte, sondern auch an den Spieltagen am Wochenende zu Terminen müsste.

Ich sollte also mehr (manchmal eher unsupere) Jobs machen und hätte dafür einen Mann, der im Zweifel noch weniger zu Hause ist? Hört sich für mich nach einem Spitzendeal an. Nicht?

Und überhaupt: Hatte er wirklich gesagt, er hält die Knochen hin? Und was mache ich? Füße hoch und zwischendurch mal ein bisschen was Tolles tippen? Wer kümmert sich denn um die kranken Kinder, wenn er bei der Arbeit ist? Wer holt sie aus der Kita? Wer geht mit ihnen zum Arzt und alles andere? Wer verabredet sie? Wer sorgt dafür, dass sie was zum Anziehen haben oder Geburtstagsgeschenke? Ich bin so sauer. Außerdem habe ich nicht das Gefühl, dass er jeden Tag traurig zur Arbeit geht; im Gegenteil, er ist oft genug so glücklich über seinen Job, dass ich neidisch werde, weil er anderes erlebt als Kinder.

Herrjemine, sind in dieser Zeit die Fetzen geflogen. Bei den Diskussionen kam ich mir oft schäbig vor, weil ich den Mann mit meinen Forderungen und Anmerkungen davon abhielt, seinem Traumjob zuzusagen. Aber ich wusste, ein Job zu diesen Konditionen würde bedeuten, dass wir uns immer, immer weiter streiten würden.

Wir überlegten hin und her, zusammen und allein. Ich habe klar gesagt, dass die Bedingungen für mich nicht gut sind und ich mir wünsche, dass er zwei Tage die Woche nachmittags die Kinder aus Kita und Schule holt, damit ich zwei volle Tage arbeiten kann. Einen dritten Tag könnte ein Babysitter machen. Wir rechneten herum und einigten uns auf eine Summe, die ich verdienen müsste, damit wir klarkommen. So müsste es gehen. Irgendwann in diesen Tagen sah ich auf YouTube das Video von Fabian Bolls Abschied, bei dem Thees Ulmann auf dem Rasen »Das hier ist Fußball« singt, und mir wurde einiges klar. St. Pauli ist wirklich die einzige Möglichkeit. Vor allem für den Mann. Denn jetzt echt mal: Wo wir nun endlich abgekaspert hatten, wie es funktionieren könnte, musste er diesen Job einfach annehmen. Selbst wenn er ihn nach einem halben Jahr blöd finden würde, hätte er es ausprobiert. Statt also auf dem Sterbebett die verpasste Gelegenheit zu bedauern, könnte er seiner aufopfernden, schönen, lustigen Frau danken.

Der Mann nahm also den Job an, und die erste Zeit hatten wir den Salat. Ich war davon ausgegangen, dass er automatisch mehr in der Familie übernimmt, weil ich ja auch mehr arbeite. Er sah aber viele Dinge nicht, weil ich sie so lange selbstverständlich gemacht hatte. Wenn die Kinder sich stritten oder wegen irgendetwas aufgebracht waren, zum Beispiel, schritt er selten von sich aus ein; nicht weil er der Überzeugung war, dass sie das allein regeln könnten, sondern weil der Artikel im Internet gerade so spannend war. Und weil ich mich vorher um so etwas gekümmert hatte.

Aber statt ihm vorzuwerfen, dass er wartet, bis ich mich kümmere, habe ich ihn in einem Stimmungsspektrum von freundlich bis extrem angepisst immer wieder darauf hingewiesen, dass ein Kind weint oder Hilfe braucht oder was auch immer anlag. Die Konfliktsituationen waren nicht mehr automatisch meine Baustelle. Herrlich! Darüber hinaus habe ich bei der Planung des Kindergeburtstages gestreikt und mich auch sonst nicht mehr automatisch um alles gekümmert.

Das war für alle eine ziemliche Umstellung, mit viel Streit und Diskussionen, mit Vorwürfen und Aufwiegen, wer denn jetzt mehr macht. Inzwischen ist es viel besser: Wir essen so gut wie jeden Abend zusammen Abendbrot, was wir alle sehr lieben. Der Mann übernimmt nicht nur zwei Nachmittage die Kinder, er nimmt sie auch mal mit zur Arbeit, wenn es nicht anders geht; wir teilen uns die Kranktage so auf, dass es tatsächlich für alle gerecht ist. Mein Mann schmeißt den Laden genauso wie ich. Mit Fehlern und guter Laune. WAS FÜR EINE ERLEICHTERUNG! WIE NOCH VIEL TOLLER ICH DEN MANN JETZT FINDE! Und wie toll er das jetzt findet. Er hat realisiert, wie sehr er mich in den ersten Jahren mit dem Großen allein gelassen hat, und hat sich dafür entschuldigt. Er sieht, wie viel Arbeit ich in die Familie stecke, und wertschätzt das sehr. Er guckt sich viel von mir ab und ich mir von ihm, und wir sind so viel mehr Freunde als Feinde – und überhaupt ist viel mehr Friede, Freude, Eierkuchen bei uns zu Hause, seit der Mann den neuen Job hat.

Ich sage es noch mal: St. Pauli ist die einzige Möglichkeit.

Lieber Job, wenn ich dich nicht hätte …

Die Ode an die Arbeit.

Ich habe diese Geschichte im Kapitel mit dem Döner bereits angedeutet: Als der Große ein kleines Baby war und der Mann bei seinem damaligen Arbeitgeber nach Elternzeit fragte, antwortete ihm ein Kollege, dass seiner Meinung nach Elternzeit nicht zu einem Geschäftsführer passe, weil es das Commitment zur Firma »mit einem Fragezeichen« versehen würde. Und dass er sich gefreut habe, als ein anderer werdender Vater von selbst darauf gekommen sei. GEFREUT!

Das ist sieben Jahre her, und ich weiß noch, wie ich damals vor Wut geheult habe. Weil der Kollege mit dieser Mail auf rücksichtslose Weise den Mann von seinem Kind und mich vom Arbeitsmarkt fernhalten wollte. Für ihn gingen Familie und Beruf nicht zusammen, genau wie für viele andere. Was dazu führt, dass meistens Frauen kleine Teilzeitjobs machen, die gern mal abstellgleisig öde und schlecht bezahlt sind, während die Männer die gut bezahlten, einflussreichen Jobs für sich behalten. Ich fand und finde diese Einstellung unfassbar unreflektiert, reaktionär und sexistisch. Zu diesem Zeitpunkt hatte in der betreffenden Agentur meines Wissens noch kein Vater Elternzeit genommen und sich in diesem Klima vermutlich auch schneller mal geklemmt als dafür gekämpft. Wie der Mann zum Beispiel. Deshalb war ich nach zwei Wochen mit dem Großen komplett allein und hatte keine Möglichkeit, mich ruhig an die neue Extremsituation zu gewöhnen. Vielen Dank auch, Herr »Kollege«, dass du vermutlich noch mehr Familien als nur uns die erste Kennenlernzeit genauso versaut hast wie mir einen entspannten Wiedereinstieg in den Job.

An dieser Stelle möchte ich darauf hinweisen, dass ich natürlich nicht wie dieser Kollege drauf bin und eben nicht meine, alle sollten ihr Leben so leben wie wir. Ich kann durchaus verstehen, dass viele von der Doppelbelastung überfordert sind, gerade wenn sie einen Job haben, der eher Broterwerb als Selbstverwirklichung ist. Wer die klassische Verteilung leben möchte, sollte nur fairerweise die Altersvorsorge für die zu Hause bleibende Person regeln.

Mein Job ist für mich Geldverdienen UND Selbstverwirklichung, und deshalb bin ich auch besonders wütend, wenn Leute behaupten, es war schon immer so und sollte auch so bleiben, dass Kinderkriegen bedeutet, der Mann macht weiter wie vorher, und die Frau muss plötzlich leben wie 1950, nur mit Spülmaschine.

Mir ist meine Arbeit zu wichtig, um mir das gefallen zu lassen. Dies hier ist das dritte Buch, das ich schreibe, ich bekomme regelmäßig Aufträge als Werbetexterin und trage so viel zum Familieneinkommen bei, dass der Mann seinen (schlechter bezahlten) Traumjob machen kann. Das macht mich stolz. Das ist ein Stolz, den ich mir nicht nehmen lassen möchte von alten Männern, die aus Angst um ihren Einfluss die Küchentür von außen abschließen wollen. Denn dass es verdammt lange so war, bedeutet ja nicht automatisch, dass es auch gut war.

Inzwischen gibt es zum Glück schon mehr Leute, die flexibler denken. Ich habe Auftraggeber:innen, denen nicht wichtig ist, dass ich von 9 bis 23 Uhr in der Agentur sitze, sondern nur, dass meine Texte gut sind und zum verabredeten Zeitpunkt abgeliefert werden. Die sind nicht genervt, weil meine Kinder krank werden, sondern beeindruckt, wenn ich die Texte TROTZDEM pünktlich abgebe. Dieses positive Feedback für meine Arbeit macht mich auf eine andere Art glücklich als Kinderküsse mit zu viel Spucke. Die sind Anerkennung fürs Herz. Aber ich brauche auch Anerkennung für meinen Kopf. Deshalb macht es mich fröhlich und stolz und gibt mir Selbstbewusstsein, wenn eine Agentur einen Pitch gewinnt, für den ich die Texte geschrieben habe. Oder wenn ich schnell ein Post auf die Facebook-Seite von Nestlé hacke und das viral geht. Oder wenn eine Agentur in einem Seminar einen meiner Texte als Beispiel für gutes Schreiben nimmt. Oder wenn ich noch ein Buch schreiben darf.

Wenn ich all das nicht hätte, dann wäre ich nicht halb so glücklich und selbstbewusst, dann könnten der Mann und ich uns das Geldverdienen nicht entspannt aufteilen, dann hätten wir uns nicht so viel zu erzählen. Der Betonkopf-Kollege hatte also in unserem Fall so was von unrecht. Das kann er daran merken, dass ich mit viel beruflichem Commitment ein Buch über mein privates Commitment für meine Familie geschrieben habe. Und jetzt kann er sich sein Commitment und sein Fragezeichen nehmen und sich beides sonst wohin stecken!

Ihr könnt mich alle mal.
Die Absage an die Vereinbarkeit.

Ich pfeife wieder aus dem letzten Loch. Schade, dass ich immer noch keine Flöte bin, sondern wieder mal eine Mutter, die total im Arsch ist. Ständig werde ich krank, kann aber nicht lange krank sein, weil ich arbeiten will und muss. Und in meinen derzeitigen Jobs muss ich auch noch mit den Auftraggebern diskutieren, die wollen, dass ich schreibe, Intuition für Kinder zu haben, sei Müttersache, statt, wie von mir vorgeschlagen, Elternsache.

Paradoxer kann es nicht werden, oder? Durch meine Arbeit trage ich zum Familieneinkommen bei, muss aber bei dieser Arbeit dafür sorgen, dass ich als Mutter weiterhin für mehr verantwortlich bin als der Vater. Ich schwöre, ich habe versucht, aus der Müttersache eine Elternsache zu machen, aber es ist mir nicht gelungen. Leider erstaunt mich das weder beruflich noch privat.

Müssen die Kinder krank abgeholt werden oder ist irgendwas Organisatorisches, werde eher ich angerufen. Den Satz »Ein Kind braucht seinen Vater« verbinden leider noch viel zu viele Leute mit Fahrradfahren lernen, Autos reparieren und schnitzen; aber wenn eine Mutter das Pendant hört, dann geht es um Kümmern, um Kochen, um Trösten und den ganzen Rest. Bin ich abends allein und eventuell betrunken unterwegs, werde ich zögernd gefragt, wo denn die Kinder seien, während mein Mann problemlos tagelang auf Geschäftsreise fahren und sich abends Gin Tonics in den Kopf schrauben kann, dort aber niemand wissen will, wer sich denn in der Zwischenzeit um die Kinder kümmert.

Manchmal, wenn ich eine Anfrage bekomme und sage, dass ich Kinder habe, finden die Leute sogar, dass ich so total das Beste für meine Kinder bin, dass sie mich gar nicht buchen, sondern lieber eine kinderlose Frau oder einen Mann, der eine Frau hat, die sich um die Kinder kümmert.

Manchmal kommt deshalb Qualm aus meiner Nase, und ich möchte rufen: »Wisst ihr was? Macht euren Scheiß doch alleine.«

Manchmal möchte ich sogar noch weiter gehen und irgendwas in Brand stecken, zum Beispiel, als der Mann mich vor ungefähr zwei Jahren auf einer Autofahrt ganz nebenbei fragte, ob ich nicht noch mehr Geld für die Familie verdienen könnte. Er hat immer Angst, dass das Geld nicht reicht, er ist Sicherheitsfanatiker. Ich hingegen war auf hundertachtzig und hatte Angst, dass sich eine geladene Schusswaffe in Reichweite befand.

Echt mal. Ich verdiente mit meiner Teilzeitbeschäftigung schon relativ viel dazu. Darüber hinaus war ich es, die dem Großen spontan viel Rumdaddelzeit zu Hause ermöglichte, damit er sich als neues Schulkind nicht verloren fühlte. Und so ist es bis heute: Wenn der Große einzelne Tage schulfrei hat, machen wir beide meistens Buddytime. Sind die Kinder krank, bleibe meistens ich mit ihnen zu Hause, gern auch mal einen Tag länger. Das alles mache ich, weil ich möchte, dass die Kinder sich sicher und geborgen und gesehen und geliebt fühlen. Aber ich erwarte von meinem Mann auch, dass er das sieht und sich aus Anerkennung und Dankbarkeit die Frage nach mehr Geld einfach mal spart. Deshalb habe ich ihm, nachdem meine Nase aufgehört hatte zu qualmen, mitgeteilt, dass er, wenn er wirklich fünfzig Prozent der Erziehungsarbeit leistet, gern mit mehr Geld von mir rechnen kann.

Erst war er beleidigt. Inzwischen teilen wir uns alles tatsächlich viel mehr, sodass ich nicht mehr sauer wäre, würde er noch mal fragen. Allerdings habe ich lieber weniger Geld und dafür mehr Zeit und Spaß. Ich arbeite deshalb, wenn möglich, nicht in Jobs, bei denen ich vor Ort sein muss, weil dann grundsätzlich irgendjemand von uns krank wird. Das ist ein Faktor, der mich sehr stresst und den ich dank verständnisvoller, flexibler Auftraggeber:innen meistens vermeiden kann. Überhaupt hat sich da in letzter Zeit einiges getan. Ich hatte vor ein paar Monaten zum Beispiel ein Meeting, zu dem ich den Großen mitbringen musste, und der Agenturchef hatte extra für ihn Schokobrötchen eingekauft. Das fanden alle super!

Es ist mir übrigens völlig klar, dass mein Beruf eine Luxussituation ist. Manche können nicht weniger oder anders arbeiten, als sie es tun. Es gibt tausend Gründe. Aber könnten sie vielleicht privat für Entlastung sorgen? Kann die Partnerin oder der Partner mehr übernehmen? Wenn das nicht geht, sind eventuell Nachbarn oder Freunde da?

Weil ich mehr freie Zeit habe, mache ich nämlich auch mehr. Ich übernehme zum Beispiel seit Jahren in Kita und/oder Schule die Elternvertretung. An schulfreien Tagen kann der Große Kinder aus seiner Klasse einladen, erst recht, wenn die Eltern arbeiten müssen. Wir können nach Schulschluss entspannt Kinder mitnehmen, deren Eltern etwas dazwischengekommen ist oder die ein schlechtes Gewissen haben, wenn ihre Kinder häufig im Hort sein müssen. Wir können Kinder von Alleinerziehenden häufiger bei uns übernachten lassen. Ich mag Elternsolidarität. Das macht es allen Beteiligten leichter. So kann die Mutter eines Kumpels vom Großen mehr arbeiten, und so spielen bei meiner Mandelentzündung die Kinder den Rest des

Tages bei den Nachbarn. Es ist ein gutes, beruhigendes Gefühl, eben nicht alles allein schaffen zu müssen.

Aber bei aller Solidarität sollten wir nicht vergessen, uns zu beschweren. Weil insbesondere Alleinerziehende viel zu oft allein gelassen werden. Es ist eine verdammte Scheißungerechtigkeit, dass sie von Staat und Gesellschaft schlecht behandelt werden, und es ist ein Wunder, dass nicht noch viel mehr Eltern, insbesondere Frauen, streiken und/oder kollabieren. Wir müssen fordern! Auch und gerade wir Eltern, die mehr Zeit und Kraft haben als zum Beispiel Alleinerziehende. Weil sich leider selten etwas verändert, wenn es in den Augen der anderen doch läuft. Und wenn jemand findet, wir sollen aufhören zu heulen, weil wir uns das mit den Kindern doch so ausgesucht haben, dann sollten wir so laut zurückschreien, dass die Haare wehen: »Wir haben uns die Kinder ausgesucht, aber verdammt noch mal nicht diese Begleitumstände.«

LIEBE IN ZEITEN VON TRITRATRULLALA

Du hast doch gestern geduscht!
Die Fassungslosigkeit über den Egoismus des Mannes.

Der Mann und ich können uns beide etwas rausnehmen. Bei mir sind es meistens Gegenstände, wie Milch aus dem Kühlschrank oder Schlüssel aus meiner Tasche, wohingegen der Mann sich prima etwas viel Besseres rausnehmen kann, nämlich genau das, was er gerade braucht zum Fröhlichsein.

Wenn wir morgens aufwachen, zum Beispiel, die Kinder aber noch zwischen uns schlafen, dann kann meine Blase sich anfühlen wie eine Wasserbombe, ganz kurz bevor sie auf dem Boden aufklatscht, aber ich bleibe trotzdem ruhig liegen, weil ich die Kinder nicht wecken will. Und während ich mich also kaum bewege und mit verkniffener Miene alte Rückbildungsübungen wiederhole, schmeißt der Mann die Bettdecke beiseite und stampft so laut zum Klo, dass die Kinder spätestens von der Spülung aufwachen. Und wirklich jedes Mal, wenn er zurück ins Bett getrampelt kommt, fällt er aus allen Wolken, weil alle wach sind.

Es wäre gemein, zu behaupten, er sei immer so, oft nimmt er Rücksicht und duscht zum Beispiel extra unten, damit wir noch länger schlafen können. Aber dann macht oder sagt er etwas, das seine guten Taten schnell und unkompliziert zunichtemacht. So wie eines Morgens, als er etwas äußerte, das ich gleich als gute Überschrift für dieses Kapitel speicherte. Wir waren zeitlich etwas knapp dran, und ich merkte an, dass ich noch ins Bad müsste, worauf er wirklich und wahrhaftig erstaunt feststellte: »Aber du hast doch gestern geduscht!« Selbst wenn nur gemeint war, dass es dann zeitlich noch knapper werden würde, und ich tatsächlich häufig nur jeden zweiten Tag dusche, verstand ich: »Was bildest du dir denn ein, Frau? Ich sitze hier und rieche gut, aber dass du das jetzt auch forderst, ist eine bodenlose Frechheit. Was willst du als Nächstes? Wählen?«

Zu allem Überdruss ist es aber nicht nur so, dass der Mann sich prima alles rausnehmen kann, er pickt sich dabei noch die Rosinen raus. Als eines Abends der Große nicht schlafen wollte und alle naselang wieder bei uns im Wohnzimmer stand, machte der Mann so lange unauffällig gar nichts, bis ICH mit dem Großen sprach (zugegeben, ein bisschen meckerte ich auch), woraufhin der Große ins Bett ging.

Danach machte ich den Mann darauf aufmerksam: »Ich wäre wirklich froh, wenn du auch mal was sagen würdest.«

Seine Rosinenantwort: »Aber das Rummeckern ist mir so zuwider.«

Meine Sarkasmusantwort: »Was für ein Glück! Weil ich mir schon mittags die Hände reibe beim Gedanken daran, abends wieder zur Hexe mutieren zu können. Genau genommen suche ich schon vorm Abholen vergnügt nach Gründen rumzukeifen, Fernsehen zu verbieten und auch sonst so kacke zu sein, dass die Kinder auf jeden Fall dich lieber haben.«

Fest steht also, dass der Mann prima an sich denken

kann, während ich meine Schwierigkeiten damit habe. Dabei würde mir das An-mich-Denken ziemlich gut stehen. Ich wäre ausgeschlafener, faltenfreier und vermutlich auch besser angezogen, wenn ich nicht meistens die Kinder an die erste Stelle setzen würde. Dass ich das mache, bedeutete für den Mann sehr oft automatisch: Yeah! Füße hoch! Die Frau bringt die Kinder ja ohnehin ins Bett/meckert/ plant den Kindergeburtstag und vieles mehr.

Er konnte sich lange darauf verlassen, dass ich diese Aufgaben übernahm, genau wie darauf, dass ich meinen Unmut nicht kundtat, sondern die Wut langsam in mir köcheln ließ wie eine eklige Soße aus Enttäuschung, Hilflosigkeit und Jetzterstrecht, die ich, sobald sie überkochte, über ihm auskippte. Eigentlich wollte ich, dass er von selbst daraufkommt, die Kinder ins Bett zu bringen/zu meckern/ den Kindergeburtstag zu planen etc. Aber wir sind nun mal eine ungünstige Mischung. Er wurde als Kind ziemlich verwöhnt, ich eher dazu erzogen, mich zurückzunehmen. Wir haben beide als Kinder und Erwachsene kaum bis gar keine Paare in unserer Umgebung gehabt, die wirklich gleichberechtigt lebten. Mein Vater hat, auch als meine Mutter exakt den gleichen Job machte wie er, überhaupt nicht im Haushalt geholfen. Der Mann und ich haben uns vor den Kindern leider nicht überlegt, wie wir uns aufteilen wollen, wenn wir Eltern sind. Wir sind davon ausgegangen, dass sich das von allein entwickelt. Und obwohl wir beide Eltern mit gleichen Rechten und Pflichten sein wollten, steckten wir bis zu den Knien in altmodischen Lebensmodellen. Das klingt jetzt zwar uncool, und ich fänd es toller zu schreiben, dass wir das gleich von Beginn total raus hatten, aber das wäre gelogen und genauso wenig hilfreich wie ein Artikel darüber, in dem ich den Mann ein bisschen lustig als Trottel darstelle, und danach (allein) weitermache wie vorher. Wir hatten also biografisch und charakterlich eine Menge auszugleichen.

Was konnten wir tun, um die Egoismus-Schieflage zu korrigieren? Der Mann tat schon eine Menge, die er mir aber verschwieg, weil er mir nicht aufs Brot schmieren wollte, dass er bereits Verabredungen, Termine etc. absagte, damit er so viel Familienzeit wie möglich hatte. Wie ich. Darüber hinaus musste ich aber deutlicher sagen, was ich wollte und brauchte. Das ist besonders schwierig, da ich gern mal ohne vorheriges Aushandeln zurückstecke, während er seine Bedürfnisse nicht nur besser wahrnimmt, sondern sie sich auch noch zügig erfüllt. Deshalb kommen wir regelmäßig an Punkte, an denen ich vor Wut platzen könnte, weil er so selbstverständlich sein Ding macht, wie ich selbstverständlich alles absage. Wenn ich das Gefühl habe, ich war in letzter Zeit viel unterwegs, dann knicke ich oft Verabredungen, obwohl ich noch nicht mal besprochen habe, ob das ginge und der Mann nie was dagegen sagen würde (außer vielleicht, ich will morgens duschen). Denn wenn er sich viele seiner Bedürfnisse einfach erfüllt, geht er für sich davon aus, dass ich das genauso mache. Ich bin aber eben die Zurückstecktype, erwarte, dass er mehr von selbst sieht und gefälligst auf so viel wie ich verzichtet. Wie gesagt, eine vermutlich klassische und ziemlich beschissene Mischung.

Das äußert sich immer wieder. Der Mann hatte sich, als die Kinder zwei und sechs waren, mit Freunden, die er Jahre nicht gesehen hatte, in Barcelona verabredet. Ich litt zu dieser Zeit unter unangenehmen Herzrhythmusstörungen und bekam Panik, weil die Ursachen noch unbekannt waren. Natürlich wollte ich ihm den Urlaub nicht versauen, aber eigentlich wollte ich, dass er zu Hause bleibt. Deshalb sagte ich: »Ich will dich nicht von deinem Urlaub abhalten.« Ich meinte allerdings: »Ich habe Angst, allein mit den Kindern hierzubleiben, weil ich mir vorstelle, dass ich einen Infarkt kriege und die Kinder weinend neben meiner Leiche sitzen. Und außerdem merke ich gerade, dass ich irgendwann sterben muss, und deshalb habe ich noch mal doppelt und dreifach Schiss!« Was ich nicht sagte, würde der Mann hoffentlich trotzdem hören.

Klappte aber nicht. Der Mann sprang auf, rief: »Okay, tschüss«, schnappte seinen Koffer und reiste nach Barcelona.

Was war jetzt beschissener? Dass er fuhr oder dass ich nicht gesagt habe, er solle dableiben?

Ich war unsicher. Ich wollte nicht, dass er sich ändert, aber ich wollte auch nicht das Gefühl haben, der Depp vom Dienst zu sein. Deshalb entschied ich mich zu üben, klar zu sagen, was ich will und brauche. Das klappte ganz gut.

Was leider erschwerend hinzukam, sofern man in diesem Kontext davon sprechen kann, war, dass ich viel mehr Zeit mit den Kindern verbrachte und vieles schneller ging, wenn ich es erledigte. Das hatte sich eingeschlichen, und deshalb hat der Mann vieles, was ich automatisch gemacht habe, nicht gesehen. So konnte es passieren, dass er sich morgens duschte und in aller Seelenruhe anzog, während ich die Kinder weckte, mit Sonnencreme eincremte, ankleidete, Frühstück machte und die Spülmaschine ausräumte. Und dann kam der Mann in die Küche, teilte mir stolz mit, dass er neue Seife ins Bad gestellt hatte, und erwartete, dass die Wolken sich vom Himmel saugten, um

Platz für einen glitzernden Riesenthron zu machen, auf dem er sitzen darf, während ihm seine Lieblingsband ein Ständchen spielt.

Aber bei aller Lustigmacher- und Motzerei – es wird bei uns tatsächlich besser. Was uns geholfen hat, war Klartext reden, darüber, wie es ihm und mir geht, wie viel wir verzichten oder leisten und brauchen. Ich mache nicht mehr alles automatisch im Alleingang, sondern wir verteilen die Aufgaben. Er hat meinen Wissensvorsprung aufgeholt und kennt die Ärzte der Kinder, weiß, welche Größe sie gerade tragen (also die Kinder), wie Erzieher und Lehrer heißen und alles andere auch. Gerade zum Beispiel liege ich in einer Hängematte in einem Hotel und schreibe dieses Buch fertig, während der Mann vier Tage Job und Kinder allein wuppt. Und ich habe ihm eben am Telefon berichtet, dass ich mich vermutlich das erste Mal so fühle wie er sich auf Geschäftsreise. Ich freue mich, wenn wir facetimen, aber den Rest der Zeit bin ich einfach allein hier und schreibe, ohne Hintergedanken an zu Hause. Dass wir so lange geredet und gefordert und verhandelt haben, bis wir beide alles machen, ist für mich eine der größten Errungenschaften unserer Ehe. Und bevor ich jetzt sentimental werde, gehe ich lieber noch mal duschen. Das zweite Mal heute.

Wie geht's dir eigentlich?
Die Sehnsucht nach dem Partner.

»Kannst du noch Ibus mitbringen?«

»Mach ich.«

»Kann Mads heute mit zu uns? Eventuell mit übernachten?«

»Meinetwegen. Nehme ich ihn gleich aus der Schule mit?«

»Ja. Warst du schon einkaufen? Er braucht noch eine Zahnbürste.«

So sehen die Nachrichten aus, die der Mann und ich uns schicken. Seit fast acht Jahren. Es geht um einkaufen, irgendwo pünktlich auftauchen müssen, Schichten übernehmen, an Gummistiefel, Ausflüge und so viel anderes denken. Ich lehne mich nicht zu weit aus dem Fenster, wenn ich behaupte, dass mindestens sechzig Prozent aller Familien Logistik beherrschen wie ein Weltkonzern, bei Alleinerziehenden sind es mit Sicherheit neunzig. Nicht, dass ich große Lust dazu hätte, denn all diese Sachen im Kopf zu behalten, ist ein bisschen so, als wenn ich meinen Internetbrowser mit 435 Tabs offen habe. Außerdem besteht die einzige Liebe in den meisten unserer Nachrichten aus Emoticons, die wir uns hastig zwischendurch schicken. Das finde ich schön und kacke gleichzeitig.

Denn genau wie unsere Nachrichten sieht ein Großteil der Zeit auch unser Alltag aus. Morgens Kinder fertig machen und frühstücken und alle bitte pünktlich los. Tagsüber Kita, Schule und arbeiten. Spätestens nachmittags klären wir per Telefon, wer wann wie abholt, wer verabredet ist und wann wo abgeholt werden muss, was fürs

Abendbrot fehlt und andere hocherotische Feinheiten der Tagesgestaltung. Noch aufregender wird es, wenn was dazwischenkommt, weil zum Beispiel ein Kind krank ist oder ein Job doch früher fertig sein muss. Abends sind wir endlich alle auf einem Haufen, und beim Essen versuchen der Mann und ich, uns zu erzählen, was am Tag passiert ist. Was schwierig ist, weil die Kinder noch gar nicht das 342. Mal »Pikachu« gerufen und sich gestritten haben, wie sich dieser Ruf richtig anhört. Außerdem ist ihnen natürlich am Tag auch viel passiert, und wir freuen uns, dass sie davon berichten wollen. Genau deshalb ist uns das gemeinsame Abendessen ja so wichtig.

Nach dem Essen wird noch etwas geguckt (der Große) beziehungsweise gelesen (beide) und dann ins Bett gebracht. Bis die Kinder schlafen, ist es meistens 21 Uhr, und wir schimmeln uns auf die Couch. Wir gucken irgendwas, unterhalten uns ein bisschen und machen uns zeitig auf ins Bett, wo wir noch lesen, aber meistens nach einer halben Seite einschlafen. Seit Jahren.

Als die Kleine noch ziemlich klein war, hatten wir mal einen Babysitter am Sonntagnachmittag. Auf unserem kinderlosen Spaziergang fragte ich den Mann: »Wie geht's dir eigentlich?« – und erschrak. Weil ich es trotz zweimal telefonieren und ungefähr fünf Nachrichten täglich gar nicht richtig wusste. Und auch jetzt habe ich an manchen Tagen keinen Schimmer, ob den Mann gerade etwas beschäftigt, außer an den Ausflugsrucksack zu denken. Gut, dass ich so emotional bin und regelmäßig Phasen habe, in denen ich stark an mir zweifle oder mich bestimmte Nachrichten umhauen; dann liege ich nämlich im Bett und weine, er fragt mich, was los ist, und wir sind quasi gezwungen, uns zu unterhalten. In diesen Momenten können die Kinder plötzlich doch allein spielen, und wir liegen rum und erzählen uns unsere Gedanken der letzten Zeit. Das macht mich glücklich, selbst wenn ich gerade eigentlich so traurig war. Weil es sich anfühlt, als wären wir zwei Punkte auf einer Landkarte, die langsam wieder zu einem werden. Und feststellen, dass sie genau an diesem Punkt, an dem sie sich treffen, auch sein wollen.

Das machen wir viel zu selten, und jedes Mal habe ich ein bisschen Angst, ob wir es wieder schaffen. Weil es realistisch gesehen so ist, dass der Alltag ganz schön an der Liebe scheuert und die durch die Abnutzung ja nicht zwangsläufig größer wird. Aber wie sehr ich mir es auch vornehme, dass wir mehr gute Zeit miteinander verbringen müssen, so selten bekomme ich das im Alltag hin. Ich bin so müde. Und ich bin so froh, meinen Kopf nach einem typischen Logistiktag auf Stand-by schalten zu dürfen. Da passt nichts mehr rein.

Dabei vermisse ich ihn und uns oft. Heute Morgen zum Beispiel haben wir uns gefragt, was wir mit dem Fernseher machen, den wir aus dem Schlafzimmer geworfen haben. Der Mann meinte, dass den ja der Große irgendwann haben könnte. Nachdem ich den »Ein Fernseher im Kinderzimmer? NIEMALS!«-Gedanken aus mir herausempört hatte, fand ich die Vorstellung, dass er sich mit seiner Schwester in seinem Zimmer einmuckelt und irgendwas guckt, verlockend, weil der Mann und ich mehr Raum bekommen würden. Machen wir trotzdem nicht, aber ich freue mich schon sehr darauf, wieder mehr Leerlaufzeit mit ihm zu haben. Wenn wir mehr Kopf zum Denken und Lesen haben, uns wieder mehr austauschen und Gedanken rumwerfen können und sich das nicht anfühlt wie eine zusätzliche Last, sondern wie eine Beziehung zwischen zwei

Menschen, die sich lieben und schätzen und neugierig aufeinander sind. Zum Beispiel fahre ich gern mit ihm Auto. Die Kinder schlafen oder schauen aus dem Fenster oder aufs Tablet, und wir reden und reden und reden.

In meiner Einschätzung war, abgesehen von der Elternzeit bei der Kleinen, die beste Zeit für unsere Beziehung, seit wir Kinder haben, die, in der wir zwei Babysitter hatten und tatsächlich einmal die Woche gemeinsam ausgegangen sind. Da hatte diese gemeinsame Freizeit ohne Kinder etwas Normales; der Druck, etwas besonders Cooles machen zu müssen, fiel weg. Wir hatten Zeit, einfach nur ein Paar zu sein. Wir haben viel geredet, waren viel selbstverständlicher miteinander, und durch den Abstand vom Alltag konnten wir beide gut sehen, was der andere leistet. Das kriegen wir, wenn die Wochentage uns verschlingen, oft nicht hin, und werden sauer aufeinander, weil jeder denkt, er oder sie erledigt mehr Aufgaben und die werden auch noch für selbstverständlich genommen.

Und auf einmal kommt alles zusammen: Ich fühle mich im Stich gelassen, weil der Mann so viel Arbeit hat, und er fühlt sich nicht gesehen, weil er trotzdem so viel macht, und wir haben so lange nicht geredet, dass wir gar nicht mehr wissen, was in dem anderen vorgeht. Bis unter die Schädeldecke sind wir voll mit Gedanken, die wir teilen wollen und müssen, damit wir wieder merken, dass wir uns so wichtig sind, dass uns die Angst vor den politischen Entwicklungen in der Welt gerade ganz kirre macht, aber dass diese Angst kleiner wird, wenn wir sie teilen, und dass wir eigentlich das Gleiche wollen, nämlich fröhlich sein, zusammen sein und uns lieb haben.

Dann löst sich dieser ganze Sumpf aus Abholzeiten, Kindergeburtstagen, Schulzahnärzten und leeren Milchtüten in Wohlgefallen auf, und es ist wieder Liebe da. Es lohnt sich, sie regelmäßig auszugraben. Und doch bin ich dankbar, dass es eben nicht immer sein muss. Dass es okay ist, wenn wir müde sind und nichts anderes schaffen als ferngucken. Oder dass ich oft lieber mit der ganzen Familie als nur mit ihm rumhänge. Weil die Kinder das irgendwann nicht mehr wollen und wir dann ja noch Zeit haben. Bis dahin danke ich meinen Krisen und meinem Mann, mit dem ich fest verabredet bin, in circa fünf Jahren wieder mehr Paar zu sein.

Der Mann, das dritte Kind.
Das Rumärgern mit einem partiell unerwachsenen Mann.

Aus dem Wohnzimmer kommt wütendes Gebrüll. Ich kann nicht genau hören, um was es geht; es klingt wie »Aber du blablabla« und dann eine beleidigte Zurückanschuldigung. Also gehe ich hinein. Der Große und der Mann streiten sich. Als ich die beiden fragend angucke, ruft einer von ihnen: »Ich hab nichts gemacht.«

Es war der Mann.

Er hat auch in seinen eher höheren Lebensjahren nichts von seinem, äh, sagen wir, Temperament eingebüßt. Das ist eigentlich gut, weil es zeigt, dass er noch lebt und brillant meckernden Menschen das Maul stopfen kann. Als sich letztens eine alte unfreundliche, verbitterte Dame beim Bäcker vorgedrängelt hat zum Beispiel, da hat er, als die Frau ihn grimmig anguckte, nicht nach Luft geschnappt und etwas Ähnliches wie gar nichts gesagt, sondern er hat die Frau angeguckt, freundlich gelächelt und gemeint: »Ach, gehen Sie ruhig vor, dann sind Sie auch wieder schneller in Ihrem trostlosen Leben.«

Oder als es der auf jugendlich gestylten Mittfünfzigerin zu lange dauerte, wie die Kleine Geldstücke in den Parkautomaten steckte, da sagte der Mann einfach nur scheißfreundlich: »Kommt, Kinder, lasst die OMA mal vor.«

In solchen Situationen liebe ich, dass er so impulsiv ist.

Aber es gibt auch die anderen Momente. Zum Beispiel, wenn der Große mit seinen zwei Kumpels im Hof spielt, und zwar ihr Lieblingsspiel »Drei ist einer zu viel«, und weinend nach Hause kommt, weil er gerade dran ist mit Ausgeschlossenwerden. Zur tröstenden Umarmung bekommt er vom Mann gratis obendrauf eine aufgebrachte Pöbelei inklusive Schimpfwörtern. Und erst nachdem ich mich sehr lange frage, ob Sechsjährige wirklich schon Bartwuchs haben können, merke ich, dass es tatsächlich der Mann war, der gerade Freundschaften kündigte und von Geburtstagen auslud.

Ist ja irgendwie liebenswert, wenn er wütet, weil seiner Familie unrecht getan wird. Allerdings sind zwei von der Sorte tatsächlich ein bisschen anstrengend. Vater und Sohn haben ein relativ identisches Drama- und Ausflipppotenzial. Wenn es brenzlig wird bei uns, weil der Große wegen irgendwas sauer ist und einen Ausraster als Ventil für die angestaute Wut braucht, dann schreit er rum, knallt Türen, findet, wir sind Scheißeltern, und knallt alle Türen noch mindestens viermal; ich bin in diesen Situationen sehr konzentriert damit beschäftigt, ruhig zu bleiben und abzuwarten, bis der Sturm sich gelegt hat. Das schaffe ich inzwischen sehr gut. Die Zündschnur meines Mannes ist um einiges kürzer. Dann bin ich nicht nur damit beschäftigt, die Ruhe zu bewahren, obwohl ich innerlich auch stinksauer oder genervt bin, sondern ich muss auch noch den Mann davon abhalten, zu schreien oder unkontrolliert Sachen zu verbieten. Rein rechnerisch dürfte der Große zum Beispiel eigentlich erst an seinem zweiundfünfzigsten Geburtstag wieder fernsehen.

Während ich also versuche, auf zwei Wutköpfe eine beruhigende Wirkung auszuüben, träume ich mich in ein Café oder ein Schwimmbad oder meinetwegen auch eine viel befahrene Kreuzung, Hauptsache weg. Weil mich das sehr stresst. Aber warum eigentlich? Warum fühle ich mich verantwortlich für die Reaktionen eines erwachsenen Mannes? Das ist doch eigentlich sein Ding, oder? Der Große hat ja nicht mich und meinen Klon als Eltern, sondern mich und den Mann, der eben genau wie der Große gern mal ausflippt. Ich könnte mich doch einfach aus der Streitsituation zurückziehen. Leider regt es mich aber zu sehr auf, wenn jemand aus Wut Dinge sagt, nur um sie loszuwerden. Ich nehme das Gesagte ernst, deshalb sage ich auch eher weniger gemeines Zeug, sondern erst mal gar nichts, und danach schmolle ich, das dafür aber zu lange. Wenn also der Mann und der Große längst wieder Best Buddies sind und über Furzwitze lachen, sitze ich immer noch da und bin beleidigt. Auch nicht gut.

Wo ich gerade so selbstkritisch unterwegs bin, kann ich auch gleich mal überlegen, wie ich mir die perfekte Streitsituation vorstelle. Also realistisch. Wir werden niemals die Familie sein, in der Ressentiments ruhig und sachlich ausdiskutiert und weggeschmust werden. Deshalb mache ich dem Mann folgendes Angebot: Er kann meinetwegen manchmal rumbrüllen, aber dann eben Vokale oder was von Sepultura. Zweite Bedingung: keine bescheuerten

Strafen. Erstens finde ich die blöd, zweitens ziehen wir die ohnehin nie durch, und drittens habe ich Angst, dass er irgendwann auch uns Medienverbot bis zur Rente mit siebenundsechzig aufdrückt.

Mit dieser Lösung können der Mann und ich gut leben. Den Großen kann ich nicht fragen, der flippt nämlich gerade aus. Er hat das Foto von seinem Kumpel aus dem Freundebuch gerissen und dabei geschworen, dass er nie wieder mit ihm spielen wird. Sauer war er allerdings nicht wegen der Streiterei, sondern weil ich ihn gefragt habe, ob es nicht komisch ist, dass er noch die zerrissenen Seiten in der Hand hat, aber zu ihm rüber will.

Der Mann kann die Wut total nachvollziehen.

Und wenn er recht hat?

Die Angst, dass der Mann es besser macht.

Während ich wütend und genervt bin und schmollend mit Absicht zu lange im Bad brauche, höre ich den Mann mit den Kindern lachen. Es ist noch vor dem Frühstück, und die drei spielen irgendein ausgedachtes Spiel und haben dabei eine Riesenmütze Spaß. Ich vermute grummelig, dass das Schulbrot noch nicht geschmiert ist und die Kinder gleich bestimmt zwei Gläser Saft erlaubt bekommen und dass es jetzt überhaupt kein gutes Signal für den Großen ist, eitel Sonnenschein zu veranstalten, obwohl er uns gerade angebrüllt und gemeine Sachen gesagt hat. In meiner riesigen Gedankenblase frage ich mich, wie der Große denn bitte merken soll, dass er sich nicht richtig verhalten hat, wenn der Mann nur einmal nebenbei brummt, dass das vielleicht »nicht so ganz okay« war, und jetzt mit ihm Fußball im Wohnzimmer spielt. Mit dem harten Ball. Und nicht nur das; der Mann mimt begleitend noch den begeisterten Kommentator, eine Rolle, die mich schon nach zwei Minuten brutal nervt. Weil es ein Wunder ist, dass der Große einem nicht vorher ein Blatt mit dem vorgefertigten Kommentatorentext überreicht, inklusive genauen Anweisungen bezüglich Betonung, Outfit und Standposition.

Warum kriegt der Mann das alles immer problemlos hin? Er ist morgens so gut wie nie müde, obwohl er nachts fast immer wegen der Kinder aufsteht. Stattdessen singt er und ist laut und lebhaft. Er mag toben. Er mag Wiederholungen. Er mag Rumschreien. Ich mag meistens lieber stille Sachen. Basteln und malen und denken. Denken. Ich denke viel mehr als der Mann. So wie heute Morgen, wenn der Große uns anbrüllt, weil er findet, wir sind voll die Scheißeltern, und er lieber andere haben will. In solchen Situationen überlege ich sehr lange, welche Reaktion schlau ist, damit er verinnerlicht, dass sein Verhalten mich kränkt. Eine Reaktion, durch die er auch langfristig versteht, dass Leute anschreien und beleidigen kein guter Weg ist. Während ich also überlege, wie viel Konsequenz und welche Art der Ansprache angebracht wären, ist der Mann einfach, wie er ist. Mal schreit er zurück, mal, wie heute, prallt das Gesagte an ihm ab, und er konstatiert, dass er das nicht gut findet, um dann zur Tagesordnung überzugehen. Während also der Rest der Familie schon lange wieder fröhlich und freundlich miteinander ist, sitze ich noch in meiner Grübelgrummelwelt und frage mich, ob mein Verhalten schlau oder eventuell eher ein bisschen blöd ist.

Ich glaube, beides. Und um die richtige Ansprache für das richtige Kind zu finden, um mein Verhalten zu hinterfragen und herauszufinden, was in dieser Situation das Beste ist, will und muss ich viel denken und abwägen oder auch mal lesen. Und ich werde dann halt mal wütend auf den Mann, weil er das meiner Meinung nach zu wenig tut. Weil es mich nervt, dass ich meistens für diese zeit- und energieraubende Kommunikation zuständig bin, die natürlich auf der Kinderbeliebtheitsskala sehr weit nach Torwarttraining inklusive ekstatischem Kommentator kommt.

Aber blöd ist diese viele Denkerei und Schmollerei auch, denn sie raubt mir oft überflüssig viel Zeit. Zeit, die der Mann viel besser nutzt, weil er eben nicht so viel rumgrübelt – und nicht so nachtragend ist wie ich. Dann werde ich manchmal leider schon wieder wütend, weil er die Situation meiner Meinung nach nicht ausreichend klärt. Vor allem werde ich neidisch, dass er sich nicht so lange mit negativen Gefühlen rumschlägt. Denn genau genommen müssen wir gar nicht lange rumdiskutieren und erklären. Die Kinder sind auch jetzt schon freundliche, fröhliche Superwesen. Und schon übermorgen werden sie ausgezogen sein, da muss ich doch wirklich nicht aus jeder (Anbrüll-)Mücke einen Elefanten machen.

Der Mann nimmt vieles leichter, und von dieser Leichtigkeit könnte ich mir gut eine Scheibe abschneiden. Wenn er im Gegenzug eine Scheibe von meinem Konfliktklärengagement nimmt. Ob das klappt? Mal ja, mal nein. Ist immer alles von Persönlichkeit sowie Tagesform aller Beteiligten abhängig.

Ich habe auf jeden Fall vor Kurzem geschafft, amüsiert zu sein, als der Mann zu wenig nachdachte. Er hatte den

Großen und dessen Kumpel abgeholt, als im Radio ein Lied lief, in dessen Text »Shut the fuck up« vorkam. Die Jungs wollten wissen, was das heißt, berichtete mir der Große fröhlich, und auf meine Frage, wie der Mann das übersetzt hat, antwortete er wahrheitsgetreu: »Halt deine Scheißfresse.«

Alter! Da muss man doch dran denken!
Die Romantik eines Ehevertrages.

Ich bin freie Autorin und Mutter. Ich habe zwei Bücher geschrieben und arbeite viel als Werbetexterin. Die Anwältin hat gesagt, sie finde meinen Output tüchtig. Das klingt so viel besser als mein Gejammer, dass ich schon wieder nicht geschafft habe, was ich mir vorgenommen hatte – sowohl im Job als auch mit den Kindern. Das klingt fast ein bisschen erfolgreich. Aber der Eindruck trügt leider, besonders in finanzieller Hinsicht.

Ich arbeite nämlich überwiegend Teilzeit und kümmere mich ebenfalls überwiegend um unsere Kinder. Der Mann hat einen Vollzeitjob und bringt meistens das meiste Geld nach Hause. Was wichtig ist: Ich habe mich mit Absicht für meine Arbeitsweise entschieden. Weil ich meine Kinder nachmittags sehen will, auch wenn das bedeutet, dass ich seit Jahren weniger Zeit habe, meiner bezahlten Beschäftigung nachzugehen.

Es hat sehr lange gedauert, bis ich diese Rolle akzeptieren und mich in sie hineinfinden konnte. Erst hatte ich Probleme mit dem Selbstverständnis, Halbtagsmuddi zu sein, und dann habe ich Existenzangst bekommen: Was ist, wenn der Mann und ich uns trennen? Wer entschädigt mich für diese verlorene Arbeitszeit? Und für die mir durch die Lappen gegangenen Karriereschritte? Inzwischen sind die meisten meiner damaligen Praktikanten Kreativdirektoren. Zwei meiner ehemaligen Kollegen sind Deutschlandchefs großer Agenturen. Ich hingegen kriege Post von der Rentenversicherung und freue mich schon, wenn ich später nur alle zwei Tage Pfandflaschen sammeln muss.

Das wollte ich so nicht und setzte mich deshalb mit dem Mann zusammen, um Sicherheiten zu fordern. Ich war gerade mit der Kleinen schwanger und dieses »In guten wie in schlechten Zeiten« war ja prinzipiell toll, aber einen Esstisch konnte ich damit im Scheidungsfall nicht bezahlen. Ich wollte einen Vertrag oder so was. Ich wollte Sicherheit fürs Alter, und zwar genauso viel Sicherheit wie er. Er war erst mal totbeleidigt. Was ich denn von ihm denken würde, meckerte er. Er ließe uns doch nie im Leben im Stich, ganz egal, was passieren würde. Das glaube ich jetzt gerade ja auch; aber das haben andere auch schon gedacht, die jetzt ihren Expartner am liebsten ausgeweidet und aufgespießt an einem prominenten Ort sehen würden. Zum Glück beruhigte der Mann sich schnell, wir überlegten ein bisschen rum und machten einen Termin bei der oben erwähnten Anwältin. Sie konnte das mit dem Aufspießen bestätigen, oft und besonders für die, die vorher alles rosarot gesehen hatten, und klärte uns auf, was rechtlich passieren würde, falls wir uns trennen sollten.

Als Erstes wäre da der Versorgungsausgleich, der sich um alles kümmert, was private und gesetzliche Rentenansprüche betrifft. Hier wird zusammengerechnet, was an Rentenversicherungen existiert, und dann gerecht geteilt, ganz gleich, auf wen die Versicherung läuft oder wer die Beiträge bezahlt hat. Zudem gibt es noch den Zugewinnausgleich, der immer dann zum Tragen kommt, wenn kein Ehevertrag existiert. Danach gilt: Alles, was einem vor der Ehe gehört hat, gehört einem auch danach, aber alles Vermögen, das während der Ehe entstanden ist, wird geteilt. Wenn also das Vermögen vor der Ehe gleich verteilt ist, einer nicht vielleicht mit einer Arztpraxis oder irgendetwas anderem Teurem selbstständig ist, dann ist das gesetzlich ganz gut geregelt, sodass gar nicht unbedingt ein Ehevertrag nötig ist. Wie bei uns. Was das anging, waren wir eigentlich gut aufgestellt. Was allerdings nicht so super war: Als Besitzer unserer gemeinsamen Wohnung steht er allein im Grundbuch. Das heißt, er könnte mich im Trennungsfall einfach rauswerfen; ich könnte mir mit dem Geld, das ich dann zur Verfügung hätte, vielleicht weder eine Wohnung in unserem Viertel noch eine neue Einrichtung leisten. Die Kinder müssten die Schule wechseln, Hobbys aufgeben, Urlaube wären nicht mehr drin. Alles in allem wäre das eine Arschkarte so groß wie Niedersachsen.

Und dabei ist das noch nicht die größte der Scheidungsarschkarten, schließlich gibt es noch das Unterhaltsrecht. Das besagt nämlich, dass die Unterhaltszahlungspflichtigen, meistens also die Männer, nur so lange Betreuungsunterhalt bezahlen müssen, bis das jüngste Kind drei Jahre alt ist. Ab diesem Alter sollen nach dem neuen Recht auch die betreuenden Personen, meistens also die Mütter, Vollzeit arbeiten gehen. Damit soll gewährleistet werden, dass die, die Unterhalt zahlen, nicht so lange Verpflichtungen haben, und dass die, die Unterhalt bekommen, von vornherein motiviert sind, für sich selbst zu sorgen. Wir leben ja schließlich im 21. Jahrhundert. Grundsätzlich finde ich das modern, fair und realistisch. Ehen halten eben nicht mehr so lange, inzwischen lässt man sich eher mal scheiden, und klar sollten emanzipierte Frauen einen Beruf und Selbstständigkeit haben wollen. Will ich ja auch. Aber diese Begründung macht mich gleichzeitig unglaublich wütend. Plötzlich spielt Emanzipation eine Rolle? Bevor sich ein Paar mit Kindern trennt, geht sie doch auch allen am Arsch vorbei.

Als die Kinder kamen, habe ich aus jeder Ecke gehört, dass sie die Mutter am dringendsten brauchen. Es war bei den meisten völlig klar, dass ich länger zu Hause bleibe als der Mann. Wenn ich ohne Kinder unterwegs war, wurde ich gleich gefragt, wo sie denn seien. Schätzt mal, wie häufig dem Mann das passiert ist. Als er Elternzeit nehmen wollte, war die Emanzipation anscheinend auch gerade Bier holen. Ob das denn wirklich sein müsse? Ob er nicht wüsste, dass das ab einer bestimmten Hierarchiestufe nicht so gern gesehen wird (das war natürlich sehr unangreifbar zwischen den Zeilen formuliert worden). Einer seiner Geschäftsführungskollegen hat ihm ohne Scheiß erklärt, dass man solch einen Job eben nur machen kann, wenn die Frau zu Hause bleibt.

Das Thema Emanzipation im Sinne von Gleichberechtigung hat in Deutschland nicht viel verloren. Das Betreuungsgeld wird eingeführt, es gibt Geld für zu Hause betreute Kinder, aber keinen Betrag, der die Pflegearbeit wertschätzt, geschweige denn fürs Alter vorsorgt, sondern einen Betrag, der für mich rüberkommt, als würde einem ein dicker ekliger Onkel aus der CSU mit einem wohlwollenden Nicken gönnerhaft ein Taschengeld zustecken. Und das Ehegattensplitting, das Paare belohnt, die sehr ungleich verdienen und so zu einer gleichberechtigten Arbeitssituation motivieren wie eine Couch mit Sitzheizung und Netflix, wenn man eigentlich joggen will.

Fassen wir noch mal zusammen. Vor der Trennung sollen wir Familien mal alle schön so machen wie früher. Ist doch auch praktisch. Wir Mütter beschweren uns nicht, wir schaffen unfassbar viel weg und fordern unfassbar wenig. Und kaum eine von uns fragt sich, was im Fall einer Scheidung oder Trennung passieren würde. Manche finden es unromantisch, solche Fragen zu stellen, und die meisten können sich nicht vorstellen, dass ihr Partner oder ihre Partnerin sie so verarschen würde, dass sie sich später ihr Essen von der Tafel holen müssen oder die Klassenreise für die Kinder nur stattfinden kann, wenn der Schulverein zubuttert. Leute, ihr spielt Lotto, weil ihr euch vorstellen könnt zu gewinnen, aber eine Scheidungsrate von fünfzig Prozent bringt euch nicht zum Nachdenken? Ich glaube ja auch nicht, dass der Mann und ich uns jemals trennen, und wenn, dass wir das dann nicht respektvoll über die Bühne kriegen würden, aber weiß ich's?

Deshalb finde ich, Paaren sollte entweder bei der Hochzeit oder wenn sie Kinder kriegen, also an Punkten, an denen selbst die modernsten Menschen wieder in antiquierte Verhaltensmuster verfallen, Folgendes gesagt werden: »Liebe Leute, bis jetzt habt ihr vielleicht gleichberechtigt gelebt und jede und jeder eigenes Geld verdient, aber jetzt, da ihr Kinder habt, wird sehr wahrscheinlich alles anders. Einer, meistens die Frau, wird jetzt zu Hause bleiben und ist mehr auf das Geld der anderen Person angewiesen. Wahrscheinlich länger als das erste Jahr, weil dann jemand von euch, meistens die Frau, in Teilzeit geht und deshalb weniger verdient, seltener befördert oder gar nicht erst eingestellt wird. Und selbst wenn der Vater sich gern mehr einbringen würde, kann das für Probleme mit dem Arbeitgeber sorgen. Ihr beide könnt oft nicht anders, manchmal wollt ihr nicht, aber es muss euch klar sein, dass ihr beide im selben Boot sitzt und Verantwortung füreinander übernehmen müsst. Wenn ihr Mütter also jetzt lange zu Hause bleibt und euch um die Kinder kümmert, dann ist das für den Moment schön, kann fürs Alter aber ziemlich prekär werden. Fordert eure Zukunft, Mütter. Findet eine Lösung, die euch absichert. Die Politik, die Gesellschaft und häufig leider auch die Partner haben kein Interesse daran, weil wir alle so unglaublich praktisch und leistungsfähig sind, wie wir leider besonders an den Alleinerziehenden sehen müssen. Steuerlich werden sie wie Stiefkinder behandelt, und die unterhaltsversäumenden Expartner werden häufig überhaupt nicht belangt und können fröhlich das Geld für ihre neuen Familien verwenden, das die Alleinerziehenden neben der häufig alleinigen Verantwortung für die Kinder ebenfalls allein verdienen müssen. Mir geht das Messer in der Tasche auf.

Also, ihr Väter und Ehemänner: Wenn ihr eure Familien liebt und nicht zulassen wollt, dass eure Frauen später eure Kinder allein großziehen und Pfandflaschen sammeln müssen, während ihr mit neuer Partnerin und Kindern auf Mallorca Sonnenbrillen aufprobiert, dann sorgt ihr gefälligst mit dafür, dass es euch jetzt und in der Zukunft gleich gut geht.

Der Mann und ich haben einen notariell beglaubigten Vertrag geschlossen, der festlegt, dass die Person, die zum Trennungszeitpunkt mehr Geld verdient, länger Betreuungsunterhalt zahlt als gesetzlich vorgesehen. Das bedeutet in unserem Fall statt der gesetzlich festgelegten drei Jahre, die bei uns jetzt schon durch wären, bis zum sechzehnten Geburtstag des jüngsten Kindes. Außerdem darf, Grundbuch my ass, derjenige, der die Kinder betreut, mit ihnen in der Wohnung leben. Und falls ich diejenige bin, die Betreuungsunterhalt bekommt, kann der Mann mich nicht in eine Festanstellung zwingen. Für diesen wundervollen Vorschlag male ich übrigens der Rechtsanwältin auf jedes beschlagene Fenster ein Herzchen.

Ich bin dankbar für diesen Vertrag. So können wir gewährleisten, dass sich für keinen von uns im Trennungsfall mehr ändert als nötig und es so wenig Streit wie möglich gibt. Auch und besonders für die Kinder. Und wenn ich jetzt weiter in Teilzeit arbeite, würde es bedeuten, dass sich im Scheidungsfall meine Arschkarte um ein Vielfaches verkleinert. Den Rest der Karte bringe ich selbst zum Schrumpfen, und das halte ich aus vielen Gründen für eine gute Idee. Ich arbeite in Teilzeit, aber trotzdem ziemlich viel, ich netzwerke und bekomme dafür Bestätigung, Anerkennung und Geld. Das trägt zu unserem Familieneinkommen sowie zu meiner Sicherheit bei, auch allein klarzukommen.

Dieser Vertrag hat uns rund fünfzehnhundert Euro gekostet und richtet sich nach dem Wert, der verhandelt wird. Noch lieber wäre mir gewesen, wenn wir den Grundbucheintrag geändert hätten, aber das war tatsächlich so viel teurer, dass wir uns dagegen entschieden haben. Will heißen: Wenn ihr Eigentum erwerbt, lasst euch gleich beide eintragen, das erspart euch Geld und Ärger.

Und zum Abschluss sei allen, die an dieser Stelle jetzt immer noch rufen: »Aber es ist doch voll unromantisch, sich jetzt schon Gedanken über Trennung zu machen!«, Folgendes gesagt: Die Geburten meiner Kinder oder die Familienmagendarmgrippen waren auch nicht hollywoodreif, und wenn ich auf dem Klo entdecke, dass ein Kind nicht gespült hat, kriege ich auch aus den falschen Gründen glasige Augen. Unser Leben hat kaum was mit Romantik zu tun, aber sehr viel mit Liebe. Liebe bedeutet, füreinander da zu sein und Verantwortung zu übernehmen. Für die Partnerin. Für den Partner. Für die Familie. Genau genommen ist dieser Vertrag eine der größten Liebeserklärungen, die mein Mann und ich uns haben machen können. Jetzt müssen wir nur noch dafür sorgen, dass wir ihn nie brauchen werden.

Danke, Mann.
Das Glück über einen Mann, der sich nicht drückt.

»Der schönste Tag war unsere Hochzeit. Nein, der, als du mir den Antrag gemacht hast.«
»Da war ich total besoffen.«

Und auch zehn Jahre später muss ich sagen: Den Mann schwer angetrunken zu fragen, ob er mich heiraten möchte, war eine meiner besten Ideen. Auch wenn ich damals ehrlich gesagt nicht begriffen habe, was das so bedeutet: zusammen alt werden. Jetzt, nach zwei Kindern, Falten (ich) und grauen Haaren (der Mann) und Augenärzten, die mir was von Gleitsicht erzählen, stelle ich fest: Verdammt, wir werden tatsächlich alt. Zum Glück zusammen. Denn ich finde mittlerweile, dass glücklich alt werden mindestens genauso wichtig ist wie eine ausschweifende Jugend. Ich habe erstens früher für meine Verhältnisse so auf die Kacke gehauen, dass ich mich jetzt nicht um Lebenszeit betrogen fühle, und zweitens so oft gemerkt, dass ein Typ doch nicht der Eine war, dass ich mir absolut sicher bin, den Richtigen gefragt zu haben. Wir vermissen beide nichts, und wir wollen beide nichts anderes. Das ist gut. Statt uns Sorgen zu machen und eifersüchtig zu sein, suhlen wir uns deshalb nämlich wie glückliche Schweine in unserer Sicherheit, aber ohne uns für selbstverständlich zu nehmen. Ja, das könnte ein Geheimrezept für eine glückliche Beziehung sein, aber ich glaube, bei uns ist es der Humor. Wir können nämlich Tränen lachen bei YouTube-Videos von Eisbärmaskottchen, die auf dem Eis ausrutschen. Oder wir gucken an unserem Hochzeitstag den neuen »Star Wars«-Film im Kino und finden als Einzige im Saal einen bestimmten Dialog witzig. Ich liebe diese Momente, in denen es sich anfühlt, als wären wir ein Geheimclub, weil uns sonst niemand versteht.

Es gibt tatsächlich kaum etwas, das wir nicht durch einen Witz auflösen können. Manchmal dauert es vielleicht ein bisschen, aber dieses Gefühl, wir kriegen alles hin, ist so fest verwurzelt, dass diese Sicherheit bei uns im Laufe der Zeit jeden Streit kürzer werden lässt. Ich bin zwar diejenige von uns beiden, die länger beleidigt ist, aber weil ich weiß, dass immer alles wieder gut wird, kann sogar ich mich beim Motzen oft sehr kurz fassen und manchmal gleich zum Witz kommen. Wir können beide innerhalb von einer Minute fürchterlich wütend werden, dann merken, dass ein Streit jetzt zeitlich so gar nicht reinpasst, weil die Kinder etwas haben oder wollen, und so sagt einfach jeder schnell, was er oder sie falsch gemacht hat beziehungsweise blöd fand und anders machen würde; schließlich sagen wir, dass wir uns lieb haben, und machen einfach weiter. Das klingt vielleicht so dahingesagt, dieses »Ich hab dich lieb«, aber der Trick ist, dass wir es beide aus tiefstem Herzen so meinen. Kurz streiten können ist für mich fast ein größerer Liebesbeweis als die magischen drei Worte. Außerdem spare ich mir mein »Ich liebe dich« für besondere Momente auf.

Räusper.

Mein lieber Mann, du bist der großartigste Mensch. Dein Humor macht mich fröhlich. Unser Humor macht mich fröhlich. Es gibt so viele Momente, an die ich denken kann, wenn ich etwas zu lachen brauche. Auch nach zehn Jahren mag ich immer noch so gern mit dir lange Strecken im Auto fahren, weil wir da viel Zeit zum Reden haben. Die Gespräche mit dir bringen mich weiter. Wenn mich etwas beschäftigt, können wir meine Gedanken nehmen und drehen und wenden und entweder entspannt verwerfen oder sie mutig und stark machen.

Es klingt blöd, aber ich wüsste wirklich nicht, was ich ohne dich tun sollte. Weil du für mich und für unsere Familie da bist. Du stehst nachts meistens allein auf, weil ich so schlecht wieder einschlafen kann, zum Beispiel. Du räumst viel mehr auf, ich würde sogar fast sagen, mehr Kram von mir als von den Kindern. Und du bist ein großartiger Vater für die beiden. Nicht nur, weil du aufräumst. Du bist mit dem Herzen bei ihnen. Du fragst dich, wie sie sich fühlen. Eigentlich finde ich die Mütter, die sich auf Facebook dafür abfeiern, dass die Partner ihr Erziehungskonzept mitmachen, immer ein bisschen blöd, weil das erstens rüberkommt wie ein gehässiges Ätschibätsch an die anderen und zweitens irgendwie auch selbstverständlich sein sollte. Aber wenn du nachts wegen Durst, Angst oder Faulheit, selbst in unser Schlafzimmer zu gehen, aufstehst, die Kinder mit zur Arbeit nimmst, dir die Nachmittage mit mir teilst, wenn du im Urlaub mit mir in unserem Schlafzimmer ein riesiges Matratzenlager baust, damit wir alle in einem Zimmer schlafen können, oder wenn du dich brutal darüber aufregst, wie die Eltern von Elsa und Anna in »Die Eiskönigin« mit Elsas Gabe umgehen und deshalb die Kindheit der Geschwister versauen, dann möchte ich eine große Parade für dich veranstalten, mit Konfetti und Keith Richards als lustigem Vortänzer, der dann den Rest deines Lebens dein bester Freund wird (hier habe ich einen kleinen Sterbewitz eingebaut, der so unauffällig ist, dass ich an dieser Stelle darauf hinweise). Und wenn mir der Alltag nicht gerade die Sicht versperrt wie irgendein Lulatsch auf einem Konzert, dann sehe ich an deinen Taten, deinen Gedanken und deiner Liebe, wie wichtig dir unsere Kinder sind. Manchmal, wenn du die beiden anhimmelst, beobachte ich dich heimlich und bin sehr, sehr froh. Für mich, weil du mein Mann bist, und für die Kinder, weil sie dich zum Vater haben.

Und auch wenn wir in Sachen Romantik eher die Schnitzeltypen sind, sage ich hier das, was ich mir eigentlich immer aufspare: Ich liebe dich.

Und weil wir in Sachen Romantik eben wirklich eher die Schnitzeltypen sind, schreibe ich schnell noch meine verliebte Lieblingsgeschichte, die dasselbe bedeutet, nur auf unsere besondere Art des Hauses:

Wir saßen sehr lange am Frühstückstisch. Irgendwann musste ich auf die Toilette und sah im Badezimmerspiegel, was du schon das ganze Frühstück über gesehen hattest.

Ich hatte mir keinen Zopf gemacht, war nicht geschminkt und sah aus wie Doc Brown aus »Zurück in die Zukunft«.

Wieder am Frühstückstisch, sage ich also:

»Ey, ich sehe aus wie Doc Brown, wie zur Hölle hast du geschafft, die ganze Zeit keinen Witz über mich zu machen?«

»Ich wollte unbedingt, aber ich wollte auch nicht gemein sein.«

MEIN AKTUELLES KOPFKINO-PROGRAMM

**Ich dreh durch, wenn ich weiter
drüber nachdenke.**
Die Angst um die Familie.

Aaaahh, endlich im Bett. Es ist kalt, deshalb habe ich meine
Heizdecke angemacht, meine Kissen zurechtgeklopft und
liege genau so, wie ich es perfekt gemütlich finde. Ein paarmal ruhig aus- und einatmen, an was Schönes denken und
dann nach einem anstrengenden Tag entspannt einschlafen.
Aber wo ist mein Happy Place? Ich habe doch sonst immer einen. Manchmal ist er im Wald. Oder in den Bergen.
Oder er ist die leckere Portion Teriyaki Chicken, die ich in
London auf einem Hotelbett gegessen habe, das so weich
war wie eine Wolke. Oder am Strand. Okay, dieser Happy
Place ist weg, seitdem am türkischen Strand die Leiche des
kleinen Flüchtlingsjungen lag. Seit jenem Tag kann ich keinen Strand mehr sehen und kein Meeresrauschen hören,
ohne an ihn zu denken. Ich kann nicht mal seinen Namen
oder seine Nationalität googeln, weil dann auch das Bild
von ihm angezeigt wird. Beim nächsten Versuch, meinen
Happy Place zu finden, in Florida, wo wir den ersten großartigen Familienurlaub ohne Wutanfälle hatten, fällt mir
ein, dass im Juni 2016 in Orlando ein Schwulenhasser neun-
undvierzig Menschen in einem Nachtclub erschossen hat

und in den USA jemand zum Präsidenten gewählt worden ist, der unter anderem Frauen verachtet und ein beunruhigendes Temperamentsproblem hat. Und ich denke daran, dass sowohl hier in Deutschland als auch in vielen anderen Ländern Rassisten, Terroristen und andere Menschenfeinde glauben, sie könnten Menschen anpinkeln, vertreiben, verprügeln oder töten. Egal, in welche Richtung ich gedanklich gehe, ich lande beim Untergang. Mein Happy Place ist umzingelt von diesen Idioten.

Aber wir haben hier keinen Krieg, sondern ein Dach über dem Kopf, genug zu essen, sind gesund – und verdammt, ich habe sogar eine Heizdecke.

Ich stelle sie eine Stufe höher, schiebe die Welt weg und denke an meine Kinder. Wie sie lachen. Wie die Kleine streng gucken will, aber dabei kichern muss. Wie die Kinder sich umarmen, wenn sie sich länger nicht gesehen haben. Aber schon geht die Tür in meinem Happy Place wieder auf, und die Angst kommt reinmarschiert. Schließlich läuft alles verdächtig gut. Zu denken, mein Leben könnte ewig so glücklich weitergehen, wäre ja wohl naiv.

Dieses Kopfkarussell mit schlimmen Sachen hat sich bei mir inzwischen zu einer Art Aberglauben entwickelt. Ich denke tatsächlich, dass mir nichts oder weniger Schlimmes passiert, wenn ich einmal gedanklich den schlimmsten Fall durchgespielt habe. Meist verrenne ich mich aber in immer schlimmere Gedanken und finde die Tür zum Happy Place nicht wieder. Weil mir einfällt, wie diese Fahrradfahrerin an der Kreuzung den Großen umgemäht und mit Lenker und Handbremse volles Rohr am Kopf erwischt hat. Im Moment des Aufpralls dachte ich, er hätte eine irreparable Schädelverletzung. Zum Glück hatte er »nur« ein halbes blaues Gesicht und Kopfschmerzen. Aber nach diesem Tag habe ich bestimmt zwei Wochen jeden Abend vorm Schlafengehen an jenen Moment gedacht und mich gefragt, wie ich den Großen jemals allein zur Schule gehen lassen soll. Er muss nämlich zweimal an dieser Kreuzung entlang, und die Fahrradfahrer:innen sind dort oftmals mit Hyperantrieb unterwegs, die Schulkinder aber nicht unbedingt mit der größten Aufmerksamkeit. Na ja, zumindest hat er mich dann nicht dabei, gebe ich zu bedenken. Schließlich war ich an dem Unfall nicht unbeteiligt, weil ich hektisch befohlen habe, dass er nicht direkt an der Straße warten soll, sondern bei mir; er ist zu mir zurückgelaufen, ohne zu schauen, und deshalb umgefahren worden.

Leider brauche ich meist keinen realen Anlass für meine Angst um die Kinder. Manchmal stelle ich mir einfach so vor, dass ich mit meiner Familie an einem steilen Abhang stehe, die Kleine abrutscht, ich noch versuche, sie festzuhalten, aber nur ihren Arm in der Hand halte und zusehen muss, wie sie abstürzt.

Ich habe Angst, weil ich so liebe. Weil ich diese drei Menschen so sehr brauche, dass ich mir ein Leben ohne sie genauso wenig vorstellen kann wie eines, in dem sie leiden müssen. Warum muss die Liebe denn bloß zwei Seiten haben? Sie ist so groß, aber sie macht zeitgleich so ängstlich, dass diese Angst die Tür zum Happy Place blockiert. Ich zerre von außen an ihr und versuche, an die schönen Dinge zu denken. Wie ich mich schon beim Aufwachen freue, weil alle gleich lustigen Quatsch reden oder die Kleine so schön warme weiche Füße hat oder der Große sich unter meine Decke wühlt und der Mann und ich uns kurz wissend angucken und an die Hand nehmen. Das ist doch was Schönes.

Obwohl mir von überall, besonders aus dem Internet,

bedrohlich eingehämmert wird, dass jeden Tag etwas passieren kann, versuche ich, so wenig Zeit wie möglich mit Angsthaben zu verbringen und viel mehr mit Fröhlich- und Dankbar- und Verliebtsein. Ich sage den Kindern viel öfter, dass ich sie lieb habe, ich habe weniger Streit mit ihnen (an der Streitreduktion mit dem Mann arbeite ich noch). Und ich überlege eher mal, ob diese Konflikte um ein aufgeräumtes Zimmer oder um saubere, farblich passendere Klamotten wirklich sein müssen. Meistens nämlich nicht. Dann mache ich mir noch klar, wie unwahrscheinlich es ist, dass die Kleine erstens abstürzt und ich zweitens ihren Arm dabei abreiße, rechne die Wahrscheinlichkeit eines zweiten Fahrradunfalls an der Kreuzung aus und beziehe mit ein, dass ich meistens nicht dabei bin und der Große durch den Unfall vermutlich sogar besser aufpasst. Irgendwie ist ja alles gefährlich, weil immer überall was passieren kann. Aber bevor ich durch diesen Gedanken wieder in einen panischen Gedankenstrudel gerate, schnappe ich mir lieber mein Chicken Teriyaki, den Mann und die Kinder, zerre sie in meinen Happy Place und schließe von innen ab.

Ich? Nie gehört.
Der Verlust der eigenen Identität.

Seit ich Kinder habe, gibt es einen stetig wachsenden Haufen. Auf diesem Haufen stapeln sich Bücher, die ich, teilweise seit Jahren, nicht geschafft habe zu lesen. Musik, die ich noch nicht gehört habe. Klamotten, die ich nicht aussortiert habe. Gedanken, die ich nicht zu Ende gedacht, und Pläne, die ich nicht vollendet habe. Dieser Haufen schleicht wie eine beleidigte Wanderdüne hinter mir her. Vorwurfsvoll schweigend klagt er mich an, weil ich uninformiert bin, eine richtig langweilige Muddi, die immer noch die Musik von vor zehn Jahren hört. Ich bin uninteressiert. Und den Keller wollte ich schon aussortieren, da war die Kleine noch nicht mal geboren.

Alles, was ich gern aus Spaß lesen oder schreiben würde, wird von meiner Familie oder meiner Arbeit verhindert. Selbst wenn der Job winzig klein ist, brauche ich Ewigkeiten, mich zu konzentrieren, und daddel beim Schreiben so lange rum, dass am Ende der Werbetext nicht geschrieben ist, ich auf der anderen Seite aber eben auch nicht entspannt Kaffee getrunken, ein paar interessante Artikel gelesen oder einen lustigen Blogbeitrag geschrieben habe. Ich sitze hektisch da und finde mich gleich doppelt blöd: weil ich weder meine Arbeit geschafft noch die Zeit für mich genutzt habe. Dieses unzufriedene Dazwischen beschreibt gut meinen Zustand. Ich bin irgendwie nicht richtig in mir drin. Es fühlt sich an, als hätte ich mich aufgelöst – wie eine Brausetablette in einem Glas Familienwasser. Regelmäßig habe ich den Eindruck, ich zähle überhaupt nicht. Vor Kurzem hat die Kleine mich gekniffen. Ich habe »Au!« gerufen, weil es wirklich wehtat, die Kleine hat sich erschreckt und hat angefangen zu weinen. Also habe ich sie getröstet, während ich mir den Arm rieb. Und obwohl mir klar ist, dass diese Situation okay ist, weil die Kleine ja klein ist, fühle ich mich unwichtig. Meine Bedürfnisse scheinen gar nicht zu existieren. Nicht mal für mich selbst.

Geld verdienen und Kinder versorgen kriege ich hin, aber wie das geht mit dem Um-sich-selbst-Kümmern, weiß ich kaum noch. Am krassesten merke ich das, wenn ich tatsächlich mal Zeit für mich habe. Habe ich am Wochenende mal ein paar Stündchen weder Kinder noch Arbeit, bin ich fast überfordert. Stricke ich was? Oder lese ich das Buch weiter? Ach, hier ist ja auch das Magazin, das schon so lange ungelesen rumliegt, da könnte ich mal reinschauen. Auf dem Weg zur Kaffeemaschine entdecke ich einen Stapel Fotos, von denen ich ein paar einsortiere und ein paar liegen lasse, um hektisch eine Serie auf Netflix zu gucken, die ich nach zehn Minuten ausmache.

Kommt dann der Mann mit den Kindern zurück, bin ich manchmal unzufriedener als vorher, weil ich nicht nur nichts geschafft habe, sondern sogar noch die Gelegenheit dazu vertan habe.

Eine schöne Erinnerung an Zeit für mich habe ich aber auch: an die Buchmesse 2016. Ich hatte ein tolles Hotel und mit Absicht wenig Termine. Ich hatte mir fest vorgenommen, genau auf mich zu hören und nur zu machen, was ich will. Und siehe da. Ich wollte nicht stricken oder Bücher lesen. Ich wollte mir Leckeres vom Mexikaner holen, es auf dem Bett essen und dabei Netflix gucken. Anschließend habe ich sehr lange geduscht und mich fertig gemacht, bevor ich auf die Messe gegangen bin. Dort habe ich am Stand meines Verlags ein sehr nettes Gespräch mit dem Verlagsleiter geführt, habe noch ein paar Menschen an anderen Ständen besucht und bin wieder ins Hotel. Mit wieder Netflix und wieder Essen im Bett. Am nächsten Tag hatte ich wieder ein paar schöne Verabredungen und ein Essen mit einer sehr lieben Bekannten, die mich sogar noch zum Bahnhof gebracht hat. Das war so toll, und das muss ich unbedingt häufiger machen. Auch wenn ich weniger Zeit habe als ein ganzes Wochenende, zum Beispiel nur eine Stunde. Und wo ich gerade dabei bin, zu mir zu finden:

Ich will mein Körpergefühl zurück. Das ist mir nämlich ebenfalls erschreckend abhanden gekommen.

Wenn ich in einem Club stehe, ein gutes Lied kommt und ich anfange, mich zu bewegen, fühlt es sich an, als hätte jemand einen kleinen Teil meiner Seele in einen fremden Körper gepackt. Ich fühle weder das gute Lied noch das Tanzen. Ich fühle unfreiwilliges Rumspacken und Blicke, die eine Einundvierzigjährige auslachen. Aber ich will weitertanzen, genauso spackig, irgendwann will ich mich sogar schütteln, um alles loszuwerden, was mich von mir fernhält. Kurz schüttle ich mich zusätzlich über dieses viel zu esoterische Bild. Aber dann sehe ich es und freue mich: Irgendwann werde ich nämlich eine tanzende Ein-undvierzigjährige, die bei sich ist und einen Scheiß darauf gibt, was die Leute über sie denken.

Müsste ich jetzt nicht erwachsen sein?
Die Irritation mit dem Alter.

»Ich hab mich hier mal geratscht, das hat voll geblutet.«

»Ich hab mir mal den Arm gebrochen.«

Beeindruckte Pause. Die Stille nutze ich aus. Ich hole Luft und toppe jede Jungsangeberei.

»Und mir haben sie zweimal den Bauch aufgeschnitten und lebendige Babys rausgeholt.«

BÄM! Die Jungs staunen mich an. Es würde sie vermut-lich nicht wundern, wenn ich jetzt anfangen würde, aus meinem Zeigefinger mit Lasern auf kleine Singvögel zu schießen. Und ich fänd cool, wenn ich es könnte. Wobei ich natürlich nicht auf Lebendiges schießen würde, sondern eher auf irgendwas, das Funken und Eindruck macht. Ach Mensch, ey. Werde ich eigentlich irgendwann mal erwachsen?

Meistens denke ich, nicht. Ich bin jetzt einundvierzig, und als meine Eltern um die einundvierzig waren, fand ich sie sehr, sehr alt. Früher hielt ich das Altwerden eher für einen Initiationsritus, eine Tür, durch die man ging, und hinter der war man eben alt, trug beige Westen, nannte Frisuren flott und fand die Musik im ZDF gut. So fühlte sich das bei meinen Eltern an. Sie fanden meine Kleidung furchtbar, meinen Musikgeschmack unterirdisch und meine Freunde meistens blöd. Dieses Sich-gegenseitig-nicht-Verstehen war für mich das Konzept von Jung und Alt. Es passte nicht, aber das sollte so.

Und jetzt bin ich selbst über vierzig. Aber so erwachsen wie das, was ich früher unter erwachsen verstanden habe, bin ich nicht. Ich bin nicht durch diese Tür gegangen. Sie kam nicht. Deshalb trage ich immer noch Sneaker und Kapuzenpullis, gehe auf Konzerte, duze alle Menschen und kann kaum glauben, wenn sie mich ein bisschen irritiert zurücksiezen. Während ich dies hier auf meinem neuen Arbeitsgerät, einem Tablet mit angedockter Tastatur, schreibe, höre ich laut Emocoregebrüll über Bluetoothkopfhörer. Dass ich das Tablet nicht so richtig kapiere und zum Beispiel nicht gebacken bekommen habe, eine vernünftige Mail-App zu finden beziehungsweise meine Kopfhörer tatsächlich über Bluetooth zu verbinden, gibt mir allerdings etwas zu denken. Bin ich doch vielleicht zu alt für so was? Ich finde das Arbeiten an diesem Ding zwar toll und praktisch, aber ich habe Angst, dass ich damit rüberkomme wie ein Tourist, der sich das Schanzenviertel auf einem Segway anguckt.

Selbst wenn das bis jetzt nicht den Eindruck macht, frage ich mich manchmal tatsächlich, ob etwa bestimmte Verhaltensweisen oder Kleidungsarten altersspezifisch sind. Ich mag nicht mehr so nackert angezogen sein wie früher zum Beispiel. Dunkelblau und Jeans in allen Waschungen sind genau genommen meine beigen Westen. Ich merke auch, dass ich manches nicht mehr verstehe. Der Sinn von Snapchat zum Beispiel ist vermutlich nicht, die Stimmung der schlecht gelaunten Kinder mit lustigen Waschbärgesichtern aufzuhellen und die Videos auf dem Handy zu speichern, um es später per WhatsApp der Oma zu schicken. Interessant ist in diesem Zusammenhang die Frage: Finde ich mich in solchen Situationen selbst alt, denke ich, dass andere mich alt finden, oder denke ich, dass von mir erwartet wird, jung zu bleiben? Vermutlich ist es alles zusammen.

Vor einiger Zeit war ich mit der Kleinen bei ihrer Freundin, die gerade von einer Babysitterin unter zwanzig betreut wurde. Ich saß also mit den beiden kleinen Mädchen und der Babysitterin im Kinderzimmer, wo die Mädchen so auf ihrer Liederraupe rumdrückten, dass das arme Ding immer nur, aber dafür immer wieder die ersten Silben der Lieder singen konnte. Also zum Beispiel nur immer wieder »Back-Ba-Ba-Back-Ba« statt »Backe, backe Kuchen«.

Und während ich bloß dachte: »Uff, Plastikspielzeug«, rief die Babysitterin laut und DJ-mäßig »REMIX« – und lachte sich kaputt. Den Witz fand ich super. Und ich fand mich auch furchtbar alt. Oder zumindest unangenehm erwachsen. Und zwar nicht, weil es für mein Alter unangemessen gewesen wäre, »REMIX« zu rufen, sondern weil mir dieser Witz nicht in den Sinn gekommen wäre. Stattdessen saß ich nur muddimäßig rum und wusste nicht mal, wie ich auf den REMIX-Ruf reagieren sollte, weil mir alles irgendwie spackig vorkam.

An dieser Stelle kamen die eben erwähnten Erwartungen an altersgerechtes Verhalten ins Spiel. Hätte ich die Arme hochgerissen und »Booyaka« gebrüllt, hätte die Babysitterin vielleicht gedacht, ich mach auf berufsjugendlich? Schließlich war ich eine zwanzig Jahre ältere Mutter. Meine Lebensrealität bestand aus Musik von Rolf Zuckowski und Gemüse ins Essen mogeln, aus arbeiten und hoffen, dass keiner krank wird. Das ist ganz schön erwachsen. Leider das doofe, langweilige Erwachsen. Ich mag nämlich lieber albern sein und rumspacken und mir mit den Kindern Quatsch ausdenken. Ich mag, wenn der Mann beim Abendbrot in den Dozentenstatus wechselt, weil ich dann mit dem Großen genervt die Augen rollen kann. Und ich muss über mich selber lachen, wenn ich die Kleine ins Bett bringe und sie vom Einschlafen abhalte, weil ich nicht aufhören kann, ihr den Milchschorf vom Kopf zu pulen. Oder auch wenn wir Abendbrot essen und plötzlich alle aufspringen und dämlich tanzen oder laut singen. Ich bin gern unerwachsen und manchmal auch ein bisschen wehmütig, dass sich jetzt so viele Bewegungen ungelenk und irgendwie unangebracht anfühlen. »Booyaka« rufen zum Beispiel.

Meine Jugend ist inzwischen mehr als eine ganze Jugend von mir entfernt. In solchen Momenten der Gefühlsduselei gucke ich mir ab und zu auf YouTube Videos von früher an. Meistens sind das Konzertvideos, zum Beispiel von »Pearl Jam«. Die fand ich früher besonders großartig und habe den Sänger angehimmelt, der, wie ich damals fand, tolle Gedanken hatte, ein bisschen rätselhaft und exzessiv war, weil er die Bühne hochkletterte und sich aus vielen Metern Höhe in die Menge fallen ließ. Oder wie er sich beim MTV-Unplugged-Konzert »Pro Choice« mit Edding auf den Arm schrieb. Das hat mich beeindruckt. Ich war angetan von der Unangepasstheit, dem politischen Bewusstsein und der Musik. Wenn ich die Videos heute sehe, finde ich die Musik immer noch cool; aber in Eddie Vedder, wie er mit seiner Flasche Rotwein in der Hand den Kopf philosophisch denkermäßig schief legt, sehe ich heute eher jemanden, der gern denkt, aber auch gern voll denkermäßig dabei aussieht. Eben diese halb erwachsene Überheblichkeit, an die ich mich selbst noch gut erinnere. Und klar weiß ich, dass es auch für mich wichtig war, viel zu denken und zu fühlen, dass ich bestimmt nicht wäre, wie ich heute bin, wenn ich nicht diese schlechten Gedichte und Texte geschrieben, nicht gemalt und diskutiert und viele Philosophen gelesen hätte, ohne sie richtig zu verstehen.

Sehe ich jetzt ein altes Interview mit »Pearl Jam«, muss ich mir auf die Zunge beißen, weil ich sonst in einem Anfall von spießigem Erwachsensein so etwas sagen würde wie: »Was weiß der denn mit Mitte zwanzig schon vom Leben, von Emotionen und wirklich wilden Sachen, die passieren? Der soll erst mal Kinder kriegen und richtig Angst um die haben oder richtig glücklich mit denen sein oder sich darüber erschrecken, dass sein halbes Leben vorbei ist und dass die Welt trotzdem noch voll ist von machtgeilen Arschlöchern, die morden, vergewaltigen und korrumpieren. Dann kann er gern noch mal seinen Kopf schief legen und mir neunmalklug verraten, wie wir den Karren aus dem Dreck kriegen.«

Wenn das kein Zeichen für spießiges, voll behämmertes Altwerden ist. Aber ich bin zumindest so reflektiert, mich bei diesen Gedanken zu ertappen und sie für mich zu behalten.

Dann schaue ich mir an, was zum Beispiel Eddie Vedder heute so treibt. Noch immer hat er ehrenwerte politische Ziele und setzt sich mit sehr viel Energie für sie ein, noch immer macht er meistens gute Musik, auch wenn er, statt die Bühne hochzuklettern, öfter mal ein Kind auf dem Arm hat. Er ist ruhiger geworden, aber nicht ruhig. Und das finde ich ziemlich gut.

Ich will nämlich auch nicht durch diese Zaubertür gehen und plötzlich beige Westen tragen und Florian Silbereisen oder Judith Rakers »erfrischend« finden. Und ich will nicht resignieren, weil es angeblich nichts bringt, wenn ich als ziemlich kleine Einzelperson versuche, ein guter Mensch zu sein. Meine Kinder sollen sehen, dass für mich Erwachsensein nichts mit Aufgeben zu tun hat.

Für mich bedeutet Erwachsensein, dass ich für meine Kinder sorge und gern die Verantwortung für sie und unsere Familie übernehme. Ich stelle ihnen meine Werte und meine Erfahrungen zur Verfügung und hoffe, dass sie immer gern zu mir kommen.

Und weil mir das an Erwachsensein ausreicht, antwortete ich einem Freund des Großen, der damit prahlte, dass er zu Hause so oft »geil« sagen darf, wie er will:

»Dafür musst du auch jeden Tag den Tisch decken.«
BOOYAKA!

Berufswunsch: Diktatorin.
Die Sehnsucht, nichts mehr tausendmal sagen zu müssen.

Der Wecker klingelt, und wir wachen alle gemeinsam fröhlich auf. Dann steigen wir aus den Betten, und die Kinder hüpfen vergnügt in ihre Zimmer, um sich vor dem Frühstück anzuziehen. Die Kleine veranstaltet einen kleinen Freudentanz, weil die Sachen, die ich ihr hingelegt habe, GENAU DIE sind, die sie heute anziehen wollte. Der Große geht schnurstracks zu seinem Kleiderschrank und sucht sich Klamotten aus, mit Strümpfen, die zieht er am liebsten an. Am Frühstückstisch essen alle genau das, was ich für gesund halte, und bitten mich, Toastbrot und Nussnougatcreme ab sofort nicht mehr einzukaufen – und auch nachmittags lieber nur noch Gemüsesticks und irgendwas mit Bulgur zu servieren.

Wenn ich die beiden aus Schule und Kita hole, lassen sie dort alles stehen und liegen und kommen sofort mit, weil sie sich so sehr freuen, mich zu sehen. Den Nachmittag verbringen wir mit dem, was ich geplant habe, weil die beiden immer dankbar und fröhlich meine Vorschläge annehmen. Es gibt Snacks aus Gemüse und Bulgur, und es wird gebastelt und gemalt, bis ich sie bitte, sich bettfertig zu machen, was inklusive Zähneputzen und Schlafanzuganziehen so schnell geht, dass wir noch Zeit für ein extra Buch haben. Der Große möchte nichts gucken, sondern lieber länger sein Zimmer aufräumen. Nach dem Lesen und Singen schlafen beide Kinder sofort selig ein, und ich sitze mit einem guten Buch entspannt auf dem fleckenlosen Sofa unserer minimalistischen Designerwohnung, in der die Schritte hallen, weil absolut nichts rumliegt.

Manchmal wünsche ich mir solch eine Welt. Eine, in der es keine Viertelstunde dauert, bis der Große einen (!) Strumpf anhat und in der die Kleine einfach so ihr Frühstück isst, statt die Nussnougatcreme vom Toast zu lecken und trotzdem verschiedene Variationen von Broten fordert (mit und ohne Butter beziehungsweise mit und ohne »Schale«). In dieser meiner realen Welt höre ich mich immer wieder sagen: »Bitte ziehe deine Strümpfe an.« Oder: »Wenn du den Toast aufgegessen hast, mache ich dir gern noch ein Brot.« Ich wäre nicht mal erstaunt, wenn nach einem »Wir müssen jetzt wirklich los!« plötzlich Kaufhausmusik erklingt, Glitter auf mich regnet und mir Menschen mit großen Zylindern einen Blumenstrauß und einen Riesenscheck über zehntausend Euro überreichen, weil ich gerade das zehntausendste Mal »Wir müssen jetzt wirklich los!« gesagt habe.

An manchen Tagen macht es mich wirklich verrückt, und ich wünsche mir, nicht alles so oft sagen zu müssen. An solch einem Tag habe ich mir meine Wunschwelt oben ausgemalt. Aber beim Schreiben habe ich gemerkt: Diese erfundene Welt fände ich in echt sehr, sehr gruselig. Das ist doch genau der Grund, warum ich Conni nicht mag. Was würde es bedeuten, wenn die Kinder immer das machten, was ich sage? Hätten sie vielleicht Angst vor mir? Oder vor Strafe? Oder beides? Sie trödeln ja nicht, um mich zu ärgern. In einer Doku über Kinder auf Netflix habe ich mal einen tollen Satz gehört, der übersetzt ungefähr lautet: »Uns Erwachsenen kommt es vielleicht so vor, als wären Kinder unaufmerksam, aber eigentlich ist es eher so, dass sie nicht unaufmerksam sein können.« Für sie ist alles interessant. Wenn sie auf dem Weg zum Kleiderschrank eine Gummischlange finden, vergessen sie erst mal die

Strümpfe und danach auch die Gummischlange, weil Papas Schuhe so groß sind und so weiter. Dass ich dagegen mit meinem »Wir müssen jetzt wirklich los!« abstinke, ist doch klar. Weil das Kind es nicht eilig hat, nur ich.

Eines Abends war ich ziemlich müde und wollte mit der Kleinen lesen und sie, ehrlich gesagt, zügig im Bett haben, um einen riesen Gin Tonic zu trinken. Sie hatte aber noch nicht fertig mit ihren Puppen gespielt. Ich sagte zu ihr: »Mensch, Kleine, wenn du noch länger spielst, dann haben wir gar keine Zeit mehr für zwei Bücher.« Keine Reaktion. Wieso sollte sie auch, dachte ich. Zeit ist ihr wumpe. Also versuchte ich es anders: »Mäusi, ich freu mich so darauf, die Bücher mit dir zu lesen, hast du auch Lust?« Die Figuren flogen ins Puppenhaus, und die Kleine saß schneller auf meinem Schoß, als ich »SCHEISS DIE WAND AN, DAS WAR JA 'NE WAHNSINNSIDEE« sagen konnte. Ich liebe solche Momente sehr. Zum Glück viel mehr als die, in denen alles klappt wie im Conni-Buch. Ich will nicht, dass die Kinder machen, was ich will, und womöglich Angst vor mir haben. Das ist mir am folgenden Tag noch mal besonders deutlich geworden, als ich verhindern wollte, dass die Kleine beim Frühstück ihre Milch umstößt, und dabei das Glas selber umgeschmissen habe. Da hat niemand in Schockstarre gedacht: »O Schreck! Milch umgefallen. Gleich schreit wer.« Vielmehr haben wir, die Schadenfreude scheint eventuell genetisch vorbestimmt, alle gelacht. Der Mann, weil er sich gefreut hat, dass mir das mal passiert und nicht ihm. Die Kinder haben sich gefreut, weil was umgekippt ist. Und ich war froh, weil ich nur ungeschickt, aber keine Diktatorin bin.

FRÜHER WAR MEHR ERZIEHUNG

Wer schlafen will, sollte das Heulen lassen.
Das schlechte Gewissen aufgrund falscher Entscheidungen.

Von meinem ersten Buch gibt es jetzt ein Hörbuch. Als ich das Vorwort gehört habe, kamen mir tatsächlich ein bisschen die Tränen. Verdammt, ich bin aufgeregt und wirklich stolz. Es klingt gesprochen nämlich noch viel wummsiger, oder wie der Mann es formuliert hat: »Jetzt merkt man noch mehr, wie gut der Text ist.« Als der Große die CD gesehen hat, wollte er unbedingt hören, wie die Sprecherin sagt: von Rike Drust. Boah, staunte er und fand mich richtig cool. Warum ich mich hier so feiere? Wegen der Fallhöhe. Denn während ich so beeindruckt von mir selbst bin und lausche, wie eine Schauspielerin meine Texte vorliest, kommt das Kapitel zum Thema Schlafen.

Plötzlich ist es wieder da, dieses Kapitel, das seit Jahren als kleines quälendes Männchen in meinem Hinterkopf sitzt und traurig den Kopf schüttelt.

Wir haben unseren Sohn nämlich, als er ungefähr ein Jahr alt war, nach dieser verkackten »Jedes Kind kann schlafen lernen«-Methode schreien lassen. Viel, viel kürzer als von den sogenannten Experten befohlen, aber immer noch viel, viel zu lange. Nur zweimal, aber für alle zweimal zu viel. Wir waren völlig im Arsch, weil er mindestens stündlich aufwachte und wir wie verzweifelte Zombies durch die Wohnung huschten und diese Stimmen viel zu ernst nahmen, die zischten: »Das hört nie wieder auf, wenn ihr jetzt nichts macht« und: »Bloß nicht verwöhnen« und: »Wir wissen, wie damit Schluss ist.« Wir ließen ihn insgesamt viermal weinen. Jedes Mal ein paar Minuten, die mir vorkamen wie Stunden. Und ihm erst recht. Alle haben geweint. Und auch sieben Jahre später schüttelt das Männchen traurig seinen Kopf und sagt: »Mann, ey, ihr habt euer eigenes Kind hängen lassen. Der kleine Kerl wusste doch gar nicht, was los ist und warum ihr nicht da seid, warum ihr reinkommt, aber wieder rausgeht, OBWOHL er weint. Das war wirklich scheiße von euch.« Ja, das war es. Ich kann mir im Nachhinein zwar erklären, warum wir es gemacht haben, aber so richtig verzeihen kann ich mir das nicht.

Klar, ich habe ihn nicht von einer Kanalbrücke geschubst und das einen Freund filmen lassen, damit ich die Hände frei zum Jubeln habe. Und ich glaube auch nicht, dass an diesen vier Abenden etwas passiert ist, das ich nicht im Laufe der letzten Jahre mit Kuscheln, Beglucken, Fröhlichmachen, Aufmerksamsein und Beschützen wiedergutgemacht hätte. Trotzdem.

Ich wollte das nicht. Überhaupt gar nicht. Ich habe mich dabei so schlecht gefühlt, dass ich im Nachhinein nicht mehr verstehen kann, warum ich das überhaupt für eine gute Idee halten konnte. Wie konnte ich so weit weg von mir sein? Ach ja, der Schlafentzug, die vielen Besserwisserstimmen und das neue Dasein als Mutter haben sich vorgedrängelt, und meine Intuition stand verloren und planlos irgendwo weit hinten in der Ecke. Ich wünsche mir, ich könnte das rückgängig machen. Geht aber nicht. Und auch wenn ich im Buch beziehungsweise Hörbuch schon zum selben Ergebnis komme wie hier, sage ich dort, wie ich jetzt finde, nicht deutlich genug, dass für mich und hoffentlich die allermeisten Eltern Schreienlassen keine Methode ist, das Schlafen der Kinder zu trainieren. Ich glaube nicht, dass Schlaf überhaupt trainierbar ist, sondern dass jedes Kind für sich selbst entscheidet und entscheiden können sollte, wann es so weit ist, bestimmt Dinge zu tun (trocken werden, sprechen, laufen, hüpfen und eben ein- oder durchschlafen) – und es dann eben einfach macht. Unsere Kinder konnten und können alles ganz verschieden, außer dem Schlafen, das machen sie beide genau gleich schlecht. Aber nach den für alle schlimmen Abenden mit unserem Sohn ist uns klar geworden: Der Mann und ich können und wollen nichts tun, damit das Schlafen besser oder schneller geht. Wir versuchen, so entspannt wie möglich zu bleiben, für die Kinder da zu sein und uns alle lieb zu haben.

Huch, jetzt habe ich noch nicht einmal das Wort »Einschlafbegleitung« benutzt, und mir ist trotzdem ein Batikshirt gewachsen, deshalb schreibe ich schnell, dass ich den Großen natürlich auch gelegentlich anmaule, wenn er das 47563456. Mal ins Wohnzimmer kommt, weil er Durst, einen Fussel gefunden oder eine total wichtige Frage hat, die er sich allerdings noch schnell überlegen muss.

Und ja, ich saß oft genug morgens heulend im Bett, weil die Nacht keine war, und wollte nur, dass das aufhört. Es gab viele Momente, in denen hätte ich für ein paar Stunden Schlaf eine Niere gegeben, vielleicht sogar die meiner Kinder. Zum Glück hat keiner gefragt.

Egal. Ich bin ja eher nicht der Typ für Einmischerei bei der Erziehung oder Beziehung oder Unerzogenheit oder wie das für alle so heißt. Ich finde, wir dürfen auch mal rumschreien oder vielleicht etwas werfen (etwas Leichtes, in eine Richtung, in der kein Mensch steht) oder irgendwas boxen oder eben einfach mal losheulen, weil wir scheißmüde sind oder Angst vor der Welt haben oder einfach mal wieder aufs Klo wollen, ohne gleichzeitig Legofiguren zusammenzubauen. Wir dürfen es anders, und wir dürfen Fehler machen. Und ich würde auch nicht gleich »IHR MACHT WAAAAAS?« schreien und die Kurzwahltaste zum Jugendamt drücken, wenn mir Eltern erzählen, dass sie ihr Kind schreien lassen, weil ich weiß, wie verzweifelt man sein kann. Aber ich würde nachfragen und beim Überlegen helfen, ob es nicht vielleicht auch anders geht.

Ich würde erzählen, wie traurig ich immer noch bin, dass wir das beim Großen probiert und uns danach überlegt haben, wie unser Kind (beziehungsweise die Kinder) fröhlich und mit einem sicheren Gefühl einschlafen können, ohne dass die Nachbarn »Was tun bei Zombieapokalypse?« googeln, wenn sie im Treppenhaus auf den Mann oder mich treffen.

Unsere Lösung sieht inzwischen so aus: Wenn es anstrengend wird, weil ein Kind krank ist oder schlecht träumt, wechseln wir uns nächteweise ab. In jedem unserer Schlafzimmer gibt es mehr Schlafmöglichkeiten als tatsächliche Schläfer:innen, damit alle überall vielleicht wenig, aber dafür wenigstens gemütlich schlafen können. Der Große schläft allein in seinem Zimmer ein, bei der Kleinen liegt einer so lange in ihrem Zimmer mit rum, bis sie eingeschlafen ist. Das findet der Große besonders super, wenn nur ein Elternteil zu Hause ist; dann darf er nämlich Netflix gucken, bis sie schläft.

Nachts trudeln beide irgendwann bei uns ein. Der Große hat seine eigene Matratze neben unserem Bett, und das ist schön, weil er dadurch neben unserem Bett nah bei uns sein kann, ohne uns im Schlaf Kopfnüsse oder Highkicks zu verpassen. Die Kleine schläft zwischen dem Mann und mir und ruft meistens sehr lustige Sachen, wenn sie aufwacht. Zum Beispiel: »Der lacht immer, wenn er Fußball spielt«, oder: »Ich habe da hinten einen Regenbogen gesehen.«

Seit wir unseren Weg gefunden haben, wird bei uns viel weniger geweint. Okay, wenn es keine Nudeln gibt, dann ja. Oder wenn ich die Kleine mit ihrem echten Namen anspreche, sie aber doch gerade Wonderwoman heißt oder Fröhliche Katze. Oder wenn die Kinder in die Badewanne sollen. Oder wieder raus. Wegen so was wird hier gern mal geheult und getobt und die Tür geknallt. Aber in den Schlaf weint sich hier niemand.

Rumhängen ist das neue Frühfördern.
Die Entschleunigung für die ganze Familie.

Am allerliebsten mache ich nichts. Mein perfekter Tag ist einer, an dem wir drin bleiben können, zusammen essen, vielleicht was malen und einfach gucken, was passiert. Nichts am besten.

Und wenn ich genau darüber nachdenke, mag ich auch immer genau die Filme und Bücher und Serien am liebsten, in denen so gut wie gar nichts passiert. Kein Spannungsbogen. Kein großes Finale. Einfach sein. Weil ich dann merken kann, wie viel in diesen Kleinigkeiten schon los ist. Mir wird oft ganz schwindlig, wenn ich bei anderen Blogger:innen lese, was die für ein Wochenendprogramm abreißen und das auch noch so toll dokumentieren. Während die also an einem Tag im Tierpark sind, etwas von Pinterest nachbacken (das auch noch genauso aussieht) und vor dem Familienspieldate noch mit Kind und Kegel in den Baumarkt fahren, passiert bei uns gefühlt Folgendes: Ich frage den Großen, ob ich mal Grün haben kann, und die Kleine, ob sie mir beim Waffelnbacken hilft.

Aufgrund dieser Trägheit bin ich übrigens als Bloggerin selbst an guten Tagen nur bedingt erfolgreich. Wenn wir mal was unternehmen, vergesse ich nämlich zu fotografieren, weil das Unternehmen entweder gerade voll Spaß macht oder dermaßen in die Hose geht, dass ich weinende Kinder beruhigen, entschuldigend um Lappen bitten oder mich fragen muss, warum, zur Hölle, ich überhaupt was unternehmen musste. Das habe ich mich, als der Große noch kleiner war, tatsächlich häufiger gefragt, denn seine Wutanfälle vor und während der Ausflüge haben stark dazu beigetragen, dass wir ereignistechnisch auf die Bremse getreten sind.

Egal. Auf jeden Fall habe ich, weil mir die Rumhängerei am Wochenende so gut gefällt, gerade auch unter der Woche alle festen Freizeitbeschäftigungen geknickt. Die Zeit nach der Schule und der Kita verbringen wir also mit Kuchenholen, Kuchenessen, Trödeln, Lesen, Malen, Langweilen oder Spontanverabredetsein. Es gibt keine Verpflichtungen, weil ich meine, dass meine Kinder mit Kita und Ganztagsschule schon ausreichend davon haben. Der

Große hat jeden Tag bis um 15.30 Uhr Unterricht; deshalb war es für ihn ganz schön viel Programm, als er danach noch in den Hort und von da aus an ein bis zwei Tagen zum Fußballtraining gegangen ist. Es wäre vermutlich anders, wenn eines der Kinder im Tanzen oder Kicken beglückt aufginge. Aber im November um kurz vor sechs einem semibegeisterten Siebenjährigen mit Riesenflunsch beim Fußballtraining-Ignorieren zugucken, während es regnet und die Dreijährige heult, weil die Knuspereulen alle sind, ist für keinen der Beteiligten eine tolle Freizeitbeschäftigung. Dann lieber Kakao und Tuschen für alle.

Außerdem finde ich, und das sage ich tatsächlich nur zu einem kleinen Teil aus Faulheit, dass Langeweile etwas Fantastisches ist. Der Große sieht das manchmal anders und meckert zu Hause beim Rumhängen so viel wie vorher beim Fußball. Ihm sei so langweilig, heißt es dann, und als Nächstes wird er oft sauer, weil ich wie immer antworte: »Wie toll! Das Nächste, was dir nach Langeweile einfällt, wird super sein.« Er pöbelt noch ein bisschen rum und findet seine Mutter doof, bis er anfängt, wilde synchrone Gebäude mit Kaplas zu bauen oder Comics zu malen und zu schreiben oder sich Kostüme zu überlegen oder zu lesen. Manchmal jammert er weiter, dass ihm langweilig ist und er was gucken will. An solchen Tagen finde ich Langeweile auch nervig. Aber die superen Comics, die er macht, sind es wert, weshalb ich immer dafür sorge, dass er genug Stifte, Papier und Bastelkram zu Hause hat. Ein Mal- oder Zeichenkurs wäre für ihn nichts. Er ist nicht der Typ, der immer mittwochs zwischen 14 und 16 Uhr einen vergleichbar grandiosen Comic hinkriegen würde, statt beim Rumhängen zu Hause. Das weiß ich so genau, weil ich eine Zeit lang, als die Kleine noch nicht da war, jeden Impuls des Großen sofort aufgenommen und ihn zugeschissen habe mit Büchern, Terminen und allem Möglichen zu seinen neuen Interessen. Aber sobald es sich für ihn wie Verpflichtung angefühlt hat, machte er dicht. Kann ich im Nachhinein sehr gut verstehen. Und ich bin froh, dass ich aus tiefstem Herzen sagen kann: Ich will ja in erster Linie nicht, dass meine Kinder Profifußballer:in werden oder Comiczeichner:in oder Tänzer:in, sondern einfach, dass sie fröhlich sind. Und was sie fröhlich macht, können sie am besten herausfinden, wenn sie ganz viel machen. Und zwar nichts.

So holen Sie doch Hilfe!
Die Dankbarkeit für Erziehungsberatung.

Manchmal rumst es bei uns zu Hause so sehr, dass sich RTL II bestimmt schon die Hände reibt. Alle schreien rum, mindestens einer wirft mit Sachen und/oder heult, und alle wünschen sich an einen anderen Ort beziehungsweise neue Eltern.

Es geht meistens um zwei Themen. Erstens verweigert sich der Große scheinbar aus Prinzip, wenn es darum geht, etwas zu unternehmen. Wenn wir also frühzeitig ankündigen, dass wir demnächst loswollen, rollt er die Augen, stöhnt und sagt, dass er das voll bescheuert findet. Dabei bedeutet diese Unternehmung keineswegs, dass er beim Franzosen acht Gänge inklusive Frosch essen muss oder dass wir »Lohengrin« angucken. Ich habe ihm auch noch nie gesagt, dass wir etwas Tolles machen, und ihn anschließend in die etwas gruselige Demenz-WG seiner Großmutter mitgenommen. Wir gehen zum Beispiel ins Puppentheater oder Freunde besuchen, die auch Kinder und einen Garten und Kuchen haben. Manchmal kriegen wir in solchen Situationen gut die Kurve, und manchmal packt eben RTL II schon die Taschen für die Dreharbeiten.

Zweitens haben wir sehr unterschiedliche Definitionen von Schluss. Wenn der Große wegen etwas jammert, zum Beispiel weil sein Kapla-Turm eingestürzt ist, dann kann ich das sehr gut verstehen. Mit Kaplas zu bauen, kann wirklich frustrieren, weil die Steine so schnell umkippen; auch ich habe mich dabei schon geärgert. Weint er aber nach zehn Minuten immer noch und ruft mit zum Himmel gestreckten Händen, dass er nie wieder einen Turm bauen kann, der so schön ist, wie der zusammengestürzte war, denke ich: »Hm, na ja, jetzt könnte es mal wieder gut sein.« Doch er holt nochmals aus und erteilt Mariah Carey eine Lektion in Drama. Zugegeben: Ich kann mir in solchen Momenten nicht immer verkneifen anzumerken, er übertreibe vielleicht ein bisschen. Natürlich wischt er sich dann nicht den Rotz ab, grinst und sagt: »Haste recht, lass mal Ratatouille kochen«, sondern er fühlt sich unverstanden. Er schreit, ich finde deutlichere Worte für seine Übertreibung, und der Ü-Wagen von RTL II sucht in unserer Straße bereits einen Parkplatz. Das Gleiche passiert manchmal, wenn er nicht schafft, unsere Grenzen zu respektieren. Wenn wir ihm sagen, dass wir gerade nicht spielen, beim Malen zugucken oder den Fernseher anstellen können, aber nach einer definierten Zeit gern helfen, machen oder zugucken. Zugucken müssen wir tatsächlich sehr oft. Kommt im Fernsehen ein Fußballspiel, spielt er zum Beispiel die Szenen, die gerade liefen, nach, und wir müssen sie uns ansehen. Auch beim Malen informiert er über alle Zwischenstände – und will natürlich immer hören (Triggerwarnung: Es wird gelobt): »YEAH! Super!! Ein Strich. WOW! Du hast eine andere Farbe genommen. Yeah. So habe ich das noch nicht gesehen. Boah!« Und so weiter.

Er braucht also sehr viel Publikum. Ich brauche zwischendurch mal eine Pause. Passt nicht so gut zusammen, nä? Haben wir auch schon gemerkt. Endet auch häufig in:

»Ich gucke es mir gleich an. Jetzt will ich erst das Gemüse fertig schneiden.«

»Aber ich will dir das jetzt gern zeigen.«

»Wenn ich das Gemüse fertig geschnitten habe.«

»Aber ich will dir das gern zeigen.«

»Jetzt nicht.«

»Aber guck doch mal.«

»JETZT NICHT.«

»Aber ich will dir …«

»ICH WILL DAS JETZT NICHT SEHEN, VERDAMMTE KACKE!«

Abgesehen davon, dass solche Situationen öfter mal mit Wörtern enden, die eigentlich keiner sagen will, entziehen sie mir unglaublich viel Energie, und Energie zähle ich gerade leider nicht zu meinen Topfeatures.

Weil der Große auch regelmäßig mit Wut zu tun hat und weil wir irgendwann nicht mehr richtig weiterwussten, haben wir beschlossen, jemanden zu fragen, der sich mit Kindererziehung auskennt. Natürlich verkacken wir es bei noch mehr Situationen als den hier beschriebenen; aber die hier erwähnten sind die, die uns am meisten stören und von denen wir gern wüssten, ob wir sie nicht besser bewältigen könnten.

Den ersten Termin hat der Mann allein gemacht, weil ich arbeiten musste. Nach einer Bestandsaufnahme vereinbarten er und die Erziehungsberaterin einen weiteren Termin, zu dem ich mitkommen sollte. Die erste Frage der Beraterin fand ich schon toll:

»Sie sagen, er ist frech und weigert sich, Dinge zu tun. Aber in der Schule und bei Freunden ist sonst alles gut?«

»Ja.«

»Wo soll er denn sonst ausprobieren, sich mal blöd zu benehmen, als bei Ihnen?«

Recht hat sie. Aber das entspannt mich auch nur bedingt und bei Weitem nicht jedes Mal. Was kann ich besser machen? Wenn er zum Beispiel will, dass ich ihm sofort zugucke, wie er malt, ich mir aber erst mal einen Kaffee machen will, weil ich einen Scheißtag hatte oder weil ich einfach einen Kaffee will.

Die Beraterin empfiehlt: »Zum Kind gehen, es mit Namen ansprechen und in einer Ich-Botschaft erklären, was ich will. Gerne auch den Scheißtag erwähnen.«

Das mache ich meistens.

Sie sagt: »Wenn er weiterfragt, obwohl ich genau erklärt habe, was jetzt passiert, eine knappe Ansage machen. Wie ein Navigationssystem.«

Das mache ich meistens nicht, sondern wiederhole meine Erklärungen in latent genervtem Ton von der Kaffeemaschine aus.

Sie sagt: »Wenn er weiterfragt, obwohl Sie eine knappe Ansage gemacht haben, noch eine knappe Ansage machen.«

Ich muss gestehen, dass ich an dieser Stelle manchmal ein unfreundliches »Mann, ey« in meine überhaupt nicht knappe Aussage einbaue.

Sie wiederholt: »Wenn er immer noch weiterfragt, obwohl Sie eine knappe Ansage gemacht haben, noch eine knappe Ansage machen.«

Spätestens an dieser Stelle sind alle Erziehungsberater und Conni-Bücher vorbei. Und auch ich bin oft am Ende, aber leider nicht, weil sich die Situation aufgelöst hat.

Es ist also wichtig, ruhig zu bleiben und immer knapp zu wiederholen, was ich will. Das werde ich weiterhin ausprobieren und hoffen, dass ich mich nicht mehr so ärgere und wir viele Bilder und nachgestellte Fernsehsituationen angucken können, WÄHREND ich Kaffee trinke.

Was wir grundsätzlich festgestellt haben, ist, dass er viel Aufmerksamkeit braucht. Er mag es, ein Publikum zu haben, ist aber zu schüchtern, in der Schule zum Beispiel Theater zu spielen. Deshalb fand ich den Vorschlag toll, ihm zu Hause eine Bühne zur Verfügung zu stellen, auf der er seine Meckereien und was ihm am Tag an Launen und Situationen begegnet ist, nachspielen kann. Wir lassen ihn regelmäßig Sachen aufführen und gucken ihm dabei aufmerksam zu. Tatsächlich sind die ausgedachten Lieder, zum Beispiel das von dem Klo im Keller, das kein Rohr hat, lustig, und seine Spontaneität ist beachtlich. Im Tausch für unsere Aufmerksamkeit versuchen wir, Fußball zu gucken, ohne dass er vor dem Fernseher Spielzüge zeigt, oder zu malen, ohne dass er für jeden Strich einen Autokorso erwartet. Die Betonung liegt auf »versuchen«.

Für die Momente, in denen wir zu unseren Unternehmungen loswollen und er sich verweigert, wollen der Mann und ich uns vorher besser absprechen und überlegen, was wir machen, wenn er sich verweigert. Damit wir bei einsetzender Nölerei zum Beispiel sofort sagen können: »Alles klar, dann bleibe ich mit dir hier, und du kannst in deinem

Zimmer spielen.« Wichtig ist, laut Erziehungsberaterin, dass man danach nicht mit dem Kind stundenlang Playstation spielt oder ihm eine Tafel Ritter Sport Marzipan kauft, sondern es sich selbst beschäftigen muss. Haben wir das ein paarmal gemacht, vermutet die Beraterin, merkt er, dass die Ausflügler großen Spaß hatten, er aber nur in seinem Zimmer saß, und kommt beim nächsten Mal lieber mit. An diesem Tipp hat mir gefallen, sich vorher zu überlegen, was passieren wird, allerdings eher in der Hinsicht, dass ich mich auf die Meckerei vom Großen vorbereite und mich darüber nicht ärgere. Er meckert nämlich immer noch, allerdings wird es weniger. Ich vermute, das liegt nicht daran, dass wir viel ohne ihn gemacht haben, sondern dass er es selbst gemerkt hat.

Mein bisheriges Fazit: Es ist eine gute Idee, sich bei Schwierigkeiten mit einer unbeteiligten Person zusammenzusetzen, die sich mit dem Thema auskennt. Indem die Beraterin so unverblümt den Standpunkt vom Großen einnahm, hat sie uns gezeigt, was für ein cooler Supertyp er ist. Im Alltag vergisst man das gern mal und regt sich über Sachen auf, die nichts mit ihm zu tun haben, sondern eher mit unserem Stress. Er denkt und erzählt und fragt tolle Sachen. Außerdem hat sie einen echten Punkt gemacht, als sie meinte, wir wollten doch bestimmt gar kein Kind, das immer folgsam ist. Ich will wirklich kein Kind, das automatisch auf Erwachsene hört, nur weil sie erwachsen sind, und ich wünsche mir sehr, dass er kritisch ist und sagt, was er will, und auch und besonders, was er nicht will.

Das Beste zum Schluss: Als wir gerade gehen wollten, fragte die Beraterin, ob sie uns eine Rückmeldung geben darf. Wir bejahten und rechneten mit so was wie: Ist doch eigentlich alles cool bei Ihnen, das schaffen Sie schon. Aber sie sagte: »Ich habe viel mit Paaren zu tun, und mir ist aufgefallen, dass es zwischen Ihnen eine ganz tolle Verbindung gibt.«

Da geht man gern heulend aus der Erziehungsberatung.

Die machen das schon.
Das Vertrauen in die Kinder.

»Wie lange ist er schon weg?«

»Keine Ahnung, ein paar Minuten.«

»Meinst du, das war eine gute Idee?«

»Er ist sieben, das schafft er schon.«

»Hast du auf die Uhr geguckt, als er losgegangen ist?«

»Äh, nein?«

»Also, wenn er in der nächsten Minute nicht wiederkommt, dann geh ich runter und gucke, wo er ist.«

Dingdong.

Der Große ist zurück. Er war nicht auf einem Minenfeld Erdbeeren pflücken, und er hat auch nicht in Caracas Klingelstreiche gemacht. Er war Brötchen holen. In unserer Straße.

Aber es war Sonntagmorgen, da sind öfter noch Verstrahlte vom Feiern unterwegs. Und der Park, in dem so viel gedealt wird, ist auch ganz schön nah. Realistisch gesehen, bin ich jedoch die Einzige, die mit irgendwas dealen sollte, und zwar mit der Tatsache, dass meine Kinder groß werden.

Was kann ich dabei tun? Am besten gar nichts. In irgendeinem ansonsten für mich langweiligen Buch schrieb eine

Mutter über die Beziehung zu ihrer Tochter, sie habe irgendwann geschnallt, dass sie sich am besten alle schlauen Tipps und Lebensweisen klemmt und stattdessen einfach da ist und abwartet. Ich schaffe das zwar längst nicht immer, aber wenn ich es schaffe, dann merke ich, dass sie damit recht hat.

Wenn zum Beispiel die Kleine nicht Zähne putzen will, weil der Hocker noch nicht da steht, wo er soll, oder weil sie noch nicht fertig getanzt hat oder weil sie einfach nicht will, dann kann ich meckern: »Ey, ich zähl bis drei und danach wahrscheinlich noch mal, und das ist doch doof, komm jetzt her.« Aber wenn ich sage: »Alles klar, dann komm bitte zu mir, wenn du so weit bist«, denken erst alle: »Die hat doch nicht mehr alle Latten am Zaun, hoffentlich hat sie sich was zu lesen mitgenommen oder den Rasierapparat für ihre Beinhaare, denn DAS WIRD DAUERN.« Der Clou ist aber, dass es eben nicht dauert. Meistens geht es sogar schneller als Meckern und Rumstreiten. Ich sitze da, warte ein bisschen und mache dabei ein freundliches Gesicht, und meistens kommt die Kleine sofort und sperrt ihren Mund auf. Meine Vermutung ist, dass die Kinder sich, wenn sie den Zeitpunkt zum Zähneputzen bestimmen können, respektiert fühlen und dass die Verweigerung eben auch nur kurz dauern muss.

Das Gleiche gilt fürs Anziehen und alle anderen Situationen, in denen etwas gemacht werden muss, das blöd ist, und die Zeit eigentlich drängt. Ich vertraue den Kindern, dass sie nicht trödeln, weil sie mich ärgern wollen; deshalb gebe ich ihnen die Zeit, und sie beeilen sich, während sie das Gefühl haben, auch ein bisschen Bestimmer:in zu sein. (Wenn wir spät dran sind, dann gilt das, was ich eben geschrieben habe, mit schwindender Zeit übrigens immer weniger.)

Genauso wie in diesen Alltagssituationen gehört Vertrauen für mich auch zu größeren Themen. Trocken werden zum Beispiel. Der Große war tagsüber recht früh trocken, und manchmal hatte ich den Eindruck, dass andere Mütter sich zwingen mussten, mir wahlweise keine Medaille zu überreichen oder mich mit ihren Blicken nicht zu töten. Als hätte ich das geschafft. Ich sorge dafür, dass die Kinder überleben, dass sie sauber und satt sind; aber so etwas wie trocken werden oder durchschlafen, das bestimmen die Kinder doch selbst.

Im Internet kursiert in millionenfacher Ausführung dieses Bild von einer Wiese, auf der in schrecklicher Schrift steht: »Das Gras wird auch nicht länger, wenn man daran zieht.« Das klingt zwar nach drastisch reduzierten Geschenkartikeln von Butlers, stimmt aber voll! Bei Kindern UND bei Erwachsenen. Mir konnte man zum Beispiel sehr, sehr lange Zeit sehr, sehr oft sagen, wie beknackt Rauchen ist. Ich fand's cool, und zu meinen besten Zeiten hätte Helmut Schmidt mich für mein Pensum bewundert. Erst als ich Rauchen selber blöd fand, habe ich es gelassen. Die Berichte und Artikel und Kommentare nichtrauchender Freunde haben genau gar nichts bei mir bewirkt.

Zugegeben, manchmal, da möchte ich doch ein bisschen am Gras der Kinder ziehen, weil die Kleine mit über drei immer noch so exzessiv schnullert und schnuffeltucht. Ich ertappe mich bei den Gedanken, dass sie das jetzt lassen soll und dass ich gerade noch einen Artikel von Renz-Polster zum Thema nicht zu Ende gelesen habe, weil ich mich darin so kritisiert gefühlt habe. Dann hat mir zum Glück die Oma eines Kindes aus der Kitagruppe der Kleinen gesagt, sie finde es gut, dass ich die Kleine das entscheiden lasse, und sie berichtete von ihren eigenen Erfahrungen als Kind und als Mutter; weshalb sie eben auch meinte, dass die Kinder am besten selbst den Zeitpunkt bestimmen können, mit etwas aufzuhören (schnullern, ins Bett machen, stillen etc.) oder anzufangen (durchschlafen, aufräumen, essen, freundlich sein etc.). Das tat gut. Jetzt halte ich mich nicht mehr für inkompetent, wenn ich darauf hingewiesen werde, dass sie ja ganz schön alt für einen Schnuller ist, sondern sage einfach, dass sie bestimmen kann, wann sie fertig mit Schnuller und Schnuffeltuch ist. Und ich freue mich über ihren Stolz, wenn die Kinder etwas allein geschafft haben.

Aber Vertrauen geht ja leider noch viel weiter. Bis zum Bäcker zum Beispiel. Oder allein zur Schule. Beim Großen fällt mir das Vertrauen schwer, obwohl er verantwortungsvoll und plietsch und kommunikativ und super ist. Leider bin ich eine unfassbare Schisserin, und in meinem Kopfkino laufen ausschließlich Horrorfilme mit meinen Kindern in der Hauptrolle. Manchmal gehe ich nach Stundenbeginn heimlich zur Schule und gucke an den Haken vor dem Klassenraum, ob seine Jacke auch wirklich dort hängt. Aber so unauffällig, dass er es nicht mitbekommt. Denn ich will meine Kinder nicht verunsichern und meine eigene Angst an sie weitergeben. Das hilft ja niemandem. Ich kenne ein Kind, das konnte mit sechs noch keine gerade Strecke schnell laufen, weil es statt »Yeah« immer eher »O Gott! Pass auf! Bestimmt fällst du gleich hin!« zu hören bekommen hat.

Deshalb ziehe ich mich aus Situationen, in denen ich meine Angst nicht verstecken kann, raus; hängt zum Beispiel der Große nur noch mit einem Finger am obersten Ende des Klettergerüstes, sehe ich das nicht, weil ich gar nicht erst mit auf den Spielplatz gegangen bin. So was macht der Mann. Wenn wir hingegen mit scharfen Messern schneiden oder kokeln oder Feuer machen, kann ich besser vertrauen als der Mann, also ist das meine Aufgabe.

Am allerliebsten vertrauen wir beide dem Großen Samstag- oder Sonntagmorgen. Denn dann bekommen wir zur Belohnung frische Brötchen.

Ein Klaps hat noch nie keinem geschadet.
Die Distanzierung von Gewalt gegen Kinder.

Vor zwei Jahren im Skiurlaub waren wir in einem super Familienhotel mit vielen, lauten Kindern und wenig blöden Erwachsenen die SSSSST gezischt oder genervt die Köpfe geschüttelt haben. Zu den Mahlzeiten spielten alle Kinder laut und wuselig in der Spielküche. Ein kleiner Junge schubste meine Tochter, sodass sie umfiel und weinte. Daraufhin stürmte die Nanny des Jungen heran, legte ihn auf den Boden und haute ihn auf den Hintern.

Ich kriege nicht mehr den hundertprozentigen Wortlaut zusammen, aber ich wollte von der Frau wissen, was das sollte, woraufhin sie antwortete, sie wolle nicht, dass »er so was macht«. Ich entgegnete, dass »so was« überhaupt nicht schlimm sei und überhaupt gar nichts ein Grund sein könne, ein Kind zu hauen.

Das weiß ich leider so genau, weil mir das auch einmal passiert ist. Der Große war ungefähr dreieinhalb, der Mann, er und ich befanden uns auf Mallorca. Nach einem Besuch im Aquarium wollten wir noch etwas essen. Dabei hatte ich den Ketchup auf den falschen Teller gemacht. Der Große flippte deshalb sehr aus; ich habe ein bisschen abgewartet, auch als alle schon guckten und die Köpfe schüttelten und sich ihren Teil dachten. Dann habe ich ihn mir unter den Arm geklemmt und bin mit ihm nach draußen gegangen. Draußen bedeutete zwar, aus dem Restaurant, aber leider auch mitten in den Ausgang des Aquariums. Unter den Augen vieler Besucherinnen und Besucher wurde ich getreten und gehauen. Beruhigen konnte er sich in dem Moment nicht. Er schmiss sich neben einem Getränkeautomaten auf den Boden, wo ich mich neben ihn hockte. Beruhigend legte ich meine Hand auf seinen Bauch und bat ihn, sich zu entspannen. Wollte er aber nicht, denn er holte Schwung und trat mir mit voller Wucht in den Bauch. Bevor ich überhaupt merken konnte, wie weh das tat, hatte ich ihm schon auf den Po geklapst. Es war eher ein Ditscher als gehauen. Das hat es allerdings für mich nicht besser gemacht. Plötzlich war alles still. Wir haben uns beide tierisch erschrocken. Der Große rannte wütend in den Eingang zum Restaurant und brüllte: »Meine Mama hat mich gehauen.«

Ich wünschte mir zwar ein Loch im Erdboden, aber noch viel mehr ein Wurmloch, durch das ich fünf Minuten in der Zeit hätte zurückreisen können.

Es gibt keine Entschuldigung, und trotzdem hat der Große sie angenommen. Vor einiger Zeit habe ich ihm noch mal davon erzählt, er konnte sich nämlich nicht mehr erinnern, und ich habe ihm gesagt, dass ich ihm dankbar dafür bin, dass er so laut ins Restaurant gebrüllt hat, was ich getan habe. Aber statt zu rufen: »Ha, das geschah dir aber wirklich recht, das war ja bescheuert von dir«, war er traurig, weil er mich nicht bestrafen wollte. Das war mindestens genauso schlimm wie mein Gefühl direkt nach dem Klaps, und es hat mich einiges gelehrt.

Die gesamte Situation hat meine Meinung doppelt und dreifach bestärkt, dass kein Mensch und erst recht kein Kind es jemals verdient hat, geschlagen zu werden. Und selbst wenn ich das hier natürlich so geschrieben habe, dass mein Affektklapser nicht ganz so schlimm rüberkommt wie der Nanny-Schlag auf den Hintern, finde ich beides gleich verwerflich. Außerdem habe ich eine Menge über mich gelernt. Zur Zeit dieses Urlaubs war ich voller Stress und Zwänge. Wir waren mit einer anderen Familie dort, Freunden von uns, und die Mutter hat mich, ohne dass sie das wollte oder wusste, tierisch unter Druck gesetzt. Ihr Kind war schon immer eher ruhig und am betreffenden Tag, wie sie zu Recht voller Stolz berichteten, vorher stundenlang zu Fuß durch Palma gelaufen. Statt mich uneingeschränkt für sie zu freuen, habe ich mich wie eine Versagerin gefühlt, denn unser Sohn war in derselben Zeit fast ausschließlich wütend gewesen, weil das Essen blöd war, weil wir blöd waren, weil er nicht ins Aquarium wollte, aber auch nicht wusste, was sonst machen außer wütend sein und beleidigt wegrennen und toben. Wenn es nach ihm gegangen wäre, hätte er den ganzen Tag Feuerwehrmann Sam geguckt oder uns befohlen, wo wir stehen und was wir sagen und machen sollen. Wir, das waren in diesem Urlaub nicht Martin und Rike, sondern Elvis und Penny, Kollegin und Kollege von Feuerwehrmann Sam in der Feuerwache in Pontypandy. Der Große hat uns die ganze Zeit so genannt, die anderen Urlauber:innen dachten, das seien unsere echten Namen. Und ich wusste in dieser Zeit tatsächlich oft nicht mehr, wer ich war, weil ich so viel damit beschäftigt war, diese süße tickende Zeitbombe am Explodieren zu hindern beziehungsweise mich wie die Mutter zu verhalten, die ich glaubte sein zu müssen. Ich befürchtete, dass meine Freundin bestimmt sofort nach dem Urlaub den Kontakt zu mir abbrechen würde, weil mein Sohn immer wütete und ihren ständig zum Quatschmachen anstiftete. Und diese vielen anderen Leute. Die denken doch bestimmt, ich bin eine Scheißmutter, weil ich mein Kind nicht im Griff habe, und früher hätte man das anders geregelt. Und obwohl ich total beknackt finde, wie sie das früher geregelt haben, regle ich meinen Stress und den tiefen Wunsch nach einer fröhlichen, entspannten Familie und der Enttäuschung und Wut selber wie früher. Gnaaaaaaaa!

Dabei wäre es so einfach gewesen. Denn eigentlich hätte ich nur mal ohne dieses Drumherum und den Stress nachdenken müssen, was wir wirklich gebraucht hätten. Der Große sehr wenig Programm und Raum für seine Wut. Wir als Eltern eine Pause. Und alle mehr Offenheit.

Heute würde ich Folgendes tun. Ich würde der Mutter direkt sagen, dass ich sie dafür bewundere, wie sie gleichzeitig analytisch und liebevoll sein kann. Und dass ich Angst habe, sie denkt, ich kriege das voll nicht hin. Sie hätte vermutlich geantwortet, dass sie sich selbst gar nicht so vorkommt. Dann hätte ich nicht bei jedem gemeinsamen Essen im Restaurant fast geweint, weil ich mich gefühlt habe wie die Oberkackmutter, sondern stattdessen in unserem Apartment Nudeln gekocht, damit wir Eltern auf dem Balkon sitzen und die Kinder spielen konnten. Und ich hätte, als ich eine Pause brauchte, dem Kind das Handy in die Hand gedrückt und es Feuerwehrmann Sam gucken lassen, statt zu denken, dass Fernsehen böse ist, weil das alle finden, und wenn ich nicht schaffe, bei meinem Kind die Glotzerei zu regulieren, bin ich eine Loserin. Heute weiß ich, dass es anders ist: Ich bin höchstens doof, weil ich mich von dieser ganzen Perfektionsscheiße, anderen Meinungen und dem Druck habe davon abhalten lassen, die Mutter zu sein, die ich sein wollte. Die ehrlich mit ihrer Unsicherheit umgeht, übrigens auch gegenüber ihren Kindern. Die weniger auf die Meinung anderer Leute gibt und mehr auf das Glück ihrer Familie. Die jetzt weiß, dass sie alles für ihre Kinder tut, wenn sie bei Wutanfällen nichts macht. Der nicht peinlich ist, mal bei Profis nachzufragen, wie das eigentlich mit so fordernden Kindern gehen soll. Die immer öfter einfach abwarten kann, wenn die Kinder trödeln, sich nicht anziehen, nicht aufessen oder mitkommen wollen. Weil sie weiß, dass es fast immer ohne Streit ausgeht. Die weiß, dass nicht sofort das Jugendamt oder die Mütterpolizei klingelt, wenn die Kinder mal ein bisschen mehr ferngucken, damit der Mann und sie auf dem Balkon Kaffee trinken und knutschen können. Die das unbedingt ganz vielen anderen Eltern sagen möchte, damit alle sich gut fühlen.

Kinder klapsen oder hauen oder ohrfeigen ist zu Recht verboten. Und vor allem ist es keine Lösung für irgendwas. Es zeigt den Kindern nicht, dass sie sich vielleicht blöd verhalten haben, oder sorgt dafür, dass sie verstehen oder »wieder klarkommen«, sondern es lässt sie sich schwach und hilflos und ängstlich fühlen. Das ist genau das Gegenteil von dem, was ich für meine Kinder will. Ich wünsche mir, dass meine Kinder wissen, dass sie nicht funktionieren müssen, sondern immer geliebt werden, auch wenn sie wüten oder sich weigern oder anderer Meinung sind. Ich will sie groß machen und nicht kleinkriegen. Deshalb muss ich inzwischen auch vor Glück lachen, wenn die Kleine uns anmeckert, dass der Schaukelstuhl überhaupt gar nicht nur den Eltern gehört, sondern »den Stuhl für alle ist«, wenn der Große mich vor seinen Freunden auslacht, nachdem ich versucht habe, mit meinem Wissen über »Beast Quest« anzugeben, oder wenn beide mir unverblümt mitteilen, dass sie meine Entscheidungen beknackt finden.

Ich mach mir die Ratgeberwelt, wie sie mir gefällt.

Die Kunst, nur Positives aus Tipps zu ziehen.

»Und was mache ich, wenn er nicht aufhört?«
    »Dann sagen Sie noch mal, dass Sie das nicht möchten.«
    »Aber was mache ich, wenn er dann nicht aufhört?«
    »Dann sagen Sie noch mal, dass Sie das nicht möchten.«
    »Und wenn er dann immer noch nicht aufhört?«
    »Dann sagen Sie noch mal, dass Sie das nicht möchten.«

Das ist ein Auszug meines in echt viel längeren Lieblingsdialogs bei der Elternberatung. Außerdem ist dieser Dialog für mich der Grund, warum ich immer wieder doch zu Ratgebern greife, obwohl ich eigentlich stark bezweifle, dass ein fremder Mensch ein Rezept entwickeln kann für diese vielen Unbekannten, als da wären der Mann, der Große, die Kleine und ich. Alle mit unseren eigenen kleinen Päckchen aus Persönlichkeit, Erfahrungen, Ängsten und dann noch alle möglichen Konstellationen und Arten der Beziehung und dem Umgang damit. Wie soll das gehen?

Und trotzdem. Wenn bei uns zu Hause der Große gar

nicht kooperiert, meine Bitten links liegen lässt und unfreundlich rumbosst, wenn jeden Tag mindestens vierzigmal ruhig bleiben nichts bringt, weil ich danach gleich wieder als »Scheißmutter« angepöbelt werde, und ich wirklich keine Ahnung habe, was ich tun kann, damit das aufhört und wir alle wieder fröhlich sind, suche ich Rat und Verständnis. Stattdessen lese ich leider oft: »Das musst du jetzt so und so machen, und wenn du das nicht schaffst, bist du schwach und unfähig, deine Kinder großzukriegen, ohne dass sie in der Schule, zwischenmenschlich oder auf ganzer Linie versagen.«

Der Große hatte mit ungefähr fünf eine Phase, die mich zur Verzweiflung trieb, weil der Mann und ich jeden Tag geballt die Großwerdewut abgekriegt haben. Was sollte ich noch machen? Ruhig bleiben schaffe ich nur ungefähr vierzigmal. Aber der Große ist dann noch längst nicht fertig mit Wüten und Pöbeln. Das war der Zeitpunkt, als ich einen Ratgeber gebraucht hätte, in dem ich nachlesen konnte, wie ich beim einundvierzigsten Mal ruhig bleibe oder was sonst noch helfen könnte. Ich habe mir Ratgeber gekauft über Jungs, die groß werden. Gleich im ersten Buch las ich, dass Jungen im Kleinkindalter Fremdbetreuung nicht guttut, dass sie deshalb am besten lange bei der Mutter bleiben sollen. Da muss ich ja gar nicht weiterlesen, weil der Autor, dessen Namen ich vergessen und dessen Buch ich bei momox verkauft habe, ja die Schuldige gleich am Anfang festmacht: die Mutter. Brauch ich mich also gar nicht wundern, wenn der Große ausflippt, er war schließlich schon mit zwölf Monaten beim Tagesvater. Sehr motivierend.

Dann kam Jesper Juul, über den ich anfangs eher Witze gemacht habe, weil ich ihn ziemlich auf die Aussage »loben ist doof« reduziert hatte. Ich las ein bisschen mehr in seinen Texten und hörte in seinen Hörbüchern. Und auch bei Jesper Juul kam meistens an der Stelle, an der ich dachte: »Jetzt wird es spannend, weil das genau der Moment ist, an dem ich nicht mehr weiterweiß«, ein Happy End mit Klaviergedudel. Trotzdem haben seine Texte mir geholfen. Ich habe tatsächlich durch die Erklärungen häufiger nachvollziehen können, warum der Große manchmal wie eine große, entspannte Uhr tickt und manchmal wie eine Zeitbombe. Ich konnte länger ruhig bleiben, zählte weniger bis drei und verkniff mir das Drohen, wenn das Kind im Gegensatz zu mir noch nicht die Nase voll vom Wüten und Pöbeln hatte.

Für mich scheint Jesper Juul dasselbe Konzept zu verfolgen wie wir: durchwurschteln. Eigentlich immer Verständnis haben, klar sein, aber wenn es geht, alles erlauben. Vielleicht verstehe ich ihn nicht richtig, aber ich mag ihn auch deshalb so. Ich habe keine konkreten Tipps von ihm bekommen, aber seine Ruhe und sein Verständnis, mit dem er von Kindern spricht, haben anscheinend auf mich abgefärbt. Das war für alle großartig, weil es tatsächlich mehr Ruhe in unsere Familie gebracht hat. Der Große bekam mehr Raum für seine Wut und sein Drama, wir kommentierten es seltener, woraufhin sich alle schneller beruhigen konnten.

Das hat uns als Familie glücklicher gemacht. Und mich nachdenklicher. Ich habe immer schon viel rumgedacht über uns als Familie, aber seit die Kleine da ist und ihr Wesen so anders ist als das des Großen, noch viel mehr. Weil meine Kinder mir jeden Tag zeigen, dass wir alle verschieden sind, andere Bedürfnisse haben und unterschiedlich viel fröhlich, traurig und alles andere sind. Deshalb glaube ich nicht an Ratgeber, die mir sagen, wie ich mich am besten verhalte, sondern an Ratgeber, die es schaffen, mir erstens das Gefühl zu geben, dass ich keine Vollversagerin bin, und zweitens wenig konkrete Tipps vorschlagen. In den letzten Jahren habe ich gemerkt, dass es mir beim Zusammenleben mit den Kindern eher um Grundgefühle geht. Liebe, Vertrauen und Selbstsicherheit. Und auch wenn das nach Räucherkerzen und tanzenden Barfüßen klingt, ist Liebe für mich die Antwort auf so gut wie alles.

Gestern zum Beispiel hat der Große mit Freunden seinen achten Geburtstag gefeiert. Mit U-Bahn-Fahren und augenrollenden Waggonsitznachbarn und einem reservierten Tisch in einem Live-Rollenspiel-Haus. Eigentlich nicht mein Ding und eigentlich etwas, bei dem ich abends ein Jumboglas Wein darauf trinke, es wieder für ein Jahr geschafft zu haben. Aber als ich die Kinder beobachtet habe, wie sie miteinander umgingen, wie freundlich sie waren, wie selbstbewusst und lustig und schlau, war ich richtig geflasht. Könnte daran liegen, dass sich das Rollenspiel-Drachenlabyrinth im Keller eines alten Einkaufszentrums befindet und dort vermutlich selten gelüftet wird. Aber ich glaube eher, es liegt daran, dass diese Kinder sehr geliebt werden. Wie höchstwahrscheinlich auch deren Eltern sage ich meinen Kindern jeden Tag, dass ich sie lieb habe.

Selbst wenn sie ihre Gliedmaßen, den Fußboden und die Steckdosen mit Nagellack angemalt haben, versuche ich, ihnen das zu vermitteln. Durch diese bedingungslose Liebe gewinnen sie, so hoffe ich, Vertrauen. Zu sich selbst und zu uns. Das bedeutet, dass der Große mir meistens erzählt, wenn er für irgendetwas, zum Beispiel in der Schule, Ärger bekommen hat. Er weiß, dass wir ihn immer lieben und er zu Hause keinen Ärger bekommt, wenn er uns ehrlich sagt, was passiert ist.

Er hat mir zum Beispiel letzte Woche berichtet, dass er und sein Kumpel vom Bauspielplatz quer durchs Viertel gelaufen sind, um sich beim Kiosk Süßigkeiten zu kaufen. Das fand ich krass, und das hätte ich ihm, hätte er mich gefragt, auch nicht erlaubt. Allerdings ist diese Freiheit das Konzept des Spielplatzes. Ich hätte also losmeckern können, dass er mich nicht gefragt hat und dass er gefälligst nicht allein rumläuft. Aber damit hätte ich ihn für sein Vertrauen angemeckert, und das fand ich falsch Schließlich ist er schon acht, schließlich wohnt er in dem Viertel, schließlich ist er ja vernünftig. Also habe ich einfach gar nichts gesagt. Na ja, »einfach« wäre jetzt Angeberei. Weil mir das schwerfällt und ich es längst nicht immer hinkriege.

Zu Beginn seiner Schulzeit hat mir der Große erzählt, dass er im Unterricht viel Quatsch macht. Die Lehrerin hatte ihn zu diesem Zeitpunkt im Gespräch auch eher klassenclownig eingeschätzt. Als ich das hörte, bin ich gleich in den Meckermodus geraten. Ich wollte so sehr, dass der Schulstart für den Großen gut läuft und dass er gut mitkommt. Nach dem Meckern habe ich mich gefragt, was ich denn genau mit meinen Wünschen meine. Will ich, dass er immer stillsitzt und brav ist, sich viel meldet und alles macht, was man ihm sagt? Und dass er das Gefühl bekommt, er ist falsch, wenn er das nicht macht? Hat er dann noch Spaß in der Schule? Wohl kaum. Mir wurde schließlich klar: Wenn er Klassenclown sein will, ist das eben so. Er muss selbst den Unterschied herausfinden zwischen gutem Quatsch, bei dem alle Spaß haben, und schlechtem, der den Unterricht und die anderen Kinder stört. Ich will, dass er fröhlich dabei ist, wenn er lernt, wie Lernen und Klassengemeinschaft funktionieren.

Noch ein Beispiel zum Thema Vertrauen. Seit einigen Tagen muss die Kleine ein Antibiotikum nehmen. Deshalb sitze ich zweimal täglich mit dem ekligsten Saft vor ihr. Wir wissen beide, dass der widerlich schmeckt, und andere würden vielleicht sagen: in den Schwitzkasten nehmen und schnell rein. Kann ich aber nicht. Ich will sie nicht zwingen, und deshalb dauerte es die ersten Male sehr, sehr lange. Ich saß manchmal zwanzig Minuten vor ihr, und sie sagte, sie sei noch nicht mutig genug. Ich wurde ungeduldig; wie blöd ist es denn, dass ich mich hier vor einer Dreijährigen zum Horst mache. Ich fühlte mich macht- und ratlos, und weiter rumzusitzen war für mich wirklich schwer.

Aber als ich beim Warten über die Situation nachdachte, fielen mir zwei Dinge auf. Ich war ratlos, weil ich nicht wusste, was nach ihrem Nein kommen sollte. Weil die Medizin ja reinmusste. Genau wie die Jacke morgens angezogen werden muss, und all diese anderen Dinge, die sein müssen und deretwegen es Streit gibt. Dieses Nein, das eigentlich nicht geht, ist bei vielen Eltern, auch bei uns, der Grund für Stille Treppen, Hausarrest, Drohungen und so weiter. Weil es eben viel Selbstsicherheit und Vertrauen braucht, um diese Situationen des Wartens auszuhalten, bis die Kinder es von selbst machen. Und vor allem braucht es Zeit. Woher sollen wir die denn immer nehmen, wenn wir morgens losmüssen, um pünktlich in der Kita, der Schule und der Arbeit zu sein. Und die Selbstsicherheit gibt es ja auch nicht im Multipack bei der Metro. Manchmal werde ich den ganzen Tag als gemeine Scheißmama angemeckert, dann lese ich im Internet, wie scheiße sowieso alle Eltern sind, dann wird die Kleine krank, und mein abgegebener Text muss auch noch mal neu. Danach ist mein Vertrauen mit der Selbstsicherheit um den Block, und die Zeit rennt hinterher, weil sie gucken will, wo die beiden anderen hin sind.

Für mich lohnen sich in Momenten der Unsicherheit und Ratlosigkeit (manche) Ratgeber und (manche) Blogs. Was ich da über den Unsinn von Strafen lese, gibt meinem diffusen Gefühl Sicherheit, eigentlich nicht zwingen zu wollen.

Dann komme ich mir nicht mehr vor wie ein Trottel, der sich von seinem Kleinkind auf der Nase herumtanzen lässt, sondern wie eine Mutter, die weiß, dass die Medizin ihrer Tochter scheiße schmeckt und dass es Überwindung kostet, sie einzunehmen. Die Kleine und ich entwickelten von Mal zu Mal unser eigenes kleines Ritual. Sie rennt zuerst weg, und ich komme hinterher. Dann sagt sie eine Zahl, bis zu der ich zählen soll, danach macht sie den Mund auf, und ich kann ihr den Saft geben. Es geht jedes Mal schneller. Vermutlich, weil die Kleine sich ernst genommen fühlt. Und weil sie jedes Mal ein kleines Häufchen rosa Zuckerwatte bekommt, damit sie den ekligen Geschmack los ist. Bestechung! Finden viele Ratgeber blöd, ich weiß. Kann ich in vielen Situationen auch nachvollziehen. Und ein bisschen ist die rosa »Glückswolke«, wie wir sie nennen, auch eine Art Strohhalm, an den ICH mich klammere, wenn ich mit der Medizin warte, bis die Kleine so weit ist. Aber auf der anderen Seite sind mir in diesem Moment die Ratgeber egal, weil ich selbst schnell was Süßes esse oder etwas mit Geschmack trinke, wenn ich eklige Medizin nehmen muss.

So ist gerade mein Weg. Ich will Liebe, Vertrauen und Selbstsicherheit. Dafür hole ich mir aus Ratgebern und Blogs, was mir hilft, lasse das weg, was nicht zu mir passt, und denke mir dafür selbst was aus. Die Kleine muss zum Beispiel gerade auch zweimal am Tag ein Nasenspray nehmen. Und weil ich mit der Zuckerwatte so gut gefahren bin, kriegt sie für jeden Sprühstoß einen Kinderriegel. Kleiner Scherz! In diesem Fall fand ich Süßigkeiten unangebracht und habe deshalb beschlossen, dass dieses Spray nicht gegen Polypen ist, sondern gegen Freundlichkeit. Nach jedem Sprühstoß muss die Kleine deshalb ein Schimpfwort rufen. Heute Morgen waren es »Arschballon« und »Löwe«. Das funktioniert so ausgezeichnet, dass ich mich dazu hinreißen lasse, einen Rat zu geben:

Ich glaube, das Wichtigste ist, die Kinder zu lieben wie verrückt. Und wenn wir dann im Alltagswahnsinn am Rande der Verzweiflung Rat suchen in Büchern, Blogs oder bei den Meinungen anderer Menschen, dann sollten wir darauf achten, dass uns diese Ratschläge nicht unter Druck setzen, weil die Art der Erziehung, Beziehung etc. nicht zu uns passt, dass sie uns nicht bewerten oder verurteilen, sondern dass sie uns Selbstsicherheit geben. Manchmal finde ich Ratschläge super. Manchmal will ich sie nicht hören. Manchmal bringen sie mir gar nichts. Dann kommen sie vielleicht von den falschen Personen, oder sie passen nicht, weil in ihnen schon Familienfrieden vorgesehen ist, wenn hier erst alle in Fahrt kommen. Manchmal nehme ich Ratschläge und Einstellungen gern an und mache dadurch unser Familienleben ruhiger und glücklicher. Manchmal können mich alle mal, dann brülle ich rum und knalle Türen.

Aber deshalb bin ich noch lange keine schlechte Mutter. Ich bin die beste Mutter, die ich sein kann. Dass ich das schaffe, hat mir erst diese Woche der Große bestätigt. Er hat gesagt, er kann sich keine bessere Mutter vorstellen, und er wollte danach nichts geschenkt, erlaubt oder gebracht haben.

Ich erziehe nichts, was einen Namen hat.
Die halbe Absage an AP und Co.

Ich finde Einschlafbegleitung blöd. Im Internet sehe ich häufiger mal Bilder von schlafenden Kindern mit nur diesem Wort drunter. Wie ein Fleißbienchen liest sich das dann. Einschlafbegleitung …

Während ich darüber nachdenke, liege ich übrigens neben meiner schnarchenden Tochter, gucke sie gern mal ein bisschen verliebt an und warte, bis sie fest schläft, bevor ich das Zimmer verlasse. Aber ich will nicht einschlafbegleiten, ich will einfach mit meinem Kind im Bett liegen, weil ich mag, dass sie sich nicht alleine fühlt. Das hört sich vielleicht nicht konzeptionell und ideologisch an, kommt aber von Herzen. Viel mehr als das, was ich mit dem Großen veranstaltet habe. Da war ich emotional ziemlich weit von mir entfernt. Ich hörte von überall Stimmen, am lautesten die, die riefen: »Bloß nicht verwöhnen! Die haben es faustdick hinter den Ohren.«

Ich las mich durch Ratgeber und Erziehungsstile und schnappte blöde Dinge wie Schlaftraining oder Auszeit auf. Schlaftraining geht gar nicht, das kann ich leider aus eigener Erfahrung sagen, und Auszeit als Konzept ist doch auch beknackt. Alles, was als Konzept daherkommt, finde ich genau genommen beknackt, und deshalb war ich so froh, dass ich nach der Geburt der Kleinen diese Stimmen und Fachbegriffe nicht mehr hörte. Mir war tatsächlich fast egal, was die anderen sagen oder finden oder erwarten. Ich habe gemacht, was ich für richtig hielt. Zum Beispiel einen geplanten Kaiserschnitt, bei dem im Internet ja schon die ersten ihre Mistgabel in die Höhe strecken und kreischen: »IST DAS DENN AP?« (Attachment Parenting: Bedürfnisorientierte Erziehung.) Keine Ahnung. Für mich war das die beste Lösung, und ich war am Ende glücklich damit. Die Kleine habe ich von Anfang an in meinem Bett schlafen lassen, Co-Sleeping wird das, glaube ich, genannt. Ich nannte es einfach schön und praktisch. Meine Tochter hat sich im Alter von fünf Monaten abgestillt, und ich habe es erst zwei Tage später gemerkt. War das jetzt ein Konzept, und wenn ja, welches? Vorher hat sie nach Bedarf gestillt, allerdings habe ich dazugesagt, sie kriegt den Mops, wenn sie Hunger hat, einschlafen will, aufgeregt ist oder ich dem Großen in Ruhe vorlesen möchte. Aber manchmal, wenn ich nicht mehr konnte und in einen Erschöpfungsschlaf gefallen bin, hat der Mann mich schlafen lassen und ihr ein Fläschchen gegeben. Manche nennen das Zwiemilch, ich nannte es eine große Erlösung, weil ich mal mehrere Stunden am Stück schlafen konnte. Und wenn ich mich mit dem Großen streite, dann bin ich ganz lange ruhig und gebe ihm gern Zeit für seine Wut – und manchmal leider auch Fernsehverbot.

Merkt ihr? Wir haben nur ein Konzept, nämlich, dass wir keines haben und eher im Nachhinein unser Verhalten einem Erziehungsansatz zuordnen können.

Endlich, endlich, endlich machen wir es einfach so, wie es sich für uns gut und richtig anfühlt. Ich denke kaum noch darüber nach, ob wir für unsere Freizeitgestaltung Props in der Eltern-Facebook-Gruppe bekommen, aber ich frage viel, ob wir alle fröhlich sind.

Ich habe so lange gebraucht, um als Mutter mein Gefühl und meine Intuition zurückzukriegen, da werde ich doch jetzt den Teufel tun und mich einem Konzept anschließen, das sich jemand ausgedacht hat, der weder mich noch meine Kinder kennt. Ich bin froh, in brenzligen Situationen nur mich selbst zu fragen und zu überlegen, was ICH jetzt am besten tun sollte. Diese Stimmen um mich herum würden mich nur wieder hektisch und unauthentisch machen, weil ich mich dann fühle wie ein Roboter, der einen Verhaltenskatalog befolgen muss. Ich will aber kein Roboter sein, sondern ein Mensch, der sein Ding macht, mit einem Herzen voller Liebe und einer Hosentasche, in der auch ein paar Fehler sind.

Vor einiger Zeit zum Beispiel hat der Mann mit dem Großen abends gelesen und ein neues Buch angefangen, obwohl noch zwei angelesene Bücher rumlagen. Ich war genervt, weil das Beginnen eines weiteren Buches so gut wie sicher bedeutet, dass die zwei angefangenen dadurch langweilig sind und nie mehr gelesen werden. Das äußerte ich in einem sehr unfreundlichen Ton, weil mein Tag lang wie meine Laune schlecht war. »Dann kann ich die Bücher jetzt ja wegschmeißen«, motzte ich. Der Mann hatte anscheinend an diesem Tag gemeinsam mit mir von der eher unreifen Frucht gegessen und entgegnete zickig: »Mach doch«, woraufhin ich eines der Bücher nahm und in den Müll warf. Das fand der Große zu Recht furchtbar. Ich habe mich erschrocken, der Mann hat mir unzickig gesagt, dass das gerade ziemlich dämlich war, und ich habe mich beim Großen für meine blöde Aktion entschuldigt. Danach haben der Mann und ich uns vor dem Großen gegenseitig gesagt, dass wir blöd und unfreundlich zueinander waren, alle nahmen alle Entschuldigungen an und umarmten sich. Fertig. Keine Roboter haben sich benommen wie keine Roboter und leben fröhlich weiter.

Ich bin dankbar, dass wir in solchen Situationen nicht noch ein Konzept im Nacken haben, das mir mit seinen Regeln und Handlungsaufforderungen das Denken erschwert oder ein schlechtes Gewissen macht.

Genau das versuchen nämlich, absichtlich oder nicht, viele. Ich lese eigentlich gern in anderen Blogs, aber viele Texte nicht bis zum Schluss. Ich bin nämlich sofort raus, wenn es zu belehrend oder unterschwellig anklagend wird. Als würde mein Kopf merken, dass dieser Text nicht gut für mich ist, lässt er die Worte vor meinen Augen tanzen und stellt mein Aufnahmezentrum in eine Art Stand-by. Ich kann nicht gut umgehen mit Anweisungen, gerade nicht, wenn sie mir suggerieren, dass ich ein Arsch bin, wenn ich es nicht schaffe, sie zu befolgen. Solche Anweisungen geben meiner Meinung nach Leute, die kein echtes, empathisches Interesse daran haben können, andere Eltern durch Ideen etc. zu unterstützen; eventuell kompensieren sie damit sogar irgendein persönliches Problem. Aber das ist natürlich Küchenpsychologie, und die habe ich, wie das meiste, noch nicht mal zu Ende gelesen.

Zum Glück gibt es sie aber, die Blogger:innen und Autor:innen, die reflektiert und tolerant über ihr Leben mit Familie schreiben, unter ihnen auch solche, die sich aus Überzeugung ein bestimmtes Konzept auf die Fahnen schreiben. Und weil ich das aus meiner Position nicht richtig nachvollziehen kann, habe ich zwei, die ich toll finde und gern lese, gebeten, mir zu erklären, warum ihnen Begrifflichkeiten und die Benennung ihres Lebenskonzepts wichtig sind.

Kathrin vom Blog ÖkoHippieRabenmütter zum Beispiel lebt »unerzogen«. Als ich dieses Wort das erste Mal hörte, dachte ich wie eine zweiundsiebzigjährige Bridgeclubziege an Kinder ohne Frisuren, die mir grundlos vors Schienenbein treten. Leider klingt das in vielen Artikeln im Internet auch so. Unerzogene Kinder, so las ich, dürfen bei Freunden die Grünpflanzen aus den Töpfen reißen und mit der Erde im Wohnzimmer verteilen. Warum?, frage ich mich. Die Antwort, die ich herauslese, lautet ungefähr: Darum. Das heißt außerdem gar nicht Erziehung. Wenn du erziehst, dann wendest du Gewalt an und bist ein diktatorisches Arschloch.

Kathrin schrieb mir zu meiner Bemerkung, dass ich Schwierigkeiten mit den Leuten habe, die sich aufgrund ihres Erziehungskonzepts über mich stellen und über mich urteilen: »Die erziehen ihre Kinder nicht, aber dafür die ganze Welt.«

Weil Kathrin auf Belehrungen komplett verzichtet, konnte ich beim Lesen ihres Blogs feststellen, dass ich viele Dinge ähnlich sehe oder mache. Mehr noch: Weil ich nicht belehrt wurde, befand ich mich auch nicht in Abwehrhaltung und konnte offen ihre Anregungen und Denkanstöße annehmen.

Kathrins Bekenntnis zu »unerzogen« war für sie eine Befreiung. Sie hat sich davon losgesagt, autoritär oder glaubwürdig sein zu müssen, und handelt aus Überzeugung nicht nach Methoden, Konzepten oder Mustern, sondern allein nach ihrer Intuition. Dabei ist sie, und das kann ich auch aus ihren Texten und persönlichen E-Mails herauslesen, sehr empathisch und freundlich. Auch ich finde: Wenn wir uns als Eltern freundlich und respektvoll uns sowie anderen gegenüber verhalten, dann beeinflusst das unsere Kinder tausendmal mehr und besser als eine Stille Treppe oder Fernsehverbot. Kathrin formuliert genau das als Kern ihrer Elternschaft, ihr Fokus liegt eindeutig bei der zwischenmenschlichen Bindung und Beziehung. Das bedeutet im Umkehrschluss, dass es eben keine Zwänge gibt, auch nicht die häufig propagierten AP-Features wie Familienbett, Langzeitstillen oder so, sondern nur eine einzige feste Regel: ein respektvolles, liebevolles Miteinander. Ein Freund des Großen, an dessen Seite ich uns als Eltern immer schlagartig oberspießig finde, wächst weitestgehend ohne Regeln auf, und er hat mir noch nie vors Schienbein getreten. Vielmehr ist er ein fröhlicher, herrlich eigener Junge, den wir sehr gern bei uns haben. Und ich glaube, dies liegt zu großen Teilen daran, dass seine Mutter, wie Kathrin, eine klare, coole, herzliche Frau ist. Der Kern von AP und »unerzogen« ist vielleicht also doch nicht, immer alles durchgehen zu lassen, ohne jemals erschöpft oder genervt zu sein, so wie ich das leider aus vielen Texten herauslese?

Mir erscheint besonders Attachment Parenting häufig als ein Wettbewerb, wer sich am krassesten aufopfert, nachts auf der kleinsten Quadratzentimeterzahl im Familienbett am wenigsten schläft, am längsten stillt und im Biomarkt die unbehandeltste Zitrone findet. Da bin ich raus.

Dabei bin ich, wenn es darum geht, dass die Bedürfnisse von allen ernst genommen und, sofern möglich, erfüllt werden. Und dass respektvoll miteinander umgegangen wird, wenn das mit dem Erfüllen mal nicht klappt. Für das Beispiel Schlafen würde ich mich bei diesen Aussagen für die dritte entscheiden:

1. »Du kannst immer in meinem Bett schlafen, weil es für dich das Beste ist; ob ich dann die ganze Nacht kein Auge zukriege, ist völlig egal.« Funktioniert für mich nicht.

2. »Schlaf gefälligst in deinem eigenen Bett; wenn du das nicht machst, bist du ein bescheuertes Weichwurstkind.« Fies.

Aber für alle gut fänd ich das hier:

3. »Weißt du, ich bin morgens nicht erholt, wenn du in meinem Bett rumwühlst, deshalb lass mal überlegen, wie wir das hinkriegen, dass wir beide gut schlafen.« Und dann überlegen alle zusammen, wie das gehen kann. Dieses Beispiel habe ich gewählt, weil wir das so gemacht haben, und seitdem liegt eine Matratze neben unserem Bett, auf der der Große schläft, während die Kleine es sich in unserer Mitte gemütlich macht.

Ihr seid ja voll AP, hihi, möchte man meinen. Doch dann gibt es Situationen, in denen ich schweigend danebensitze, wenn der Mann den Großen anmotzt, weil der nicht in seinem Bett einschlafen will und alle drei Minuten ins Wohnzimmer kommt, um uns mitzuteilen, dass er noch nicht eingeschlafen ist, obwohl er es ganz doll probiert. Denn manchmal habe ich keinen Elan und will einfach meine Ruhe. In diesem Fall zum Beispiel hatte sich meine Empathie durch verschiedene Faktoren stark minimiert. Die Kleine war krank, dann war ich krank, dann wieder die Kleine, und ich hatte keine Zeit, mich komplett auszukurieren, und wollte nur allein sein, auch in meinem Bett. Meine Hüfte schmerzte, und ich lag nachts im Bett wie ein Mensch ohne Knochen, verknotet um die Kleine, außerdem war ich meistens wach, weil ein Kind schnarchte und das andere im Schlaf gegen die Schranktüren bollerte.

Würden mir in einer solchen Situation auch noch die

wertenden AP-Grundsätze in den Ohren liegen, wie ich sie aus dem Internet mitbekomme, diese ganzen »Auf keinen Fall so« – »Das ist Gewalt« – »Du weißt schon, dass«, würde ich vermutlich aus dem Fenster springen. Nee, in solchen Situationen brauche ich Tschakkas, und die empfange ich mit einigen Ausnahmen aus den konzeptionellen Lagern nicht. Leider finde ich da selten Leute wie Nora Imlau, Buchautorin und für mich eine der empathischsten, empowerndsten AP-Befürworterinnen. Sie sieht in einem gemeinsamen Label AP die Möglichkeit, eine Community zu schaffen und Gleichgesinnte zu finden, die sich gegenseitig unterstützen.

Schade, dass ich in der Community eher Leute finde, die anscheinend nur darauf warten, mir verächtlich mitzuteilen, was ich wieder falsch gemacht habe. Das liegt zugegeben zum Teil auch an mir, weil ich schnell aus neutral formulierten Kommentaren Vorwürfe herauslese. Das passiert, weil Leute manchmal tatsächlich Vorwürfe in ihre Kommentare packen, aber auch, weil ich bei bestimmten Themen unsicher bin und Kritik finde, wo keine ist. Mir fällt das besonders rückblickend auf, weil ich die meisten dieser Unsicherheiten überwunden und zu den klassischen Themen wie Stillen, Kaiserschnitt etc. meine eigene Meinung habe und diese nicht mehr automatisch für weniger wert- oder liebevoll halte als die von länger stillenden oder natürlich gebärenden Frauen. Aber auch mit mehr Selbstsicherheit mag ich nicht zu einem bestimmten Lager gehören. Weil ich viele Aussagen zu dogmatisch finde, weil mir oft der Umgang mit anderen Meinungen viel zu extrem ist und weil meiner Ansicht nach viel zu selten thematisiert wird, dass Eltern mal im Arsch sind und ihre Kinder anmeckern oder verletzende Sachen sagen. Und mir fehlt die deutliche Aussage, dass das eben keine unentschuldbaren Sünden sind, sondern menschliche Fehler, aus Müdigkeit oder weil wir frisch getrennt sind oder einfach so einen Scheißtag hatten. Scheitern wird zu wenig thematisiert, und wenn, dann nicht gerade mit viel Verständnis. Als wäre es keine Option, wobei es bei mir täglich stattfindet.

Ich für mich kann garantieren, dass ich meinen Kindern nie körperliche Gewalt antun werde, aber ich werde immer wieder laut werden und blöde Dinge sagen und bestimmt auch immer mal wieder Wenn-dann-Formulierungen als Druckmittel nutzen. Und in diesen Augenblicken hilft mir nicht, mich schlecht zu fühlen, weil das anscheinend sonst niemandem passiert, sondern von anderen in der gleichen Situation zu lesen; darüber, was sie in diesen Momenten machen. Zum Beispiel bei Kathrin, Nora oder bei »Das gewünschteste Wunschkind aller Zeiten treibt mich in den Wahnsinn«; diese drei beziehungsweise vier Frauen bevormunden oder bewerten mich eben nicht, bei ihnen fühle ich mich verstanden, akzeptiert und motiviert, weiter über mein Verhalten und mein Leben mit Kindern nachzudenken.

Es gibt sie also, die netten, undogmatischen Menschen, die es aus Überzeugung anders machen, aber mich nicht auf Krampf davon überzeugen wollen. Deshalb lese ich auch weiterhin auf Blogs und in Büchern über Erziehungskonzepte, besonders über die, die sich bindungsorientiert nennen. Obwohl UND weil ich manchmal tatsächlich trotz aller Hinterfragerei und Selbstkritik nichts Besseres weiß, als Fernsehverbot zu erteilen oder zu schimpfen mit den bekannten Formulierungen: »Wie oft soll ich das denn noch sagen ...« oder »Warum musst du immer ...«

Wenn ich jetzt alles, was ich geschrieben habe, in einen Topf werfe und umrühre, dann würde mein Erziehungsstil vermutlich heißen: selbstbestimmte, tagesformabhängige Planlosigkeit mit großer Liebe. Aber zum Glück stehe ich ja nicht so auf Namen.

Das haben Sie gut gemacht.
Der Stolz auf die supersten Kinder.

Einmal habe ich auf dem Spielplatz geweint. Nicht, weil mir eine andere Mutter meine Schaufel geklaut hat. Auch nicht, weil meine Kinder nicht nach Hause wollten. Ich fang mal von vorn an: Auf dem Kletterturm stand ein ängstliches, jüngeres Kind, das sich plötzlich nicht mehr hinuntertraute. Mein Sohn bekam das mit, kletterte zu ihm, beruhigte es und zeigte ihm, wie es die Leiter leicht runterklettern konnte. Das fand ich natürlich schon ziemlich großartig.

Aber dann kam etwas später die Mutter des anderen Kindes auf mich zu und sagte einfach nur: »Das haben Sie gut gemacht.« Ich war stolz und fröhlich, und natürlich waren meine Tränendrüsen wieder voller als die Einkaufstüten bei einer Primark-Eröffnung. Ich weinte. Jetzt kann man zu meiner Verteidigung sagen, dass ich zu der Zeit wirklich sehr wenig schlief und manchmal auch einfach weinte, weil ich eine Kiwi angefasst habe. Aber viel mehr lag und liegt es daran, dass wir Mütter viel zu selten gelobt werden. Ich schreibe hier ausdrücklich »Mütter«, weil ich im Gegensatz zum Mann zum Beispiel noch keinen

Applaus dafür bekommen habe, mit zwei komplett angezogenen Kindern im Supermarkt einzukaufen, ohne dass das Zeitschriftenregal Feuer fängt.

Wir Mütter werden in dem, was wir leisten, viel zu oft für selbstverständlich genommen, und das kotzt mich unfassbar an. Selbst bei der Spielplatzsituation versuchte ich gleich, meinen Beitrag zu relativieren, und sagte mir: »Jaja, da weißte aber ja auch nicht, was du wirklich dazu beigetragen hast.« Und natürlich sind die Kinder eigenständige Persönlichkeiten, und natürlich liegt es in deren Hand, wie sie werden. Aber, verdammt noch mal, wer lebt den Kindern denn die ganze Empathie und Fröhlichkeit vor? Wer erklärt sich den Wolf, dass es schön ist, freundlich zu sein und auf andere achtzugeben? Ich nämlich (okay, und der Mann, aber der hatte seinen Applaus ja bereits im Supermarkt). Und ich schreibe mir jetzt mal meinen Verdienst auf meine Fahnen.

Im Sommer war der Große oft bei einem Nachbarsjungen, der viel Minecraft gespielt hat und irgendwelchen anderen Ballerkram. Der Große hat es mir jedes Mal erzählt, wenn sie Computer gespielt hatten (voll gut!). Als ich aber irgendwann abends meinte: »Na, wenn du heute schon so viel gespielt hast, dann möchte ich nicht, dass du heute Abend deine normale Medienzeit bekommst«, überlegte er kurz und entgegnete mir: »Aber dann erzähle ich dir das beim nächsten Mal einfach nicht mehr.« Damit hat mir der damals Sechsjährige eine sehr gute Lektion erteilt. Ich war total stolz, auf ihn und auf die Person, die ihm erstens viel wertfreien Raum gibt, Dinge zu erzählen, zweitens zum kritischen Denken ermutigt und drittens kein Problem damit hat, auch Gesagtes zu revidieren. Das bin – tataaa – ich!

Bei seinem ersten (mit wehenden Fahnen verlorenen) Fußballturnier hat der Große der Trainerin vom Gewinnerteam gratuliert. Einfach so ging er zu der strengen Frau, die mich mit ihrem Geschimpfe gedanklich an den Rand des Eislauffinales der Olympischen Spiele 1984 in Sarajevo brachte. Nach der Gratulation meines Sohnes ist ihr fast die Bratwurst aus der Hand gefallen. Und woher hat der Junge das Selbstbewusstsein, anderen Erfolg zu gönnen, und das Wissen, dass Gewinnen oder Verlieren nicht seinen Wert als Mensch ausmacht? Rischtisch!

Und wo ich gerade so drin bin in der Abfeierei von mir selbst: Als er vor ein paar Wochen Schwierigkeiten bekommen hat, weil er mit einem Freund ein Mädchen aus der Klasse geärgert haben soll, ist er zur Lehrerin gegangen und hat gesagt, dass er es allein war. Wer hat ihm gesagt, dass es wichtig ist, zu seinen Fehlern zu stehen? Wer hat ihm gesagt, dass er keinen Ärger kriegt, wenn er zu Hause erzählt, dass er welchen gemacht hat? Ich will ja nicht angeben, aber …

Und wenn mich dann noch der Briefträger anspricht und erzählt, er habe den Großen getroffen und sei schwer beeindruckt, weil der so freundlich war und kurz geschnackt hat, finde ich immer noch, dass wir uns viel zu selten dafür feiern, was wir unseren Kindern alles mitgeben und vorleben und dass wir eben nicht alle egozentrische Tyrannenarschlöcher großziehen, wie uns so viele glauben machen wollen, sondern dass wir uns jeden Tag Mühe geben, aus ihnen mitfühlende, glückliche und kritische Menschen zu machen, die sich gut und gerne in der Welt zurechtfinden werden. Jeden Tag bin ich ein guter Mensch, weil ich einer sein will und weil ich mir wünsche, dass meine Kinder auch welche sind. Ich gehe respektvoll mit meinen Mitmenschen um, ich vermittle meinen Kindern, was für mich im Leben wichtig ist, und ermutige sie, sie selbst zu sein, und zu denken, an sich, aber auch an andere.

Vor ein paar Wochen im Baumarkt, da ist die Kleine hingefallen und hat sich wehgetan. Ich habe sie getröstet und ein bisschen abgelenkt, und sie war schnell wieder fröhlich. Als wir weiterliefen, bemerkte ich eine Frau, die uns anguckte. Und zwar nicht so, wie erwartet, nämlich genervt, weil ein Kind geweint und gestört hatte. Diese Frau guckte mich **beeindruckt** an. Sie war offensichtlich beeindruckt davon, wie ich die Situation gelöst hatte. Ich habe ihren Blick so genossen. Weil er mir gezeigt hat, dass das, was ich jeden Tag tue, etwas Wertvolles ist. Und dass ich es draufhabe.

Ich komme mir total beknackt dabei vor, das so zu schreiben, weil ich nicht besonders gut stolz auf mich sein oder vorzeigen kann, was ich erreicht habe, ohne dass in meinem Kopf eine Stimme »ANGEBEREI« brüllt. Aber vielleicht schaffen es meine Kinder, dass ich mal einfach so stolz auf mich sein kann. Sie haben mir ja schließlich auch gezeigt, dass mein Kopf nicht platzt, wenn ich über einen langen Zeitraum wenig schlafe oder vier Millionen Mal das Wort »Mama« höre.

Zum Schluss möchte ich alle Eltern herzlich einladen, sich selbst auf die Fahnen zu schreiben, was sie alles leisten, was sie als Eltern für Fähigkeiten haben und was sie ihren Kindern alles Wunderbares mit auf den Weg geben. Das tut nämlich gut. Und dann trinkt mal einen auf euer Wohl! Prost.

WAS ICH NOCH SAGEN WOLLTE

Genießt doch selber!
Die Wut auf Leute, die bestimmen wollen, wie es mir geht.

Es ist Weihnachten. Die Kleine befiehlt mir, wie ich die Puppen aus ihrem Puppenhaus zu halten (»NICHT SO!«) und was ich zu sagen habe (»Ich habe gesagt, mit der SÜSSEN STIMME!«). Parallel baut der Große seine Nexo-nights-Legosachen zusammen und erzählt mir begleitend die üblichen Länger-als-Echtzeit-Episoden. Sobald ich mich hinsetze und irgendwas mache, kommt ein Kind an und will was, meistens, dass ich genau dieses Irgendwas nicht mehr mache.

Häufig sind es genau diese Momente, in denen von Verwandten oder Bekannten oder auch wildfremden Menschen der schlaue Tipp kommt: »Genieß die Zeit mit den Kindern! Sie ist so schnell vorbei.«

Und immer sind es diese Momente, in denen ich antworten möchte: »Genießt doch selber, ihr Klugscheißer!« Wenn ich etwas genießen würde, dann wäre das ein heißes Schaumbad, ohne dass einer reinkommt, mit reinwill und mich dann zwingt, die Wassertemperatur so zu drosseln, dass ich erfriere, wenn ich aus der Wanne steige. Oder ausschlafen. Oder überhaupt schlafen, ohne dass ich nachts getreten oder so lange angeschnarcht werde, bis Ohren und Organe von selbst zur Seite rutschen. Oder, oder, oder. Auf jeden Fall ganz viel allein und ohne Kinder.

Aber sie sind da. Und die Kleine will nur und ausschließlich von mir ins Bett gebracht werden. Seit Ewigkeiten. Und der Mann macht nicht den Eindruck, als würde ihn das groß stören. Ich trotte also lustlos hinter der Kleinen her und ärgere mich noch, dass ich das Handy im Wohnzimmer liegen gelassen habe. Dann lese ihr die zwei Bücher vor wie eine Vierzehnjährige, deren Eltern sie zwingen, auf der silbernen Hochzeit einer sehr ätzenden Tante ein Lied auf der Klarinette vorzuspielen. In diesem Moment mag ich mich noch weniger als meine Fremdbestimmtheit.

Schließlich bringt die Kleine das Gespräch auf den Friedhofsbesuch. Wir waren am Nachmittag beim Grab ihres Großvaters, und ich habe ihr kurz, aber deutlich erklärt, dass auf einem Friedhof die gestorbenen Körper der Menschen in Löcher gelegt werden, weil die sich das so wünschen. So ungefähr, zum Glück aber ein bisschen blumiger.

Im Bett also fragt sie mich folgende Fragen:

»Ist mein Opa immer noch gestorben?«

»Ja.«

»Wann ist er nicht mehr gestorben?«

»Der bleibt gestorben, meine Liebe.«

»Sterben wir auch?«

»Ja.«

»Wann sterben wir?«

»Das dauert noch ganz lange.«

»Wie lange?«

Ich erkläre ihr, wie das im Idealfall bei einem Menschenleben abläuft. Dass man erst ganz klein ist und dann drei wird, wie sie, und dann ist man irgendwann sechs, und dann zählen wir bis achtzehn, und ich erkläre ihr, dass man dann erwachsen ist; woraufhin sie einwirft, dass man dann scharfes Kaugummi darf, und dann sage ich, dass man irgendwann vielleicht Kinder bekommt, und dann werden die Kinder groß, und man selbst wird älter, und irgendwann ist man eine Omi oder ein Opi, und wenn man ganz alt ist und alles erlebt hat, dann stirbt man.

»Aber ich will nicht, dass wir sterben.«

»Wir sterben noch lange nicht, wir müssen nämlich noch ganz lange ein ganz schönes Leben haben.«

Und am Ende erzählen wir uns, wie wir uns auf den Urlaub am nächsten Tag freuen, und sagen voraus, wie toll der wird.

Und während die Kleine einschläft und anfängt, wieder ohrenbetäubend zu schnarchen, liege ich neben ihr und weine dicke, große Tränen. Weil mich die Situation überfordert hat, weil ich mit diesem Gespräch in circa drei Jahren gerechnet hatte. Weil ich auch nicht sterben will. Ich will nicht mal, dass die Zeit weiterläuft, weil die Kinder schon so groß sind und weil, verdammte Scheiße noch mal, weil ich nicht jede Minute genossen habe.

Aber für diese Erkenntnis brauche ich deshalb trotzdem keine Weisheit zum falschen Zeitpunkt, sondern einzig und allein meine Kinder.

Das hätte mir doch mal jemand sagen können.
Die Scham über unangenehme Begleiterscheinungen
beim Kinderhaben.

Ich habe eine gute Freundin, die musste sich beim Kinderhaben zweimal sehr wundern. Das erste Mal, weil ihr
vorher wirklich niemand gesagt hatte, was genau passieren kann beim Schwangersein, beim Kinderkriegen oder
danach. Im Kreißsaal zum Beispiel, als sie auf dem Ge-
burtshocker saß und presste, was das Zeug hielt, damit
ihr erstes Kind endlich rauskommt, guckte ihr Mann sie
plötzlich entgeistert an und sagte in einer Mischung aus
nüchterner Feststellung und gelähmter Fassungslosigkeit:
»Du pinkelst.«

   Sie guckte nach, und es stimmte. Gemerkt hatte sie es
nicht, weil ihr Körper gerade in einer Art Autopilot unterwegs war. Ihr Mann fand es nicht eklig, es war mit Angst
um sie haben und sie bewundern tatsächlich ausreichend
beschäftigt. Und auch ihr war es nicht peinlich. Es war
eben passiert, eine kleine Pfütze als perfektes Zeichen für
den Ausnahmezustand. Genau genommen hat sie sich in
dem Moment nur gewundert. Darüber, dass ihr Körper
wusste, wann die nächste Geburtsphase beginnt. Sie war
überrascht, dass alles scheinbar automatisch passierte.
Leider nicht so ganz, weshalb sie doch noch im OP landete
und das Kind per Kaiserschnitt geholt wurde. Vom Kaiserschnitt hatte sie übrigens erwartet, dass er bestimmt nur
eine etwas dollere Schramme ist, wo doch die Models das
alle machen. Aber Pustekuchen. Sie lag da mit Blasenka-
theter, und ihr Körper fühlte sich an, als hätten die Ärz-
tinnen und Ärzte ihn aus Versehen ganz durchgeschnit-

ten. Hatte ihr auch keine der Kaiserschnittmütter gesagt, dass sie erst mal nicht aufstehen darf und dass die Narbe echt wehtun kann und vielleicht blöde verheilt. Auch dass der Wochenfluss nach dem ersten Aufstehen ziemlich schwallartig kommen kann, war ihr unbekannt. Sie schlurfte also mit ihrem OP-Hemd und ihren schwarzen Filzpuschen in Richtung Bad; aber bevor sie sich aufs Klo setzen konnte, lief ihr das Blut die Beine herunter. Viel. In ihren Filzpuschen sammelte es sich zu zwei kleinen Seen und färbte ihre Füße rot. Was für ein Schreck.

Sie war froh, dass sie beim Kaiserschnitt des zweiten Kindes, der inklusive Heilungsprozess übrigens nicht so schmerzhaft war wie der erste, wusste, was passieren würde. So bekam sie nicht die Krise, sondern nutzte die Gelegenheit, einen Witz zu machen (Carrie). Schließlich läuft einem ja nicht jeden Tag so viel Blut die Beine runter. Was sie damit sagen will: Es ist erstens überhaupt nicht peinlich, sondern erstaunlich normal, und zweitens gut, von den Unannehmlichkeiten vorher zu wissen. Und wo sie schon gepinkelt und geblutet hat in diesem Text, kann sie ja auch gleich noch mal etwas von Hämorrhoiden erzählen. Von denen hatte sie nämlich vorher auch nur theoretisch gelesen oder Werbespots gesehen, in denen Zeichentrickfiguren Poschmerzen hatten. Nach der ersten Geburt kam sie also persönlich in den Genuss eines unangenehmen Knubbels, zu dessen Bekämpfung sie die Salbe von den Zeichentrickfiguren kaufte.

Gern würde sie schreiben, dass sie mit Brille/Nase/Bart in die Apotheke geschlichen ist, gewartet hat, bis niemand außer ihr mehr im Laden war, und dann der Apothekerin so leise den Namen der Salbe entgegengenuschelt hat, dass diese dreimal nachfragen musste. Tatsächlich war ihr das

Ganze aber noch viel peinlicher, so peinlich, dass sie den Mann geschickt hat. In der Hoffnung auf schnelle Besserung salbte sie fleißig, aber es wurde immer schlimmer. Wie sich nach qualvollen Tagen mit wenigen Sitzgelegenheiten herausstellte, hatte sie allergisch auf die Salbe reagiert. Sie musste also nicht nur wegen einer Hämorrhoide zum Arzt, sondern wegen einer Hämorrhoide UND einer Allergie auf eine Hämorrhoidensalbe.

Die Hautärztin war für ihre Direktheit bekannt. Als meine Freundin sie einmal nach der Entfernung von Leberflecken fragte, lautete ihre Antwort: »Die brenn ich weg. Das sieht dann aus, als hätte jemand Zigarettenstummel in Ihrem Gesicht ausgedrückt, nach drei bis fünf Tagen fällt die Kruste ab, und dann heilt es etwa vier Wochen. Kostet hundert Euro.« Auch als sie den Hintern meiner Freundin sah, hielt sie sich nicht zurück. Es kann sein, dass das Wort »Pavian« fiel und dass ihr Mann noch heute sehr laut darüber lacht. Aber egal, die Cortisonsalbe half, und sie war tatsächlich kurz froh, »nur« eine Hämorrhoide zu haben. Beim nächsten Arzt kam zur Hämorrhoide ein Stock im Arsch dazu. Es war ihr so unglaublich peinlich, von ihren Beschwerden zu berichten; dabei konnte sie ziemlich sicher sein, dass der Arzt bereits wusste, dass bei ihr da, wo andere ein Poloch haben, kein Blümchensticker klebt. Und tatsächlich: Er wusste es. Er guckte sie nicht erschüttert an, er lachte sie nicht aus, er holte nicht seine Kollegin, damit auch die diese Katastrophe mit eigenen Augen sehen konnte. Stattdessen teilte er ihr nüchtern seine Diagnose mit: Es hatte sich ein Bluterguss gebildet, den er herausschneiden würde. Während er das tat, wofür sie ihm im Nachhinein sehr dankbar war, weil danach alle Beschwerden weg waren, blickte sie auf den Ka-

lender, der an der Wand hing. Es waren Hintern drauf.
Haha.

Fassen wir noch mal zusammen: Beim ersten Kind hat
sich die Freundin gewundert, weil ihr niemand etwas von
den unangenehmen, angeblich peinlichen Begleiterscheinungen erzählt hat. Weil sie das beruhigt hätte. Und beim
zweiten?

Da hat sich die Freundin gewundert, als sie realisierte,
dass sie auch nicht drüber sprach. Obwohl sie selbst findet, dass es ein himmelweiter Unterschied ist, ob diese Beschwerden und Begleiterscheinungen in einem höflichen
wie unwahrscheinlichen Konjunktiv in Ratgebern beschrieben werden oder ob eine Freundin das erzählt. Oder ich.
Aber das ist ganz vielleicht in diesem Fall dasselbe.

Spinnst du, oder was?

Die Wut auf andere Kinder (und ihre Eltern).

Heiße Eisen unter Eltern sind unter anderem Themen wie
Impfen, Ernährung oder Schlafen. Und das Geständnis,
dass man andere Kinder doof findet. Ich bekenne mich
schuldig, denn ich habe bereits einige Kinder kennengelernt, die ich ätzend fand. Mein schlimmstes Erlebnis mit
Scheißkindern hatte ich im Skiurlaub, als die Kleine eineinhalb war. Das Hotel hatte eine Kinderbetreuung mit
Riesenspielraum. Alles war toll. Der Große tobte irgendwo
durch die Gegend, und die Kleine saß fröhlich im Bällebad. Dann kam ein Junge dazu, vielleicht so fünf oder
sechs, der sie mit den Worten »Ich hasse Babys« begrüßte.

Nicht gerade ein sympathischer Dooropener, aber ich probierte, den Satz entspannt wegzulächeln. Als er begann, der Kleinen Bälle ins Gesicht zu werfen, funktionierte das mit dem Lächeln nicht mehr. Mit ernstem Pädagogikgesicht sagte ich: »Ich will nicht, dass du meinem Kind Bälle ins Gesicht wirfst.« Er guckte mich an, grinste und warf den nächsten.

Mir wurde heiß. Meine Ohren haben vermutlich rot geblinkt. Aber weil ich kein fremdes Kind anmotzen wollte, habe ich mir meine Tochter geschnappt und bin mit ihr in eine andere Ecke gegangen. Leider kam der Junge hinter uns her. Er fuhr auf einem Laufrad immer in der Nähe meiner Tochter herum, die neugierig durch den Saal wackelte. Als sie direkt an ihm vorbeiging, stellte er ihr ein Bein. Sie fiel lang hin, und er lachte mich höhnisch an. Meine Ohren! Blinkblinkblink! Mir war so heiß vor Wut. Als ich meine weinende Tochter hochnahm, fragte ich ihn wütend: »Geht's noch?« und murmelte zu mir selbst: »Was ist bei dem denn falsch gelaufen?« Es ist eine Sache, wenn man einem anderen Kind die Schaufel klaut oder wenn ihr Bruder sie zu doll drückt oder von mir aus auch mal ein bisschen schubst oder in der Badewanne ein bisschen Wasser über den Kopf kippt, aber das hier? Das war so absichtlich und so böse. Statt klar zu denken, konnte ich nur noch aus der Nase qualmen und mit der Kleinen in die nächste freie Ecke gehen.

Da nahm der Junge eine Puppe und hielt sie meiner Tochter hin. Sie torkelte auf ihn zu und wollte die Puppe greifen. Dann begriff ich, was er vorhatte. Er lockte sie mit der Puppe in den Raum mit dem Bällebad; als sie halb drin war, schubste er sie rein und machte von der anderen Seite die Tür zu. Er hat sie in einen Raum gelockt und eingesperrt. Meine Ohren haben nicht mehr nur geblinkt, sie haben geklingelt und pulsiert. Aus meiner Nase kam nicht mehr nur Qualm, sondern blaues Laserfeuer. Mein kochendes Blut stieg an und überflutete mein Pädagogikzentrum. Ich stürmte zu dem Jungen und brüllte ihn an. Ich befürchte, das waren nicht alles Ich-Botschaften, die ich da formuliert habe.

Dann Stille. Die Kinderbetreuer:innen nahmen sich der Situation sofort profimäßig und wertungsfrei an. Der Junge spielte weiter, ich ließ den Rest Qualm aus meiner Nase und ging mit meiner Tochter Mittag essen.

Erst eineinhalb Stunden später konnte ich wieder klar denken und mich fragen: Ist das Kind einfach so, weil es so ist? Befindet es sich in einer schrägen Phase? Sind die Eltern vielleicht auch verzweifelt? Oder ist es ihnen egal? Was ist hier los? Warum ist der so? War meine Reaktion okay?

Ich wusste, dass ich ihn nicht hätte anbrüllen dürfen, aber leider ist mir ehrlich gesagt bis heute, abgesehen von etwas leiser brüllen, keine andere Reaktion eingefallen. Aus zwei Gründen: Ich finde, dass der Junge durchaus merken durfte, dass ich wütend bin und er sich scheiße verhalten hat. Und der zweite: Meine Kinder sollen sich bei mir sicher fühlen. Wenn ich still daneben stehe, während meiner Tochter ein anderes Kind mit Absicht Bälle ins Gesicht pfeffert, was kommt dann bei ihr an? Dass das okay ist? Nee, das pack ich nicht. Ich will sie beschützen. Nicht so helikoptermäßig mit Sturzhelmpflicht im Kinderwagen oder permanent für jedes Lebensjahr ein Arnika-Globulus in der hohlen Hand. Aber so, dass sie weiß, bei mir ist alles gut, und ich bin immer auf ihrer Seite.

Dasselbe gilt natürlich für meinen Sohn. Der regelt mit seinen acht Jahren das meiste schon allein, und ich komme eher abends zum Einsatz, wenn er mir erzählt, was passiert ist. Und nein, ich rufe dann nicht bestürzt andere Eltern an, weil deren Kind »Kackwurst« zu meinem Sohn gesagt hat oder ihn nicht hat mitspielen lassen, weil sein Fußballtrikot nicht echt ist. Ich tröste ihn und finde das mit ihm zusammen doof. Schließlich erkläre ich, dass das manchmal einfach so ist und dass alle Menschen verschieden sind und jeder mal einen schlechten Tag hat. Dann fluchen wir vielleicht ein bisschen, und danach überlegen wir uns, was an seinem »falschen« Trikot cooler ist als am Original. Also im Grunde eher peacig, finde ich.

Grundsätzlich jedoch kommen für mich meine Kinder immer zuerst. Deshalb kann ich leider auch nicht behaupten, dass meine Kinder einen besseren Menschen aus mir machen, nur weil ich freiwillig den CO_2-Ausgleichsbeitrag zum Busticket dazukaufe. Ich bin ihre Mutter, sie haben in meinem Bauch gewohnt, sie haben ungeahnte Liebeslevel in mir freigespielt, und mir ist nichts wichtiger, als dass sie glücklich sind. Und im Zweifel meckere ich auch andere dafür an.

Wer jetzt Luft holt und sagen will: »Aber du willst doch auch nicht, dass fremde Leute deine Kinder anschreien«, dem sei gesagt: »Wenn mein Sohn einem mindestens vier Jahre jüngeren Kind ein Bein stellt oder es mit Bällen bewirft, kann jeder, der schneller Luft holen kann als ich, meinem Kind sehr gern eine sehr deutliche Ansage machen. Denn ich will nicht nur, dass meinen Kindern so etwas nicht passiert, sondern ich will genauso wenig, dass sie so etwas machen.«

Genau genommen finde ich sogar blöd, wenn andere

Eltern in solchen Situationen weggucken. Auch wenn dann vielleicht mal über- oder auch unterreagiert wird. Überreagieren kann ich besonders gut, wenn ich auf wilde Kinder treffe, die älter sind als meine. Als der Große ein bis zwei Jahre alt war und die Vierjährigen auf dem Spielplatz sich auf der steilen Treppe zur Rutsche vorbeigeruppt haben, zum Beispiel, da wollte ich gern die Polizei rufen oder deren Eltern einen Flyer eines Antiaggressionstrainings in die Hand drücken. Aber als der Große dann vier war und sich ebenso an Kleineren vorbeigequetscht hat, merkte ich, dass das wohl einfach so ist und auch dazugehört. Deshalb überlege ich zum Beispiel immer, wenn ich Kinder zu wild finde, wie meine im selben Alter waren oder sein würden und ob das wirklich so schlimm ist.

Im Unterreagieren bin ich eine ziemliche Null. Der Große hat zwei Freunde, und zu dritt bilden sie gelegentlich eine äußerst unheilvolle Mischung. Dann verbünden sich zwei gegen einen, und das hasse ich wie die Pest. Die anderen involvierten Eltern finden meistens, dass die Kinder das von selbst regeln; aber wenn ein Kind mit Absicht so geärgert wird, dass es aggressiv wird, kann ich nicht einfach so tun, als hätte ich das nicht mitbekommen. Ich nehme meinen Sohn aus der Situation, meckere manchmal ihn und manchmal auch die anderen Kinder an und versuche zu erklären, dass mit Absicht ärgern beknackt ist. Die anderen Eltern sehen das wohl meistens anders, aber sie lassen mich in dem Moment so reagieren, wie ich reagieren will. Das finde ich gut. Die Kinder kriegen mit, dass wir verschieden sind, uns aber machen lassen. Wenn sich richtig gewemst wird, schreiten wir natürlich alle ein.

Apropos überschrittene Grenze. Bei allem gelegentlichen Zorn auf Kinder sollten wir nie vergessen, dass es sich, der Name hat es bereits verraten, um Kinder handelt, die, wie ich finde, nicht wirklich was dafür können, wenn sie ätzend sind. Weil der Rucksack mit blödem Verhalten meistens von den Eltern aufgesetzt wurde. Deshalb fand ich es zum Beispiel sehr unangemessen, als ein Bekannter auf Facebook den Spielbesuch seiner Kinder als »Untermenschen« bezeichnete. Er zum Glück auch, als er darauf aufmerksam gemacht wurde. Klar finde ich nicht alle Freundinnen und Freunde meiner Kinder oder die Kinder meiner Freundinnen und Freunde super. Klar können Besucherkinder nerven, wenn sie alles aus dem Regal reißen, sobald sie in die Wohnung kommen, wenn sie sich als Erstes über mein ekliges Rührei beschweren oder im Elternschlafzimmer alles aus den Schränken holen, obwohl ich sage, dass sie im Elternschlafzimmer bitte nicht alles aus den Schränken holen sollen. Dafür haben sie aber kein Geläster in sozialen Netzwerken verdient, sondern eine echte, respektvolle, direkte Reaktion auf ihr Verhalten. Ich versuche, solche Reaktionen als Ich-Botschaft zu formulieren, was ich nicht immer schaffe. Was ich auch versuche: meine Kinder nicht spüren zu lassen, welche ihrer Freunde nicht so mein Ding sind. Um das zu schaffen, meckere ich alle Kinder gleich viel an (Scherz).

Und dass das klar ist: Nach dem Anmeckern muss alles wieder auf null sein. Ich versuche, nicht nachtragend zu sein, sondern zu erklären, warum ich wütend war, wie ich mir die Situation gewünscht hätte, und versuche, gemeinsam herauszufinden, wie das beim nächsten Mal besser laufen kann. Alles gut?

Dann gebt mir die Hand, ihr Spacken.

Der Klügere tritt nach, oder wie hieß es noch gleich?

Die Empörung über die ständige Empörung.

Gerade möchte ich ins Internet rufen: Alter, könnt ihr nicht alle mal die Klappe halten? Jede und jeder gibt zu jedem Thema seinen und ihren Senf dazu. Muss das sein?

Eine schwangere Mutter schreibt einen ziemlich schonungslosen Artikel darüber, dass sie enttäuscht ist, dass es wieder ein Junge wird. Sofort stürzen sich andere Mütter auf sie und bestimmen, sie darf das gar nicht fühlen, woraufhin sich wieder andere auf ebendiese Mütter stürzen, weil sie sich in die privaten Angelegenheiten und die Ehrlichkeit einer selbstbestimmten Frau einmischen. Und schon sind alle schockiert, um sich am nächsten Tag darüber aufzuregen, dass die Blogs viel zu lifestylig geworden sind und das ja wohl voll unauthentisch ist. Jetzt kommen die lifestyligen Bloggerinnen und beteuern: Aber ich bin trotzdem echt, und dann postet jemand einen Wäschehaufen, und ich kann das kaum aushalten.

Internet gut und schön, aber dass alle immer zu allem etwas sagen müssen, finde ich manchmal Hölle anstrengend. Und wenn der Ton wertend und überheblich wird und die meisten »Diskussionen« erst enden, wenn eine oder einer eingeknickt ist, kriege ich sogar das Kotzen.

Überraschung, Leute! Ihr diskutiert nicht darüber, ob häusliche Gewalt okay sein sollte oder ob es angebracht ist, wenn Björn Höcke menschenverachtenden Hass von sich gibt. Es geht um persönliche Geständnisse im Rahmen der Genfer Konventionen und die Abgewischtheit eurer Tische. Da kann man einfach so anderer Meinung sein und einen angemessenen Ton anschlagen. Nicht derselben Meinung sein geht nämlich auch respektvoll. Besonders wenn es sich um sensible Themen handelt, wie zum Beispiel das Geschlecht des ungeborenen Kindes.

Vor einiger Zeit zum Beispiel hat eine von mir sehr geschätzte Bloggerin einen Artikel gepostet. Es ging um die Väter einer Stadt in den USA, die an einem Samstag gefühlt frauenlos war, weil alle auf dem Women's March mitliefen. Sie hatte zum Link zynisch kommentiert, dass die Väter zum Glück den einen Tag ohne ihre Frauen überlebt hätten. Ich las daraufhin den Artikel und verstand ihn ganz anders. Für mich las er sich tatsächlich relativ gleichberechtigt, und die Väter kamen mir gar nicht überfordert dargestellt vor. Dass einer der Väter aus dem Artikel dafür, dass die Frau am Samstag demonstrieren war, am Sonntag Tennis spielen ging, empfand ich auch nicht als blöd, sondern eher fair. Die eine kann Samstag was machen, dafür der andere Sonntag. So machen wir das auch.

Also schrieb ich: »Gähn! Immer diese Maternal-Gatekeeping-Keule. Das ist doch scheiße. Hör sofort damit auf.« Genau das schrieb ich eben nicht! Ich schrieb, was oben steht. Dass ich das anders sehe und warum. Und ihre Antwort war interessiert, reflektiert und offen. Sie wollte den Artikel nach meinem Kommentar noch mal lesen. Und ob sie mir dann zustimmt oder bei ihrer Meinung bleibt, ist völlig unbedeutend für meinen Wunsch, mich endlich mit ihr anzufreunden. Ich wünsche mir nämlich Freunde, die in einer eigenen Welt mit eigenen Erfahrungen und Meinungen leben, und keine ein bisschen schlechter aussehende Klone von mir, damit ich besonders cool und schön rüberkomme. Ich bin neugierig auf andere Standpunkte, Meinungen, Thesen.

Anders ist ein Leben mit Kindern ja gar nicht zu bewerkstelligen. Erst wollen sie viele, viele Tage hintereinander nur Nudeln mit Tomatensoße essen und am nächsten Tag plötzlich nie wieder. Dann lasse ich ja auch keinen Shitstorm auf sie regnen, sondern frage sie, warum sie ihre Meinung geändert haben und was ab jetzt das Lieblingsessen sein soll. Würde ich diese Situation ins Internet übertragen, würde ich vermutlich dafür kritisiert werden, dass die Nudeln mit Ei sind und die Tomaten für kleine Kinder ungeeignete Nachtschattengewächse – und dass ich eine Weichwurst bin, die aus ihren Kindern Egoärsche macht, weil ich koche, was sie wollen. Dabei fällt ihnen auch noch auf, dass ich in letzter Zeit auf meinem Blog ganz schön viel Werbung gemacht habe und dass ich sehr unfreundlich zu meinem Mann bin.

Ich würde mich so freuen, wenn die Grenzen für die Nichtakzeptanz wieder ein bisschen geöffnet würden. Vielleicht sollten wir erst zwanzig Sekunden an kleine Babychamäleons denken, wenn wir das Bedürfnis verspüren, wütend loszutippen. Oder, wenn wir etwas Offensives lesen, sollten wir mal freundlich nachfragen, wie das genau gemeint war. Oder, wie die Kleine mir sagt: »Mach dir erst mal einen Kaffee und beruhige dich.« Für mich geht es in fruchtbaren Diskussionen nicht ums Gewinnen, sondern um einen Austausch. Und dabei ist es weder schlimm, anderer Meinung zu sein, noch, sie zu ändern. Das Einzige, das mich brutal aufregt und zur Weißglut treibt, ist diese Empörung. Hihihi.

Alles scheiße, außer Kinder.
Die Wut auf die schlecht gelaunte Welt.

Als der Große ungefähr sechs und die Kleine ein Jahr alt war, ging ich allein mit ihm ins Kino. Auf dem Weg dorthin kam uns ein älteres Ehepaar entgegen. Der Große hüpfte voller Vorfreude und kam dem Ehepaar etwas nah. Ich versuchte, ihn beim Hüpfen sanft in eine andere Richtung zu schieben, und lächelte das Paar freundlich an. Das Paar lächelte nicht zurück. Vielmehr guckte es so, als hätte ich Cracksteine aus einem ausgeweideten Igel geholt und sie damit beworfen, während ich dem Großen befohlen hatte, in ihre Kamelhaarmanteltaschen zu kotzen. Als der Große dann tatsächlich die Frau touchierte, schien es für das flanierende Paar ein Erlebnis zu sein, das sich auf ihrer persönlichen Dramaskala einen Platz mit »Friseur hat keinen Termin mehr frei« und »Der Kellner kam von links« teilt. Also RICHTIG SCHLIMM! Hanseatisch reserviert tstststen sie uns an und gingen pikiert kopfschüttelnd weiter.

Mein Kind ist vor Freude gehüpft und hat dabei eine Frau ein kleines bisschen angehüpft. Die gute Nachricht: Ihr Arm konnte gerettet werden. Die schlechte: Ich bin etwas ausfallend geworden. Weil ich erstens nicht verstehen konnte, wie verbittert man sein muss, um sich darüber aufzuregen, wenn sich andere freuen. Und weil ich zweitens so unfassbar beleidigt für meinen Sohn war. In der letzten Zeit hatte er so oft warten und zurückstecken müssen, weil eben ständig irgendwas mit seiner Schwester war. Wie das so ist mit kleinen Geschwistern. Andauernd habe ich ihn abblitzen lassen, und viel zu selten ging es nur um ihn. Deshalb hatte ich den Babysittertermin, den ich eigentlich gemacht hatte, um selbst mal eine kleine Pause zu haben, in ein Kinodate mit ihm umgewandelt. Und dann so was. Ich zeigte auf die beiden und rief wütend: »Guck mal, Kind, das sind Arschlöcher!«

Stoisch gingen die beiden weiter, und ich pöbelte noch ein bisschen mehr, dass sie sich was schämen sollen, sich über die Freude von Kindern zu ärgern – und ein paar schlimmere Sachen. Nach meinem Ausbruch habe ich dem Großen erklärt, dass man solche Leute eigentlich noch mindestens einmal treten muss. Kleiner Scherz. Ich habe ihm gesagt, dass »Arschloch« natürlich kein schönes Wort ist, aber dass ich die beiden sehr gemein fand, weil die so getan haben, als hätte er was falsch gemacht. Dann habe ich ihm gesagt, dass er ein toller Junge ist und ein super großer Bruder, und mich bei ihm von ganzem Herzen für seine Geduld in letzter Zeit bedankt. Wir haben uns gedrückt und sind ins Kino. Auf dem Rückweg kamen wir wieder an der Stelle der ätzenden Begegnung vorbei, und der Große sagte:

»Guck mal, Mama, hier haben wir die Scheißer getroffen.«

»Ja. Komm, wir hüpfen noch mal, das hört sich hier auf der Brücke so lustig an, und jetzt meckert bestimmt keiner.«

Und dann sind wir wie verrückt auf dieser Brücke gehüpft. Es hat sich wirklich lustig angehört, und wir waren fröhlich, und ich war so dankbar für dieses großartige Kind.

Mir ist schon klar, dass Rumpöbeln nicht die beste Reaktion war, aber meine Freundin hat mal was viel Schlimmeres zu einer Frau gesagt. Diese hatte ihre Kinder angeguckt, fand sie zu dünn angezogen und zischte: »Kein Wunder, dass die Kinder heutzutage alle krank sind, so dünn, wie die angezogen sind.«

Ich sage nicht, dass diese Frau das F-Wort verdient hat, aber ich hätte wahrscheinlich auch irgendwas zurückgezickt.

Eltern Allgemein- und Gemeinheiten um die Ohren zu hauen, ohne etwas über sie, ihre Lebenssituation oder Kinder zu wissen, ist nämlich beknackt und grenzüberschreitend. Ich gehe ja auch nicht zu den Rentnern, die hier in der Straße rumhängen, und sage abfällig: »Kein Wunder, dass meine Krankenkassenbeiträge so hoch sind, wenn ihr hier nur rumsitzt, raucht und zu viel Kaffee trinkt und alle Bluthochdruck und Diabetes bekommt.« Das Geschrei wäre ohrenbetäubend, denn nur weil man uns Eltern andauernd sagt, was wir falsch machen, haben wir noch lange nicht das Recht dazu, es andersrum genauso zu handhaben. Wenn wir aber doch mal die Dreistigkeit besitzen, wird gleich gefragt, in was für einer Welt wir leben; früher hat es so was nicht gegeben. Es ist überhaupt kein Wunder, dass unsere Kinder nicht nur alle krank sind, sondern auch noch rotzfreche Drecksblagen.

Jetzt mal die Lauscher aufgesperrt: Weil unsere Kinder sich freuen oder weil sie finden, dass ihnen nicht kalt sein muss, nur weil eine fremde Oma friert, oder weil sie nicht mehr jedem dahergelaufenen Onkel ein Küsschen geben wollen, sind sie noch lange keine Arschlöcher. Vor allem nicht alle.

Unsere Kinder, und ich spreche hier für viele andere Eltern mit, sind nämlich freundliche, liebevolle, empathische kleine Menschlein, die später bestimmt sehr gut klarkommen werden. Vor allem machen sie, wenn man sie denn lässt, das Leben ganz wundervoll und fröhlich, und sie kommen auf die ausgeflipptesten Ideen, die Glück durchs Herz pumpen und die Haare vor Freude zu Berge stehen lassen und aus den Hirnwindungen schönste Freundschaftsbänder knüpfen können.

Die Meckeroma rennt bestimmt nicht begeistert über den Flur und ruft: »Guckt mal, wie groß mein Schatten ist.« Und der Mann von dem Meckerpaar wird abends auch nicht zu seiner Frau sagen: »Komm, wir legen unsere Köpfe aneinander, dann können wir uns einen Traum teilen.«

Aber meine Kinder machen so was. Sie sind auf eine so pure, erstaunliche Art wahnsinnig, dass ich vor Glück durchdrehen könnte. Die Kleine rollt ihre Wurstscheibe zusammen und versucht durch sie wie durch einen Strohhalm ihre Milch zu trinken. Oder verabschiedet sich mit: »Tschüss, Mama, du kannst mich vermissen. Vielleicht setzt sich eine Fledermaus auf mich.« Und als sie in der Kita Läuse hatten, hat sich mich gefragt, ob Läuse Sachen wegtragen können, weil plötzlich alle Kissen weg waren.

Der Große steht seiner Schwester übrigens in nichts nach. Als sein Vater mal geraucht hat, sagte er mit drohender Stimme: »Wenn du rauchst, wird deine Seele schwarz, und dann bist du tot.« Er erzählt mir überzeugend von seiner Zeit in Amerika, in der er als Fernsehkoch Rührei aus einem winzigen Ei gemacht hat. Wenn er hampelt, dann übrigens nicht, weil er muss, sondern damit er mal ein guter Zirkusclown wird. Macht er mir ein Kompliment, dann sagt er etwas wie: »Mama, du bist ein Monster aus Gold«, und sieht er, dass ich wütend werde, entwaffnet er mich mit der Frage: »Mama, entfaltest du jetzt dein volles Potenzial?«

Diese Liebe und diesen Wahnsinn habe ich zum Glück jeden Tag. Aber eben auch nur begrenzt. Irgendwann werden meine Kinder nicht mehr automatisch jeden Tag mit mir rumhängen und Quatsch machen wollen. Da wäre ich doch sehr dämlich, wenn ich mir diese wunderbare Zeit madig machen lassen würde von frustrierten Dahergelaufenen, die sicher sind, sie haben die Weisheit mit Löffeln gefressen, dabei haben sie das nur falsch verstanden, weil es eigentlich die Scheißheit war.

HAPPY END

Sie werden ja wirklich schnell groß.
*Die Bestürzung, dass die Kinder schon so gut
wie aus dem Haus sind.*

Heute Morgen gehe ich ins Zimmer des Großen. Er hatte sich schon angezogen, und wir stehen da und reden. Zufällig schaue ich auf seine Hose. Hochwasser. Schon wieder. Weil ich weiß, dass es ihm superpeinlich wäre, verzichte ich darauf, in Tränen auszubrechen, ihn zu drücken, bis die Knochen knacken, und dabei zu wehklagen: »Kind, warum wirst du so schnell groß? Eben habe ich noch mit dir beim Pekip gelegen und gedacht, dass du nie groß wirst, weil du dich nicht mal drehen wolltest. Und jetzt bist du acht, und deine Hose ist schon wieder zu kurz.«

Dabei könnte ich fast jeden Tag weinen, weil die Kinder so schnell groß werden. Dafür brauche ich nur über unseren Flur zu gehen und die vielen Babyfotos zu sehen. Jedes Foto ist toll, aber jedes Foto schreit auch: »DAS HIER IST SCHON PASSIERT, UND DIE ZEIT GEHT IMMER WEITER.«

Weil die Zeit so rast, muss ich andauernd Kleiderschränke aussortieren. Manchmal weine ich dabei in ein kleines Shirt in Größe 72 und schmiere meine Wimperntusche rein; aber das macht gar nichts, weil sowieso nie wieder ein Kind von mir reinpassen wird. Jetzt weine ich ja schon wieder.

Vor ein paar Jahren habe ich mich mit einem Bekannten unterhalten, der schon erwachsene Kinder hat. Er meinte, dass die Zeit, in der seine Söhne klein waren, die glücklichste Zeit seines Lebens gewesen sei. Er tat mir ein bisschen leid, denn die Zeit danach musste für ihn dann ja ganz schön lang und öde gewesen sein. Aber jetzt, da der Große, wenn ich ihn zur Schule bringe, keinen Kuss mehr will und stattdessen viel zu oft »Digger« oder »krass« sagt, verstehe ich, was der Bekannte meinte. Diese Zeit, in der ich die Mama bin, die alles gut macht und reparieren kann, alles weiß und jeden Berg versetzt, auf deren Schoß es schön sicher ist und deren Umarmungen täglich mehrmals gebraucht werden, ist begrenzt. Irgendwann merken sie, dass ich gar nicht immer recht habe, und finden mich blöd und wollen alles lieber allein machen. Wohnen. Arbeiten. Entscheidungen treffen. Sich in fremde Leute verlieben. So was.

Ich weiß auch, dass ich all diese Liebe und diese Kraft und Geduld (na ja) habe, damit sie groß werden und mich als fröhliche Menschen verlassen können. Das wünsche ich ihnen auch. Aber irgendwann nicht mehr jeden Tag abgeknutscht zu werden oder nicht mehr gesagt zu bekommen, dass ich die tollste Mama der Welt bin, das wird, glaube ich, meine härteste Lebensaufgabe. Ich habe mich so an die Liebe auf diesem puren, hohen Niveau gewöhnt, dass ich mir ihr Ende nicht im Entferntesten vorstellen kann. Und mir fällt kein anderer Lebensbereich ein, in dem es so extrem ist wie beim Kinderhaben. Haustiere vielleicht, denen guckt man auch beim Großwerden zu; aber ein Hund geht auch ausgewachsen nicht mit sich selber Gassi oder zieht zu der Hundedame, der er letzte Woche im Park nähergekommen ist.

In ein paar Jahren wird hier keine kleine Tochter mehr in Unterhose kichernd durchs Wohnzimmer tanzen. In ein paar Jahren macht sie das vielleicht auf irgendeiner Party, auf die ich aber ganz bestimmt nicht eingeladen sein werde. Was mache ich denn dann? Sicher habe ich tausend Sachen vor, wenn die beiden größer sind. Zum Beispiel mit dem Mann verreisen oder einfach mal allein aufs Klo gehen.

Manchmal bereite ich den Mann darauf vor, dass ich mir in ein paar Jahren vielleicht einen Hund wünsche, weil ich eventuell nicht mit dem Gefühl klarkommen werde, dass mich niemand mehr braucht. Vielleicht wird es ein Hund. Vielleicht auch eine Fernreise oder ein zweiter Wohnsitz in Österreich. Aber bei allem, was ich mir jetzt ausmale, vermute ich, dass es bei mir sein wird wie bei meinem Bekannten: Die Zeit mit den kleinen Kindern ist vielleicht die schönste meines Lebens.

Und jetzt alle: Wir sind viele.
Das Plädoyer für Vielfalt und Zusammenhalt.

Das Internet hat zwei Nachrichten für uns. Die gute zuerst: Wir sind alle verschieden, und wir können reinschreiben, was immer wir wollen. Leider gibt es auch eine schlechte: Wir sind alle verschieden, und wir können reinschreiben, was immer wir wollen. Aber um das soll es hier nicht gehen, weil hier am Ende nur Platz für Gutes ist. Bestimmte

Bereiche im Internet sind nämlich herrlich vollgekriggelt von Menschen mit Mitgefühl. Und fast so stolz wie auf meine Kinder und meine Frikadellen bin ich, was vollgekriggeltes Internet betrifft, auf meine Muttergefühle-Facebookseite.

Auf dieser Seite poste ich seit sechs Jahren ein Potpourri aus Quatsch, (Eltern-)Politik, Fotos aus unserem Familienleben – und den sogenannten Elternfragen. Ich bekomme nämlich häufig Mails von Eltern, die sich mit einer Frage an mich wenden. Diese Frage stelle ich dann anonym allen mitlesenden Eltern. An dieser Stelle schlägt mancher bereits prophylaktisch die Hände über dem Kopf zusammen, denn die Wörter »Eltern« und »Internet« sind gern mal gleichbedeutend mit »Nitro« und »Glycerin«. Umso toller, dass dort auch auf Fragen zu Wut und Verzweiflung, nicht schlafende Kinder, Streit in der Familie, Trennungsfälle und andere Minenfeldthemen fast ausschließlich verständnisvolle, tolerante und Mut machende Antworten zu lesen sind. So gut wie nie wird pauschal verurteilt oder etwas überheblich als Schwachsinn dargestellt, dafür wird fast immer aus den eigenen Erfahrungen berichtet, und die große Mehrheit beschreibt ihre Meinung mit »Ich finde…« oder »Bei uns ist das so, dass…«.

Während auf anderen Seiten schon bei der Verweigerung eines Familienbettes mit Verurteilungen um sich geworfen und blockiert wird, ist auf meiner Facebookseite das »Spektrum der okayen Elterndinge« sehr groß. Die Menschen begegnen sich mit Empathie und Respekt und unterstützen sich, sodass ich meistens selbst gespannt auf die Antworten bin beziehungsweise auch gern Fragen stelle. Wie in einem liebevollen Selbstbedienungsladen kann ich mir durchlesen, wie andere es machen, und eine

Menge mitnehmen. Manchmal konkrete Tipps, manchmal viele Tschakkas und manchmal das gute Gefühl, dass ich nicht allein bin mit meinen Gefühlen und dem Ratlossein.

Inzwischen habe ich im Internet, besonders über meine Facebookseite, schon viele beeindruckende, lustige, kluge, arschcoole Frauen kennengelernt. Mit vielen schreibe ich mir E-Mails, und mit vielen habe ich mich schon im echten Leben getroffen. Wenn Arlette zum Beispiel aus Berlin immer noch nach Hamburg zum Zahnarzt kommt, dann ist da zwischendurch meistens Zeit für einen Kaffee. Dann sitzen wir nebeneinander und kennen uns total gut, und es fühlt sich warm und vertraut an, obwohl wir uns höchstens einmal im Jahr sehen. Oder wenn Britta mit Freund und Kind bei uns auf dem Wohnzimmerteppich rumhängt, als wären sie die Wochenenden vorher und die davor auch schon da gewesen. Das liegt vermutlich unter anderem daran, dass wir online keinen schönen Filter über uns und unser Leben gelegt haben. Wenn wir uns also das erste Mal sehen und unsere Kinder pöbeln, oder gegen unsere Augenringe wirken Batmans Ohren sehr blass, dann wussten wir das schon vorher, und wir können uns wissend angrinsen. Was für eine Erleichterung! Wir können alle sein, wer wir sind. Und wir wissen, dass wir für genau das gemocht werden. Herrlich!

Echt mal, was für ein Glück, euch alle zu haben. Und damit meine ich euch Eltern, vor allem Mütter, im Internet, die seit Jahren schreiben oder anrufen oder mich in echt treffen. Ich bin so froh, euch zu haben, zum Beispiel wenn ich zu Hause sitze und mich gefangen fühle im Familienklumpatsch und mein Gejammer einfach mal raushauen kann. Dann kriege ich kein »Haste dir doch so ausgesucht« oder »Du Lappen, abc aus xyz hat aber weniger geschlafen/krankere Kinder/so große Augenringe, dass sie ein Wurmlochportal in das Jahr 1977 sind« oder »Du hast ein schlimmes Wort gesagt, jetzt werden noch die Enkel deiner Kinder traumatisiert sein«. Nein, ich kriege nette Worte und das erleichternde Gefühl, nicht allein zu sein. Wegen euch finde ich vieles sofort nicht mehr so schlimm, bin viel schneller fröhlich und viel netter zu Mann, Kindern und der Gesamtsituation. Danke!

Auch im realen Leben machen mich meine Freunde glücklich.

Mit Dagmar zum Beispiel habe ich mich vor ein paar Tagen getroffen. Wir sehen uns oft sehr lange Zeit nicht, weil mich das Familienleben verschluckt. Dann tauche ich von irgendwo auf, aber es ist plötzlich drei Wochen später. Genau wie mit Kristin, die ich gerade so gut wie nie sehe. Aber wir sind alle nie sauer, sondern freuen uns, wenn ein Treffen klappt, und sind immer zur Stelle, wenn eine von uns Hilfe braucht.

Mit Dagmar saß ich also beim Waffelnessen, und sie bat mich darum, dass ich ihr unbedingt sage, falls sie komisch wird, wenn sie ein Baby hat. Wäre ich bei Instagram aktiver, hätte ich Glamourhashtags wie #bestfriends und #blessed gesetzt, weil ich mich so was von beschenkt fühlte, als ich mit einer Geschichte über meinen besten Freund David antworten konnte.

Der hatte nämlich, als der Große fast ein Jahr war, ganz nüchtern festgestellt: »Jetzt habe ich das Gefühl, dass langsam die alte Rike zurückkommt.« Vorher hatte er gar nichts gesagt. Nicht einen Piep. Ich mäanderte unter meiner Babykäseglocke, und ich muss ihn genervt haben wie Sau, aber er hat einfach abgewartet. Er hat darauf vertraut, dass ich irgendwann wieder entspannter werde, und mich so sein lassen, wie ich eben war. Ist das ein bester Freund, or what?

Genau wie Sina. Wenn ich mich an ihren Tisch setze, während unsere Kinder spielen, und sie mir den Kaffee auf den Tisch stellt, dann ist alles möglich. Ich kann mich auskotzen über meinen Job oder den Mann oder meine Kinder und dabei unfair werden und ganz gemeine Sachen sagen. Sie weiß aber, dass dies nur ein Ventil ist, aus dem der Stress entweicht, damit meine geliebte Hippieenergie wieder fließen kann. Sie weiß, wo sie weghören und wo sie aufhorchen muss. Sie erzählt mir von sich, wir diskutieren, manchmal mit heißen Köpfen, und wir sind lange nicht immer einer Meinung. Genau das schätze ich an ihr so sehr. Wir können uns unsere Meinungen lassen und uns manchmal überzeugen und manchmal eben auch nicht. Aber immer bleiben wir Freundinnen und können an ihrem (oder meinem) Tisch lachen über albernen Schwachsinn oder reden über tiefste, dunkelste Gedanken. Und ich habe es ihr noch nie gesagt, aber sie ist einer der schönsten, lustigsten und inspirierendsten Gründe, warum ich hier niemals wegziehen würde.

Freundinnen und Freunde sind für mich die, die mich so sein lassen, wie ich bin. Die nicht darauf warten, dass ich einen Fehler mache, sondern darauf, mir zu helfen, wenn mir einer passiert ist. Die nicht sauer werden, weil ich mich ewig nicht gemeldet habe, sondern nur dann, wenn ich nicht Bescheid gesagt habe, als ich sie brauchte. Die mir vielleicht mal den Kopf waschen, aber ihn danach auch ein bisschen tätscheln. Die wirklich wissen wollen, wie es mir geht. Freunde können ganz anders sein als ich, oder genauso. Hauptsache, sie sind sie selbst. Ich bin das im Gegenzug auch, und fertig ist die Freundschaftslauge.

Online oder im echten Leben. Wir machen uns stark und geben uns gegenseitig das Gefühl, das damals der Teddy aus der Weichspülerreklame haben musste, als er in diesen weichen Berg aus flauschigen Handtüchern gefallen ist. Für immer, online und im echten Leben, okay?

Nur mit euch will ich das alles!
Der Lobgesang auf die Familie.

Das Beste an diesem Text ist vermutlich nicht der Text, sondern die Nachricht, dass die meisten Menschen nirgendwo sonst sein wollen als in ihrer eigenen Familie. Das Schlechteste an diesem Text ist die Erwähnung der Sendung »Frauentausch«, bei der das ja im Prinzip auch so ist: Menschen erleben, wie es in anderen Familien ist, und hinterher sind sie froh, wieder zu Hause zu sein. Ich gucke kein »Frauentausch«, weil ich das menschenverachtend finde. Außerdem brauche ich zum Glück keinen Tausch, um zu wissen, dass meine Familie die richtige für mich ist. Beim Mann war ich mir relativ schnell sicher, bei den Kindern war es sogar angeboren. Selbst wenn ich mal nicht mehr kann oder alles blöd finde, gibt es, je älter wir werden, immer mehr Momente, in denen ich mich – Achtung, jetzt kommt eine Formulierung ohne Schuhe – so angekommen fühle, dass mir die Tränen in die Augen schießen. Als wir nur den Großen hatten, war ich oft erschrocken, wenn ich auf meine Lebenssituation geguckt habe, weil ich dachte: »Krass, das ist jetzt dein Kind. Du hast eine Familie, wie verrückt ist das denn?« Und als die Kleine dazukam, fand ich es verrückt,

DIE KindER zu sagen. Im Sinne von: »Uppsi, das sind ja beides meine. Ich gehöre jetzt zu den verrückten mutigen Menschen, die mehrere Kinder haben.«

In einem unserer letzten Sommerurlaube, der Große war sieben und die Kleine zwei, habe ich nach zwei Tagen gemerkt, dass ich so nicht mehr denke. Ich saß da, habe meine drei Pappenheimer gesehen und musste weinen, weil mir aufgefallen ist, dass jetzt endlich alles normal ist. Ich liebe es nämlich sehr, wenn sich Dinge normal anfühlen. Deshalb werde ich bei Sonnenuntergang auch nicht auf Knopfdruck romantisch, sondern sehe eher den Vogel, der fliegend ins Meer kackt, und mache einen Pupswitz, den wir alle lustig finden – was eventuell irgendwie doch romantisch ist.

Dass der Mann und ich uns haben, ist ein großes Glück, und es ist ebenfalls ein großes Glück, dass ich nicht regelmäßig denke: »Ach, Mensch, ey, der räumt immer so viel auf, ich hätte viel lieber einen Mann, der alles liegen lässt.« Klar, dass ich hier nicht einfach einen Liebessatz schreiben kann; erstens, weil ich das kitschig finde, und zweitens, weil der Mann sofort irgendwas Beknacktes antworten würde. Als wir vor ein paar Wochen einen Freund besucht haben, meinte der, er wisse nie genau, ob der Mann und ich uns gerade streiten oder einfach unterhalten. Wir sind direkt und mögen Spaß. Mit niemandem lache ich so viel wie mit dem Mann. Während ich das schreibe, denke ich an einen Witz, den er gestern gemacht hat, muss laut lachen, und dann schießen mir die Tränen in die Augen, weil ich so froh und so dankbar bin für diesen Supertypen, bei dem nicht sein üppiges Haupthaar das große Wunder ist, sondern die Tatsache, dass es auf der Welt jemanden gibt, der so verdammt ähnlich tickt wie ich. Uns sind dieselben Dinge wichtig, besonders was Moral und Ethik angeht, und das ist genauso wichtig, wie sich das jetzt anhört. Anders gesagt: Wir hassen beide sehr, wenn sich Menschen wie Arschlöcher verhalten. Wir mögen nicht, wenn sich jemand bereichert oder wenn jemand, der schon reich ist, nicht teilt. Wenn ein Kind auf unserem Schoß sitzt und pupst, sagen wir grundsätzlich »Entschuldigung« und tun so, als wären wir das gewesen. Das finden wir auch nach acht Jahren mit Kindern immer noch sehr lustig. Wenn wir etwas Trauriges gucken, dann lachen wir uns aus, weil wir beide weinen müssen. Wir mögen lieber Gulasch mit Nudeln als Kabeljau mit Oliveneis und Fenchelpüree. Wir kennen uns genau, und das finden wir schön, weil wir uns lieben.

Und echt jetzt, für mich gibt es kein schöneres Gefühl, als von meiner Familie geliebt zu werden und sie zurückzulieben. Gestern habe ich die gemalten Bilder der Kinder archiviert (ja, manchmal ist archivieren auch ein anderes Wort für Altpapier), und mir ist aufgefallen, wie oft der Große meinen Namen auf seine Bilder schreibt. Was für ein wunderbares Gefühl zu wissen, dass er oft an mich denkt. Ich liebe seinen Humor und dass er, obwohl er sehr früh in unsere Ironie und unseren Sarkasmus geworfen wurde, beides immer noch lustig findet und inzwischen sehr gut selbst zum Einsatz bringt. Er ist ein mitfühlender, hibbeliger und herrlich wahnsinnig kreativer Mensch. Ich hoffe jeden Tag, dass er mich noch lange so sehr in sein Leben lässt wie gerade. Und ich hoffe, dass er ganz lange mit der Kleinen eng sein wird, diesem kleinen, verrückten Mädchen, das die besondere Gabe hat, alle fröhlich zu machen (wenn sie es will). Das, wie ihr großer Bruder, schon mit wenigen Lebensjahren mehr Humor hat als viele Erwachsene.

Wenn sie mich in der Kita sieht und, laut »MAMI« rufend, auf mich zugerannt kommt und ich spüre, dass keine andere Mutter ihr diese Gefühle von Glück und Sicherheit geben kann wie ich, und nur mein Mann und meine Kinder beim Umarmen so perfekt zu mir passen, als würden wir Menschentetris spielen, und wenn ich mich eben nicht mehr wundere über die Anzahl meiner Kinder oder über den zehnten Hochzeitstag oder eine Eigentumswohnung, sondern einfach dankbar bin, dass ich WIR sagen kann und es genau so meine und es nicht anders haben möchte, dann finde ich an diesem Text doch den Text am besten und wünsche allen Familien auch einen, der so perfekt zu ihnen passt und sie so fröhlich macht.

Glück sind meine schönsten Erinnerungen.
Der Versuch, die schönen Momente zu speichern.

Verliebte sagen manchmal, dass sie die Zeit anhalten möchten. Nach dem Sex, zum Beispiel, wenn sie sich erschöpft in die Kissen fallen lassen. Ich glaube, das sagen sie nur, weil sie wissen, dass als Nächstes darum gestritten wird, wer auf dem nassen Fleck liegen muss, oder dass eine:r unterwegs zum Klo auf ein benutztes Kondom tritt. Wenn sie sich betrunken in einem Regenschauer küssen, ist das erst romantisch, doch dann sieht sie plötzlich aus wie Alice Cooper, und seine eben noch beeindruckende Haarpracht erinnert an enttäuschte Zuckerwatte. Diese ganze Fühlerei lässt sich vielleicht folgendermaßen herunterbrechen:

Wir wollen die Zeit anhalten, weil etwas Wunderwunderschönes geschehen ist und weil wir nicht wollen, dass das Nächste passiert, was sehr wahrscheinlich weniger zauberhaft ist als das zuvor Erlebte.

Solche Momente habe ich mit den Kindern andauernd. Der Klassiker ist ja, sie verliebt beim Schlafen anzugucken, aber dann wachen sie auf und meckern einen gleich an, weil noch niemand die Wasserflasche gereicht hat. Das ist auch erst schön und danach blöd. Deshalb schreibe ich die schönen Alltagsnirvanas hier auf, aber lasse weg, was danach passiert ist. In diesem Text gibt es keinen Streit. Keine umgekippte Milch. Nichts. Wie in einem Weckglas fange ich nur schöne Momente auf und gucke rein, wenn ich mal wieder wissen muss, dass es vor jedem Danach immer ein wunderbares Davor gegeben hat. Zum Beispiel:

Wenn die Kleine sich an ihrem Discogeburtstag bis auf die Unterhose auszieht, sich laute Musik wünscht und allein völlig beseelt durch ihr Discolicht tanzt.

Wenn sie mich fragt, ob ich traurig bin, ich es bejahe, sie ihre kleinen Arme ausbreitet und mich mit Säuselstimme auffordert: »Dann komm her.«

Wenn der Große nach Hause kommt, die Kinder sich glücklich in die Arme fallen und erzählen, was sie erlebt haben.

Wenn die Kleine irgendwas sortiert.

Wenn der Große denkt. Oder malt. Oder baut.

Wenn die Kleine beim Abendessen einfach so zwischen zwei Hapsen sagt: »Mama, ich lieb dich.«

Wenn aus einem künstlichen Lachen ein vierköpfiger Lachkrampf wird.

Wenn der Große mich mit seinem Witz oder seiner Weisheit umhaut.

Wenn die Kleine beim Abendbrot so lange »FAMILIEN-KUSS« ruft, bis wir alle aufstehen und versuchen, uns gleichzeitig auf den Mund zu küssen.

Wenn ich mit dem Mann dasitze, Kaffee trinken und rede, während ich nicht weiß, wo die Kinder sind.

Wenn ich dann an einem der Kinderzimmer vorbeigehe und die beiden dort gemeinsam rumhängen.

Wenn wir alle zusammen rumhängen.

Wenn wir nur uns brauchen und nur wegen uns zufrieden sind.

Und jetzt schnell das Weckglas zu und für schlechte Zeiten ins Herz stellen.

REGISTER

Rike Drust

Muttergefühle

Gesamtausgabe

Klappenbroschur. 224 Seiten

Rike Drust durchlebt nach der Geburt ihres ersten Sohnes das Wechselbad der Muttergefühle. Vom Druck, sofort mütterlich-glücklich sein zu müssen, über die bittere Einsamkeit, wenn der Partner wieder in sein anderes Leben geht, bis hin zu den Schuldgefühlen, auch ein Stück Leben ohne Kind behalten zu wollen.
Sie macht Frauen Mut, genau die Mutter zu sein, die sie sein wollen und können. Ohne auf die Belehrungen und ach so klugen Ratschläge zu hören, die man allerorts bekommt, wenn man mit rundem Bauch oder Kinderwagen auftaucht.

»Und so können Muttergefühle.Gesamtausgabe zum Standardwerk für junge Eltern werden.«
Frankfurter Rundschau

C. Bertelsmann

Sollte diese Publikation Links auf Webseiten Dritter enthalten,
so übernehmen wir für deren Inhalte keine Haftung,
da wir uns diese nicht zu eigen machen, sondern lediglich auf
deren Stand zum Zeitpunkt der Erstveröffentlichung verweisen

Verlagsgruppe Random House FSC® N001967

1. Auflage
© 2017 beim C. Bertelsmann Verlag, München,
in der Verlagsgruppe Random House GmbH,
Neumarkter Straße 28, 81673 München
Umschlaggestaltung: Jorge Schmidt, München
Satz: Uhl + Massopust, Aalen
Druck und Bindung: CPI books GmbH, Leck
Printed in Germany
ISBN: 978-3-570-10314-2

www.cbertelsmann.de